JN086721

スゴい!だけじゃない!! FP3級 徹底分析!予想模試

みんな苦手
「実技試験」に
各3回で万全対策!

マイナビ出版FP試験対策プロジェクト

マイナビ

ズバリ的中しました！

2023-2024年度版

昨年度版は、実施2回（2023年9月、2024年1月）でもかなり的中し、ズバリ的中問題も多く出題されました。さあ、本書の分析力を武器に、ぜひこれからの試験に挑んでください。

金財実技試験
個人資産相談業務

難易度の高い実技試験でこの的中率！

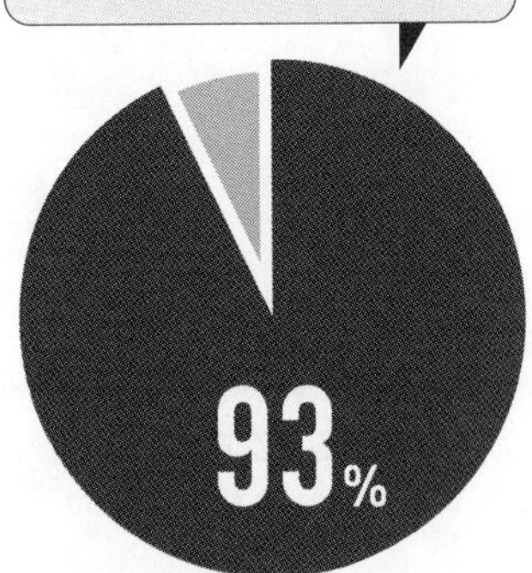

3級 金財実技
個人資産相談業務（24年1月）

本書23-24年度版　P44［問7］

《問7》 Aさんの本年分の所得税における総所得金額は、次のうちどれか。

1) 436万円
2) 461万円
3) 486万円

＜資料＞給与所得控除額

給与収入金額			給与所得控除額
万円超		万円以下	
	～	180	収入金額×40%－10万円（55万円に満たない場合は、55万円）
180	～	360	収入金額×30%＋8万円
360	～	660	収入金額×20%＋44万円
660	～	850	収入金額×10%＋110万円
850	～		195万円

実際にこう出た！

《問7》 Aさんの2023年分の所得税における総所得金額は、次のうちどれか。

1) 595万円
2) 605万円
3) 615万円

〈資料〉給与所得控除額

給与収入金額			給与所得控除額
万円超		万円以下	
	～	180	収入金額×40%－10万円（55万円に満たない場合は、55万円）
180	～	360	収入金額×30%＋８万円
360	～	660	収入金額×20%＋44万円
660	～	850	収入金額×10%＋110万円
850	～		195万円

3級　金財実技
個人資産相談業務
24年1月［問7］

［的中率算出方法］2023年9月・2024年1月試験での論点の完全的中と部分的中から算出しています

金財実技試験
保険顧客資産相談業務

本書23-24年度版　P188［問4］

《問4》 はじめに、Mさんは、公的介護保険（以下、「介護保険」という）について説明した。MさんのAさんに対する説明として、次のうち最も適切なものはどれか。

1）「介護保険の被保険者は、70歳以上の第1号被保険者と40歳以上70歳未満の医療保険加入者である第2号被保険者に区分されます」

2）「Aさんのような介護保険の第2号被保険者が、介護サービスの提供を受けた場合、原則として、実際にかかった費用の2割を自己負担する必要があります」

3）「介護保険の保険給付を受けるためには、市町村（特別区を含む）から要介護認定または要支援認定を受ける必要があります」

実際に　こう出た！

《問4》 はじめに、Mさんは、公的介護保険について説明した。MさんのAさんに対する説明として、次のうち最も不適切なものはどれか。

1）「公的介護保険の保険給付を受けるためには、市町村（特別区を含む）から、要介護認定または要支援認定を受ける必要があります」

2）「公的介護保険の第2号被保険者は、要介護状態または要支援状態となった原因が特定疾病によって生じたものでなければ、公的介護保険の保険給付は受けられません」

3）「公的介護保険の第2号被保険者が、公的介護保険の保険給付を受けた場合、原則として、実際にかかった費用の3割を自己負担する必要があります」

3級　金財実技
保険顧客資産相談業務
24年1月［問4］

学科試験

本書23-24年度版　P164［問54］

（54）　自己が居住していた家屋を譲渡する場合、その家屋に自己が居住しなくなった日から（ ① ）を経過する日の属する年の（ ② ）までの譲渡でなければ、「居住用財産を譲渡した場合の3,000万円の特別控除」の適用を受けることができない。

1）① 1年　　② 3月31日
2）① 2年　　② 12月31日
3）① 3年　　② 12月31日

(55) 自己が居住していた家屋を譲渡する場合、その家屋に居住しなくなった日から（ ① ）を経過する日の属する年の（ ② ）までに譲渡しなければ、「居住用財産を譲渡した場合の3,000万円の特別控除」の適用を受けることができない。

1) ① 3年　　② 3月15日
2) ① 3年　　② 12月31日
3) ① 5年　　② 12月31日

3級学科　23年9月［問55］

実証 4　学科　本書23-24年度版　P28［問34］

（34）　厚生年金保険の被保険者期間が原則として（ ① ）以上ある者が、老齢厚生年金の受給権を取得した当時、当該受給権者と生計を同じくしている（ ② ）未満の配偶者が所定の要件を満たしている場合、当該受給権者が受給する老齢厚生年金に加給年金額が加算される。

1）① 10年　　② 60歳
2）① 20年　　② 65歳
3）① 25年　　② 65歳

実際にこう出た！

(33) 厚生年金保険の被保険者期間が（ ① ）以上ある者が、老齢厚生年金の受給権を取得した当時、一定の要件を満たす（ ② ）未満の配偶者を有する場合、当該受給権者が受給する老齢厚生年金に加給年金額が加算される。

1) ① 10年　　② 65歳
2) ① 20年　　② 65歳
3) ① 20年　　② 70歳

3級学科　24年1月［問33］

学科も実技も的中しました！

日本FP協会実技試験 資産設計提案業務

本書 23-24 年度版　P70 [問3]

問3

　下記＜資料＞に基づくＭＮ株式会社の投資指標に関する次の記述のうち、最も不適切なものはどれか。なお、購入時の手数料および税金は考慮しないこととし、計算結果については表示単位の小数点以下第３位を四捨五入すること。

＜資料：ＭＮ株式会社に関するデータ＞

株価	2,４００円
１株当たり純利益（今期予想）	２００円
１株当たり純資産	2,０００円
１株当たり年間配当金（今期予想）	６０円

1．株価収益率（ＰＥＲ）は、１２倍である。
2．株価純資産倍率（ＰＢＲ）は、０.８倍である。
3．配当利回りは、２.５％である。

実際に
こう出た！

問３

　下記＜資料＞に基づくＷＸ株式会社の投資指標に関する次の記述のうち、最も適切なものはどれか。なお、記載のない事項は一切考慮しないものとし、計算結果については表示単位の小数点以下第３位を四捨五入すること。

＜資料：ＷＸ株式会社に関するデータ＞

株価	２，０００円
１株当たり純利益（今期予想）	３００円
１株当たり純資産	２，２００円
１株当たり年間配当金（今期予想）	３０円

１．株価純資産倍率（ＰＢＲ）は、１．１倍である。
２．配当性向は、１０％である。
３．配当利回りは、１．３６％である。

３級　日本FP協会実技　資産設計提案業務
24年1月［問3］

兄弟本の
『スゴイ！だけじゃない!!
FP３級 テキスト＆問題集』も
よろしくね！

はじめに

この度は『スゴイ！ だけじゃない!! FP３級 徹底分析！ 予想模試　2024-25年版』を手に取って頂き、ありがとうございます。本書は、最新の出題傾向の徹底分析により、「この問題が出る！」を予想した模擬試験です。

実際の試験を疑似体験できるよう、本試験問題に準じて作っています。事前にしっかり体験しておくことで、本試験でも実力を発揮できるはず！
本書は、模試型の予想問題が３回分。それぞれ学科試験、金財実技試験２種類、日本FP協会実技試験１種類を全部の試験で３回分ずつ収載しています。

2024年度（2024年６月）からは、FP３級の試験がすべて「CBT方式」になります。この対策として、本書掲載の予想問題はすべて「CBT試験プログラム」に対応させました。自宅のパソコンなどで本番さながらの演習ができます。

これに加えて、「スゴイ！ だけじゃない!! シリーズ」共通の「CBT試験体験版」が付いています。過去の本試験で出題されたオーソドックスな頻出問題を模擬試験の形にまとめて別途制作したものです（学科＆実技３種）。
最後の仕上げとしてこちらもご活用ください。

巻末に収録の「得点UP！ 超頻出論点集 」は、スマホへのダウンロードが可能。
「これは特に重要！」という論点を、試験直前でも確認するのに役立ちます。
本試験ギリギリ直前まで得点アップをねらいましょう。

「CBT方式」の試験は、当日に得点状況がわかります。すぐさまFP２級チャレンジへの意欲が高まることを願っています。

マイナビ出版
FP試験対策プロジェクト一同

FP3級 試験概要

FP資格試験は以下の２つの団体で実施されています。試験はともに、学科（２団体共通）と実技に分かれており、それぞれで合否判定されます。
実技試験の出題種目は、金財が２種類、日本FP協会は１種類あり、これら３種類の出題種目の中から１つを選んで受検します。

金財（一般社団法人 金融財政事情研究会）の場合

種目		出題形式	合格基準	試験時間
学科試験		60問 ○×式30問・三答択一式30問	60点満点で 36点以上	90分
実技試験	個人資産相談業務	15問 （事例形式５題）	50点満点で 30点以上	60分
	保険顧客資産相談業務			

日本FP協会（NPO法人 日本ファイナンシャル・プランナーズ協会）の場合

種目		出題形式	合格基準	試験時間
学科試験		60問 ○×式30問・三答択一式30問	60点満点で 36点以上	90分
実技試験	資産設計提案業務	20問 三答択一式	100点満点で 60点以上	60分

実技試験の出題内容は、出題種目によって異なります。種目によっては、実技試験で出題されない分野があります。

実技試験の出題種目と出題分野

実技試験／出題分野	[金財] 個人資産相談業務	[金財] 保険顧客資産相談業務	[日本FP協会] 資産設計提案業務
ライフプランニングと資金計画	●	●	●
リスク管理	×	●	●
金融資産運用	●	×	●
タックスプランニング	●	●	●
不動産	●	×	●
相続・事業承継	●	●	●

CBT方式試験で受験しやすくなりました

2024年度からFP３級の試験は、CBT方式（Computer Based Testing）試験へ全面移行され、全国にあるテストセンターのパソコンで受検者が希望する日時で受検できるようになりました。

試験日程

2024 年5月1日現在

試験日（配信日）	受検申請（試験予約）	合格発表（予定）
2024年　6月1日～　6月30日	2024年　3月1日～試験日3日前	7月12日(金)
2024年　7月1日～　7月31日	2024年　4月1日～試験日3日前	8月15日(木)
2024年　8月1日～　8月31日	2024年　5月1日～試験日3日前	9月13日(金)
2024年　9月1日～　9月30日	2024年　6月1日～試験日3日前	10月15日(火)
2024年 10月1日～10月31日	2024年　7月1日～試験日3日前	11月15日(金)
2024年 11月1日～11月30日	2024年　8月1日～試験日3日前	12月13日(金)
2024年 12月1日～12月26日	2024年　9月1日～試験日3日前	1月17日(金)
2025年　1月7日～　1月31日	2024年 10月1日～試験日3日前	2月14日(金)
2025年　2月1日～　2月28日	2024年 11月1日～試験日3日前	3月14日(金)
2025年　3月1日～　3月31日	CBT試験 休止期間	
2025年4月1日～5月31日（予）	2025年 1月～ 試験日3日前（予）	5･6月中旬（予）

※試験日程は変更される場合がありますので、最新の情報は各試験団体のホームページにてご確認ください。
※ 2025年4月以降の日程は未発表のため予定となります。

ここに注意！　**法令基準日**

法令に基づく試験問題は「法令基準日」時点で既に施行（法令の効力発効）されているものを基準として出題されます。
2024年6月～2025年5月実施試験の法令基準日は、2024年4月1日です。
毎年、法律の改正がありますので、最新のテキストや問題集で学習しましょう。
※本書は、2024年4月1日現在の法令に基づいて作成しています。

Introduction

初めてCBT試験を受検される方へ

FP3級CBT方式試験 受検の流れ

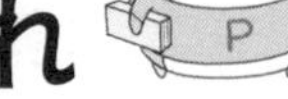

学習の前に受検の申込から合格発表までの流れを確認しておきましょう！

1 事前確認

受検の申込をする前に以下の内容を確認しておきましょう。

	check!
実技試験の受検種目を決める	□
受検会場（テストセンター）を確認 ▶試験団体のホームページからテストセンターを検索	□
受検日と受検時間帯を決める ▶学科試験と実技試験は同日でも別日でもOK	□
受検手数料の支払い方法を決める ▶学科・実技 各4,000円（非課税）※別途事務手数料がかかります ▶クレジットカード払い又はコンビニ払い、Pay-easyなど	□
マイページアカウント用メールアドレスを準備 ▶受検するためには受検者ページアカウントの作成が必要です	□

2 受検申請（試験予約）

❶ 試験実施団体のホームページから受検申請ページにアクセス

▶一般社団法人　金融財政事情研究会（金財）
URL：https://www.kinzai.or.jp/fp

▶NPO法人　日本ファイナンシャル・プランナーズ協会（日本FP協会）
URL：https://www.jafp.or.jp/exam/

登録は
慎重に！

❷ 受検者ページアカウントの作成

受検者氏名・生年月日・メールアドレスを登録します。

❸ 受検会場（テストセンター）、受検日時を指定して予約

❹ 受検手数料の決済方法を選択

決済が完了すると登録したメールアドレス宛に予約完了の確認メールが届きます。

3 試験当日の流れと注意事項

試験当日に必要なもの：本人確認書類（顔写真付き）

受検票は送付されません。予約完了時の確認メールに試験日程・会場のご案内、注意事項が明記されているので、必ず確認しましょう！

❶ 試験開始30分～15分前までに会場に到着する

❷ 受付に本人確認書類を提示する

・本人確認後、荷物はすべて受検会場（テストセンター）設置の指定されたロッカーに預けます。
・携帯電話、筆記用具、電卓などは持込できません。
・計算問題については、試験画面上に表示される電卓機能を利用します。

❸ 試験会場へ入室

指定されたパソコンにて受検します。

❹ 試験終了後、受付でスコアレポート（得点が表示）を受け取る

CBT試験は試験当日に
得点状況がわかるよ！
ビシ！

4 合格発表

受検日の翌月中旬頃を目処に合格発表があります。
合否はマイページで確認することもできます。

合格者には合格発表日翌日頃に試験実施団体より
合否通知書兼一部合格証書が、
総合合格（学科試験と実技試験の両方合格）と
なった方には合格証書が郵送されます。

Introduction

スゴい！だけじゃない!!
徹底分析！予想模試 合格メソッド

予想問題を解く

本書は各試験問題を３回分収録。順番に問題を解くことで、段階的に実力がつく構成になっています。

【第１回目】

力試し編

オーソドックスな予想問題で構成

【第２回目】

確 認 編

出題傾向の変化に対応した本試験レベル問題

【第３回目】

仕上げ編

今年度出題確率が高い問題で構成した超予想問題

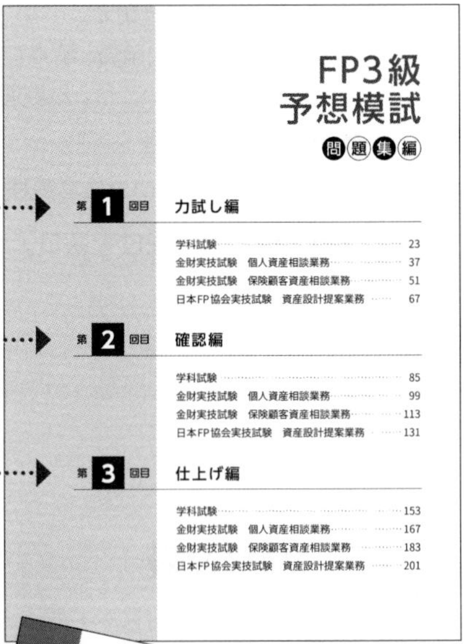

FP3級
予想模試
問題集編

第1回目 力試し編

学科試験……23
金財実技試験 個人資産相談業務……37
金財実技試験 保険顧客資産相談業務……51
日本FP協会実技試験 資産設計提案業務……67

第2回目 確認編

学科試験……85
金財実技試験 個人資産相談業務……99
金財実技試験 保険顧客資産相談業務……113
日本FP協会実技試験 資産設計提案業務……131

第3回目 仕上げ編

学科試験……153
金財実技試験 個人資産相談業務……167
金財実技試験 保険顧客資産相談業務……183
日本FP協会実技試験 資産設計提案業務……201

↑問題編と
←解答解説編に
分かれてるよ

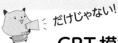

だけじゃない!

CBT模試で本試験をシミュレーションできます!

本書掲載の予想問題はすべて「CBT試験体験プログラム」に対応しています。CBT模試を利用することで、本試験さながらの環境で問題演習ができます。

〈CBT試験体験プログラムの利用方法〉

①パソコンから特設サイトにアクセス　https://sugoibook.jp/fp

②メニューから「FP3級 CBT模試」をクリック

[CBT模試 画面イメージ]

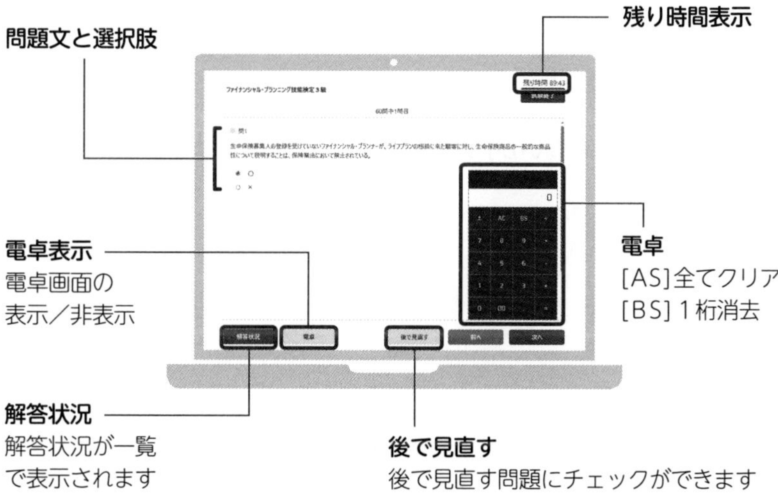

自己採点する

自己採点しながら、学習不足だったり苦手な論点を見つけましょう。解説編の「解答・論点一覧」には各問ごとの論点が記されています。

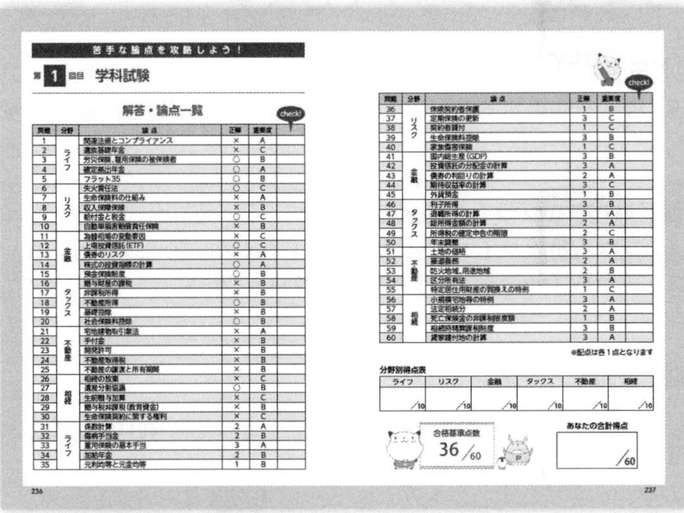

苦手な論点を攻略しよう！

第1回目 学科試験

解答・論点一覧

問題	分野	論点	正解	重要度	check!
1	ライフ	関連法規とコンプライアンス	×	A	
2		遺族基礎年金	×	C	
3		労災保険、雇用保険の被保険者	○	B	
4		確定拠出年金	○	A	
5		フラット35	○	B	
6	リスク	失火責任法	○	C	
7		生命保険料の仕組み	×	A	
8		収入保障保険	×	B	
9		給付金と税金	○	C	
10		自動車損害賠償責任保険	×	B	
11	金融	為替相場の変動要因	×	C	
12		上場投資信託（ETF）	○	C	
13		債券のリスク	×	A	
14		株式の投資指標の計算	○	A	
15		預金保険制度	○	B	
16	タックス	贈与財産の課税	×	B	
17		非課税所得	×	B	
18		不動産所得	○	B	
19		基礎控除	×	B	
20		社会保険料控除	○	B	
21	不動産	宅地建物取引業法	×	A	
22		手付金	×	B	
23		開発許可	×	B	
24		不動産取得税	×	B	
25		不動産の譲渡と所有期間	×	B	
26	相続	相続の放棄	×	C	
27		遺産分割協議	○	B	
28		生前贈与加算	×	C	
29		贈与税非課税（教育資金）	×	B	
30		生命保険契約に関する権利	×	C	
31	ライフ	係数計算	2	A	
32		傷病手当金	2	B	
33		雇用保険の基本手当	3	A	
34		加給年金	2	B	
35		元利均等と元金均等	1	B	

236

問題	分野	論点	正解	重要度	check!
36	リスク	保険契約者保護	1	B	
37		定期保険の更新	3	C	
38		契約者貸付	1	C	
39		生命保険料控除	3	B	
40		家族傷害保険	1	C	
41	金融	国内総生産（GDP）	3	B	
42		投資信託の分配金の計算	3	A	
43		債券の利回りの計算	2	A	
44		期待収益率の計算	3	C	
45		外貨預金	1	B	
46	タックス	利子所得	3	B	
47		退職所得の計算	3	A	
48		総所得金額の計算	2	A	
49		所得税の確定申告の期限	2	C	
50		年末調整	3	B	
51	不動産	土地の価格	3	A	
52		接道義務	2	A	
53		防火地域、用途地域	2	B	
54		区分所有法	3	A	
55		特定居住用財産の買換えの特例	1	C	
56	相続	小規模宅地等の特例	3	A	
57		法定相続分	2	A	
58		死亡保険金の非課税限度額	1	B	
59		相続時精算課税制度	3	B	
60		貸家建付地の計算	3	A	

※配点は各1点となります

分野別得点表

ライフ	リスク	金融	タックス	不動産	相続
/10	/10	/10	/10	/10	/10

合格基準点数 36/60

あなたの合計得点 /60

237

採点すると「どこが弱いか」が分かるようになっています。

これで復習忘れが
なくなるね。

【読者特典 ①～③ 配信期間】2024年6月1日～2025年5月31日

Step 3 巻末「得点UP! 超頻出論点集」を読む

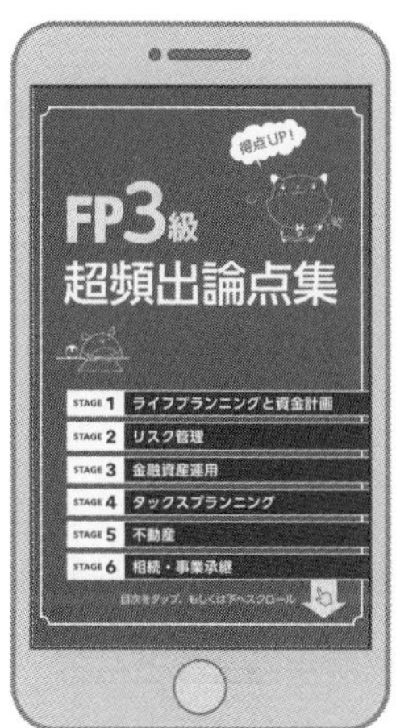

超重要な頻出論点だけを凝縮して収録。読者特典のスマホ対応版もあるので、ダウンロードしていつでも・どこでも予習・復習・暗記ができます。

最後の追い込みにも有効だよ！

読者特典「スマホ版」はこちらから▼

読者特典 3

Step 4 スゴイ！ だけじゃない!! シリーズ共通「CBT試験体験版」で最終チェック！

2024-25年版スゴイ！だけじゃない!! シリーズの「テキスト＆問題集」または本書読者の方限定で、シリーズ共通の「CBT試験体験版」がご利用いただけます。

「CBT試験体験版」は、過去問題から頻出問題をピックアップし、CBTプログラムに対応させたものです。学科試験と実技試験（3種）の1回分が体験できますので、実力の最終チェックにぜひ、ご活用ください。

※「CBT試験体験版」は、Step 1と同じ手順でご利用いただけます。

分野別　出るとこ徹底分析！

FP3級（金財・日本FP協会共通）

学科試験 ❶

学科試験は、金財、日本FP協会ともに共通の試験となります。問題数60問のうち、30問は○×式で、残りの30問は3択問題です。基本的な知識を求められますから、必須論点をクリアできるようにしておきましょう。

●ライフプランニングと資金計画

一番幅広く出題される分野！

公的年金、社会保険制度の範囲から、半数近く出題されます。介護保険の被保険者区分、雇用保険の基本手当、健康保険の傷病手当金などは押さえておきましょう。住宅資金や教育資金では、同じ論点が頻出されていますので、得点源にしましょう。6つの係数は学科でも毎年出題されています。確定拠出年金は掛金の限度額も押さえておきましょう。

2回に1回は出る！

コンプライアンス
係数計算
元利均等・元金均等返済
国の教育ローン
雇用保険・基本手当
公的医療保険（任意継続被保険者）
国民年金保険料（免除・猶予）
老齢年金（繰上げ・繰下げ）
遺族年金
確定拠出年金

3回に1回は出る！

フラット35
こども保険
労災保険
公的医療保険
（傷病手当金、後期高齢者）
付加年金
障害基礎年金
国民年金基金

※太字は計算問題

●リスク管理

保険商品の特徴と税金を押さえる！

生命保険と損害保険の商品の特徴を理解します。合わせて、生命保険では、保険契約者の保護や保険料の構成、さらには保険料・保険金の税務が頻出論点です。損害保険では、地震保険、自動車保険、傷害保険が押さえておきたいポイントです。

2回に1回は出る！

純保険料・付加保険料
約款（払済・延長保険、契約者貸付、転換）
死亡保障（収入保障保険、逓増・逓減定期保険）
医療（ガン保険、先進医療）
年金（タイプ、変額年金）
個人契約の保険金の税務
地震保険
自動車保険
傷害保険
法人向け損害保険

ちょっと多いけど
しっかり押さえてね！

3回に1回は出る！

保険契約者保護機構
生命保険料控除
自賠責保険
個人賠償責任保険
地震保険料控除
個人契約の損害保険の税金

問題を解くことで
慣れておこう！

分野別　出るとこ徹底分析!

FP3級（金財・日本FP協会共通）

学科試験 ❷

●金融資産運用

金融商品の特徴とリスクを理解する！

株式、債券、投資信託を中心に出題されます。債券の利回り計算や、株式のPER、PBR、配当利回り等の計算は確実に得点できるように。ポートフォリオ理論とオプション取引はどちらかが毎回出題されます。経済指標は、定義、公表元を押さえましょう。預金保険制度、新NISAも出題が予想されます！

計算問題は
何度も解こう！

2回に1回は出る！

債券の利回り計算
債券のリスク（信用・金利）
株式の投資尺度
株式の税金、新ＮＩＳＡ
投資信託のタイプ
分配金の税金
預金保険

※太字は計算問題

3回に1回は出る！

金融政策
金利計算
株式の売買ルール、株価指数
円高・円安
外貨預金、
為替レート（TTS, TTB）
オプション
期待収益率
相関係数

※太字は計算問題

●タックスプランニング

所得税を体系的に理解する！

所得税では、10種類の所得の定義と計算方法、非課税所得を確実に押さえます。中でも不動産所得、一時所得、退職所得は頻出です。損益通算や配当控除、住宅ローン控除は毎回のように出題されています。青色申告は対象者や手続きもしっかりと。税金は他の分野とも連携するため、横断的に学ぶと効率がいいですよ。

所得の種類・定義・計算式
（退職、雑、一時、不動産、利子）
損益通算（不動産所得の損失）
所得控除（扶養控除）
住宅ローン控除（要件）
配当控除
確定申告（期限、要不要）
青色申告（対象者、手続き、特典）

※太字は計算問題

3回に1回は出る！

非課税所得
減価償却
所得控除（以下の控除）
・家族構成（基礎、配偶者）
・医療費
・社会保険料
・小規模企業共済等

※太字は計算問題

タックスプランニングは
他の分野とも密接に
関わってくる
大事な分野だよ

だからこそ
ここを制する
必要があるんだね！

分野別　出るとこ徹底分析！

FP3級（金財・日本FP協会共通）

学科試験 ❸

●不動産

法律・税金有効活用の頻出・定番問題を中心に！

土地の価格と登記記録の構成・調査に加え、手付金は頻出です。宅地建物取引業法では媒介契約の内容を、借地借家法では定期借家権と定期借地権を確認。区分所有法、都市計画法とその開発許可、建築基準法は定番です。不動産の税金では譲渡所得と居住用財産の特例が必須。実質利回り（NOI 利回り）の計算式は暗記しておきましょう。

2回に1回は出る！

不動産登記
不動産の価格
宅建業法（媒介契約の種類、業）
借地借家（定期＞普通）
区分所有法（建替え、規約）
都市計画法（市街化（調整）区域、開発許可）
建築基準法
（道路規制、用途地域、防火地域、**建蔽率**、**容積率**、高さ制限）
譲渡所得（短期・長期、取得費）
マイホームの売却（特例の概要、要件）
土地の活用事業方式（建設協力金、等価交換）

※太字は計算問題

3回に1回は出る！

売買契約（手付金）
農地法
不動産取得税
固定資産税
（住宅用地の軽減）
相続空家の譲渡
利回り計算

※太字は計算問題

●相続・事業承継

相続の法律と相続税、贈与税が幅広く！

相続では親族図から法定相続分を求める問題はほぼ毎回出題されます。遺言書や相続税の計算問題は頻出です。贈与では贈与の形態と概要はほぼ毎回出題されるほか、贈与税の非課税制度、配偶者控除、暦年課税と相続時精算課税の違いもしっかりと！

2回に1回は出る！

法定相続分・遺留分、養子
手続き（承認・放棄、所得税・相続税の申告）
遺言（自筆証書遺言、公正証書遺言）
相続税の計算（**基礎控除**、２割加算）
贈与契約（負担付贈与、書面・口頭贈与、死因贈与、定期贈与）
贈与税（非課税財産）
貸家建付地
小規模宅地の特例

※太字は計算問題

3回に1回は出る！

遺産分割
相続税の計算
（非課税財産、債務控除、配偶者の税額軽減）
贈与税の配偶者控除
相続時精算課税制度
上場株式の評価

得点を増やすためにも、「３回に１回は出る！」も把握してね！

分野別　出るとこ徹底分析！

FP3級 実技試験　金財編 ①

個人資産相談業務

6分野のうち、保険に係わる「リスク管理」を除いた5分野から出題されるのが特徴です。年金や税金の計算問題が多いので、公式や解き方をしっかりマスターしておくのが一番の攻略方法です。

●ライフプランニングと資金計画

社会保険に的を絞って攻略！

公的年金からは、特に老齢基礎年金の計算問題や、繰上げ・繰下げ、遺族年金が出題されます。老後の年金を増やす制度、健康保険の傷病手当金や高額療養費制度も出題されます。

最近**5割**以上出題！

- 老齢基礎年金の計算
- 老後の収入を増やす方法

●金融資産運用

株式が本命！

株式の投資指標の読み解き問題はほぼ毎回出題されます。株式の取引ルールや投資信託の手数料、債券の利回りやリスク、外貨預金の特徴や元利計算、各種金融商品の課税関係（課税方式、税率、損益通算など）も頻出です。

最近**5割**以上出題！

- 株式の投資尺度（PER、PBR、ROE、配当利回り等）
- 株式の税金、新NISA

５割以上出題される
論点はしっかりと
頭に入れてね！

●タックスプランニング

所得税の計算を完璧に！

給与・事業所得を中心に、総所得金額を計算する問題が出題されます。そのため、損益通算できる損失と、できない損失は、確実に押さえておきましょう。所得控除では配偶者控除と扶養控除が、手続きでは確定申告が頻出です。

計算問題は
公式をマスター
するのが近道！

最近**5割**以上出題！

- 総所得金額（給与所得、一時所得、雑所得等）
- 所得控除（配偶者控除、扶養控除等）
- 所得税の確定申告（期限、要不要）

●不動産

建蔽率と容積率の計算は絶対に！

建蔽率と容積率の計算問題は必ず出題されます。建蔽率では緩和措置も合わせて覚え、容積率では道路が２本ある場合や、前面道路の幅員による制限が重要です。譲渡所得と不動産の有効活用は幅広く出題されます。

最近**5割**以上出題！

- 建蔽率、容積率の計算
- 譲渡所得と特例
（居住用、空家）
- 土地の有効活用事業方式

●相続・事業承継

相続の法律、相続税の計算！

相続税の総額の計算問題は頻出。FPアドバイスの問題では、遺言方式、相続税の基礎控除・２割加算、小規模宅地等の評価減の特例、贈与税の非課税制度、暦年課税と相続時精算課税など幅広く出題されます。

最近**5割**以上出題！

- 相続税の総額
- 相続税の基礎控除
- 配偶者の税額軽減
- 2割加算
- 小規模宅地の特例
- 遺言
- 宅地の評価
- 相続後の手続

分野別　出るとこ徹底分析！

FP3級 実技試験　金財編 ②

保険顧客資産相談業務

金財での実技試験のうち、主に保険に重きを置いている試験です。 そのため出題される15問のうち6問ほどが「リスク管理」からのもの。ここを重点的に攻略しましょう。

●ライフプランニングと資金計画

老後資金準備を中心に！

公的年金の老齢基礎年金の計算問題が出題されます。老齢厚生年金、老後の年金を増やす制度、遺族年金、公的医療保険、公的介護保険も出題されます。

計算問題は落ち着いて解こう！

最近5割以上出題！

- 老齢基礎年金（計算）
- 老齢給付の受給要件
- 在職老齢年金
- 繰上げ、繰下げ

4分野からの出題だけ！

保険に特化した試験であるため、ここでは「金融資産運用」「不動産」の分野からは基本的に出題されません。だからといって他よりも有利というわけではなく、保険に関する出題が多くなっています。

●リスク管理

保険種類と税務、経理処理を丁寧に！

「個人の生命保険」と「法人の生命保険」から各１題出題されます。

・個人の保険では、必要保障額の計算や商品の特徴に加えて生命保険の約款や、保険料控除、税務が出題されます。また公的介護保険についての問題も頻出です。

最近５割以上出題！

・公的医療保険
・生命保険・第三分野の商品の特徴
・生命保険のルール
・生命保険料控除
・生命保険金の税金

・法人の生命保険では、終身保険や定期保険の保険料や解約返戻金などの経理処理が問われます。また、保険商品の特徴・活用法や退職所得も必須です。

最近５割以上出題！

・退職所得
・法人契約の経理処理
・法人向け生命保険の特徴・活用法（契約者貸付）

●タックスプランニング

所得税の計算を完璧に！

総所得金額と退職所得の計算は頻出です。所得控除では配偶者控除と扶養控除、税額控除では住宅ローン控除を、手続き等では確定申告を押さえておきましょう。

最近５割以上出題！

・総所得金額（給与所得、一時所得等）
・所得控除（配偶者控除、扶養控除等）

●相続・事業承継

相続税と贈与税の全体像を把握！

相続税の総額の計算問題と基礎控除、死亡保険金の非課税金額が頻出です。遺言書、生前贈与、相続税や贈与税の特例、贈与税の非課税制度などを押さえましょう。

最近５割以上出題！

・生命保険金の非課税
・相続税の総額
・小規模宅地の特例
・遺言

分野別　出るとこ徹底分析！

FP3級 実技試験　日本FP協会

資産設計提案業務

出題数が一番多い「ライフプランニングと資金計画」の分野を幅広く押さえておくのが最大の攻略法になります。また、資料や保険証券の読み解き問題があることと、計算問題が多いことも大きな特徴です。

●ライフプランニングと資金計画

頻出＆定番問題が多く、最も重要な分野！

頻出する論点がたくさんあります。コンプライアンス、キャッシュフロー表の空欄補充問題、個人バランスシートの純資産、係数計算は必ず出題されます。公的年金の老齢給付や遺族給付、健康保険の傷病手当金や高額療養費も出題されます。

最近**5割**以上出題！
・コンプライアンス
・キャッシュフロー表の計算
・バランスシート
・係数計算

ライフプランニングを
とにかく制する！

●リスク管理

保険商品と税金がカギ！

保険証券の読み取り問題が毎回出題されます。その攻略法は医療保険とがん保険、死亡保険の特約の理解！　その他に生命保険では税金関係、損害保険では任意加入の自動車保険やリスクに対する商品選択について理解しておきましょう。

最近**5割**以上出題！
・証券分析
・生命保険料控除

●金融資産運用

計算問題と税金を押さえる！

資料にもとづく株式の投資指標の読み解き問題はほぼ毎回出題されます。投資信託の手数料や購入金額の計算、預金保険制度の対象を問う問題も出されます。新NISAの概要や特徴も押さえましょう！

最近**5割**以上出題！
・株式の投資尺度
・投信
(タイプ、手数料、分配金、税金)

5割未満・複数回出題！
・雑所得
・退職所得
・減価償却費
・総所得金額
・医療費控除
・人的控除
・所得税額の計算

●タックスプランニング

所得と所得控除の計算をしっかりと！

総所得金額の求め方、各種所得と医療費控除の計算式をしっかり頭に入れておきましょう。

●不動産

建築基準法と税金を中心に！

建蔽率と容積率の計算問題やセットバック、接道義務等の建築基準法は高頻度で出題されます。その他、税金では譲渡所得を中心に押さえておきましょう。

最近**5割**以上出題！
・建築面積・延べ面積

●相続・事業承継

計算、事例、数字にこだわって！

親族図から民法上の相続人・法定相続分を求める問題は定番。遺言書、贈与税の計算、贈与税の配偶者控除も頻出です。相続放棄・限定承認や、所得税、相続税の申告期限なども！

最近**5割**以上出題！
・相続人
・法定相続分

CONTENTS

予想模試　【問題編】

第 1 回目　力試し編

学科試験 …… 1
実技試験 金財　個人資産相談業務 …… 15
実技試験 金財　保険顧客資産相談業務 …… 29
実技試験 日本FP協会　資産設計提案業務 …… 45

第 2 回目　確認編

学科試験 …… 65
実技試験 金財　個人資産相談業務 …… 79
実技試験 金財　保険顧客資産相談業務 …… 93
実技試験 日本FP協会　資産設計提案業務 …… 111

第 3 回目　仕上げ編

学科試験 …… 133
実技試験 金財　個人資産相談業務 …… 147
実技試験 金財　保険顧客資産相談業務 …… 163
実技試験 日本FP協会　資産設計提案業務 …… 181

予想模試 【解答解説編】

第1回目 力試し編

学科試験 …… 202
実技試験 金財 個人資産相談業務 …… 218
実技試験 金財 保険顧客資産相談業務 …… 226
実技試験 日本FP協会 資産設計提案業務 …… 236

第2回目 確認編

学科試験 …… 246
実技試験 金財 個人資産相談業務 …… 260
実技試験 金財 保険顧客資産相談業務 …… 270
実技試験 日本FP協会 資産設計提案業務 …… 280

第3回目 仕上げ編

学科試験 …… 288
実技試験 金財 個人資産相談業務 …… 302
実技試験 金財 保険顧客資産相談業務 …… 310
実技試験 日本FP協会 資産設計提案業務 …… 318

得点UP！ 超頻出論点集 …… 327

※本書では、「本年」とは2024年、「本年度」とは2024年度のことを指しています。

※本書掲載の問題はすべてCBT試験プログラムに対応しています。
詳細は（13）ページをご覧ください。

FP3級
予想模試

第1回目　力試し編

学科試験 …… 1
実技試験 金財　個人資産相談業務 …… 15
実技試験 金財　保険顧客資産相談業務 …… 29
実技試験 日本FP協会　資産設計提案業務 …… 45

第2回目　確認編

学科試験 …… 65
実技試験 金財　個人資産相談業務 …… 79
実技試験 金財　保険顧客資産相談業務 …… 93
実技試験 日本FP協会　資産設計提案業務 …… 111

第3回目　仕上げ編

学科試験 …… 133
実技試験 金財　個人資産相談業務 …… 147
実技試験 金財　保険顧客資産相談業務 …… 163
実技試験 日本FP協会　資産設計提案業務 …… 181

FP | 3級 | 学科

2024年度
ファイナンシャル・プランニング技能検定

3級 学科試験

試験時間 ◆ 90分

★ 注 意 ★

1. 本試験の出題形式は、正誤式30問、三答択一式30問です。
2. 携帯電話、筆記用具、計算機は自席（パソコンブース）への持込みはできません。メモ用紙・筆記用具はテストセンターで貸し出されます。計算機については、試験画面上に表示される電卓を利用することができます。
3. 試験問題については、特に指示のない限り、2024年4月1日現在施行の法令等に基づいて解答してください。なお、東日本大震災の被災者等に対する各種特例等については考慮しないものとします。

FP試験対策プロジェクト

問１～問30は文章を読んで、正しいものまたは適切なものには○を、誤っているものまたは不適切なものには×を選択してください。　〔30問〕

問１　税理士資格を有しないファイナンシャル・プランナーが、顧客のために相談業務の延長として確定申告書を作成した場合、その行為が無償であれば税理士法に抵触しない。

問２　遺族基礎年金を受給することができる遺族は、国民年金の被保険者等の死亡の当時に、その者によって生計を維持されており、かつ、所定の要件を満たす「子のある妻」または「子」である。

問３　１週間の所定労働時間が20時間に満たない者は、労働者災害補償保険は適用されるが、原則として雇用保険の被保険者とはならない。

問４　確定拠出年金の老齢給付金を60歳から受給するには、60歳到達時の通算加入者等期間が10年以上なければならない。

問５　住宅金融支援機構と民間金融機関が提携した住宅ローンであるフラット35の融資金利は固定金利であるが、その利率は取扱金融機関がそれぞれ独自に決定している。

問６　民法および失火の責任に関する法律（失火責任法）において、借家人の軽過失による失火で、借家と隣家を焼失させた場合、借家の家主に対して損害賠償責任を負うが、隣家の所有者に対して損害賠償責任を負わない。

問７　生命保険の保険料のうち、保険会社が保険契約を維持・管理するための費用に当てられる付加保険料は、予定死亡率および予定利率に基づいて計算される。

問８　一般に、収入保障保険の死亡保険金を年金形式で受け取る場合の受取総額は、一時金で受け取る場合の受取額よりも少なくなる。

問9　生命保険契約にある入院特約に基づき、被保険者が病気で入院したことで被保険者が受け取った入院給付金は、非課税である。

問10　自動車損害賠償責任保険において、被害者１人当たりの保険金の支払限度額は、死亡の場合で3,000万円、後遺障害の場合で5,000万円である。

問11　米国の市場金利が上昇し、日本の市場金利が低下することは、米ドルと円の為替相場においては、一般に、米ドル安、円高の要因となる。

問12　上場投資信託（ＥＴＦ）は、上場株式と同様に、指値注文や成行注文により売買することができる。

問13　債券を発行する企業の信用度が低下し、格付が引き下げられた場合、一般に、その債券の価格は下落し、利回りも低下する。

問14　Ｘ社の株価が1,200円、１株当たり純利益が24円、１株当たり年間配当金が12円である場合、Ｘ社株式の配当利回りは、１％である。

問15　預金保険制度の対象金融機関に預け入れた決済用預金は、預入金額にかかわらず、その全額が預金保険制度による保護の対象となる。

問16　個人が法人からの贈与により取得した財産は、原則として贈与税の課税対象となり、所得税は課されない。

問17　電車・バス等の交通機関を利用して通勤している給与所得者が、勤務先から受ける通勤手当の所得税法上の非課税限度額は、月額10万円である。

問18　所得税において、事業的規模で行われている賃貸マンションの貸付で得た所得は、不動産所得となる。

問19　所得税における基礎控除の額は、納税者の合計所得金額の多寡にかかわらず、一律で38万円である。

問20　夫が生計を一にする妻の負担すべき国民年金の保険料を支払った場合、その支払った金額は、夫の所得税において、社会保険料控除の対象となる。

問21　アパートやマンションを貸して家賃収入を得ようとする場合、宅地建物取引業の免許が必要となる。

問22　不動産取引において、買主が売主に解約手付を交付したときは、相手方が契約の履行に着手するまでは、買主はその手付を放棄することで、売主はその手付を買主に現実に提供することで、契約を解除することができる。

問23　都市計画法の規定によれば、市街化区域内で行う開発行為は、その規模にかかわらず、都道府県知事等の許可が必要である。

問24　不動産取得税は、生前贈与や相続により不動産を取得したときには課されない。

問25　土地の譲渡所得のうち、その土地を譲渡した日の属する年の１月１日における所有期間が10年以下のものは、短期譲渡所得に区分される。

問26　相続人が相続の放棄をする場合は、自己のために相続の開始があったことを知った時から、原則として10カ月以内に、家庭裁判所にその旨を申述しなければならない。

問27　被相続人が遺言により相続分や遺産分割方法の指定をしていない場合、共同相続人は全員の協議により遺産を分割することができ、必ずしも法定相続分に従う必要はない。

問28　本年中に相続や遺贈により財産を取得した者が、相続開始前５年以内に被相続人から暦年課税方式の贈与により取得した財産は、相続税額の計算上、相続財産に加算される。

問29 「直系尊属から教育資金の一括贈与を受けた場合の贈与税の非課税」は、贈与を受ける年の受贈者の合計所得金額が1,000万円を超える場合、適用を受けることができない。

問30 相続財産の評価において、相続開始時に保険事故が発生していない生命保険契約に関する権利の価額は、原則として、既払込保険料相当額により評価する。

問31～問60は文章の（　　）内にあてはまる最も適切な文章、語句、数字またはそれらの組合せを1)～3）のなかから選択してください。　　〔30問〕

問31　借入金額2,000万円、利率（年率・複利）1％、返済期間15年、元利均等返済でローンを組む場合、毎年の返済額は、下記の<資料>の係数を使用して算出すると、（　　）である。

<資料>利率（年率）1％・期間15年の各種係数

現価係数	資本回収係数	減債基金係数
0.8613	0.0721	0.0621

1）1,242,000円
2）1,442,000円
3）1,935,059円

問32　全国健康保険協会管掌健康保険の被保険者に支給される傷病手当金の額は、1日につき、原則として、傷病手当金の支給を始める日の属する月以前の直近の継続した（ ① ）の各月の標準報酬月額の平均額を30で除した額に、（ ② ）を乗じた額である。

1）① 12カ月間　② 2分の1
2）① 12カ月間　② 3分の2
3）① 6カ月間　② 4分の3

問33　雇用保険の基本手当を受給するためには、倒産、解雇および雇止めなどの場合を除き、原則として、離職の日以前（ ① ）に被保険者期間が通算して（ ② ）以上あることなどの要件を満たす必要がある。

1）① 1年間　② 6カ月
2）① 1年間　② 12カ月
3）① 2年間　② 12カ月

問34　厚生年金保険の被保険者期間が原則として（ ① ）以上ある者が、老齢厚生年金の受給権を取得した当時、当該受給権者と生計を同じくしている（ ② ）未満の配偶者が所定の要件を満たしている場合、当該受給権者が受給する老齢厚生年金に加給年金額が加算される。

1）① 10年　② 60歳
2）① 20年　② 65歳
3）① 25年　② 65歳

問35　住宅ローンの返済方法で、元利均等返済方式と元金均等返済方式とで利息を含めた総返済金額を比較すると、返済期間や金利などの他の条件が同一である場合、通常、その額は、（　　）。

1）元利均等返済方式のほうが多い
2）元金均等返済方式のほうが多い
3）どちらも同じ額である

問36　国内で事業を行う生命保険会社が破綻した場合、生命保険契約者保護機構による補償の対象となる保険契約は、高予定利率契約を除き、（ ① ）の（ ② ）まで補償される。

1）① 責任準備金等　② 90％
2）① 死亡保険金額　② 100％
3）① 責任準備金等　② 80％

問37　定期保険特約付終身保険では、定期保険特約の保険金額を同額で自動更新すると、通常は、更新後の保険料が、更新前（　　）。

1）よりも安くなる
2）と変わらない
3）よりも高くなる

問38　生命保険契約の契約者は、契約者貸付制度を利用することで、契約している生命保険の（　　）の一定の範囲内で保険会社から貸付を受けることができる。

1）　解約返戻金額

2）　既払込保険料総額

3）　死亡保険金額

問39　所得税において、個人が本年中に締結した生命保険契約に基づく支払保険料のうち、（　　）に係る保険料は、介護医療保険料控除の対象となる。

1）　傷害特約

2）　定期保険特約

3）　先進医療特約

問40　家族傷害保険に付帯された個人賠償責任補償特約においては、（　　）により損害賠償責任を負った場合は補償の対象とならない。

1）　同居する家族に誤ってけがを負わせた事故

2）　別居の未婚の子が通学中に自転車で走行中に起こした事故

3）　飼い犬が他人を噛んでけがを負わせた事故

問41　一定期間内に国内で生産された財やサービスの付加価値の合計額を（ ① ）といい、その統計は（ ② ）が作成し、公表する。

1）①　国民総生産（ＧＮＰ）　　②　内閣府

2）①　国内総生産（ＧＤＰ）　　②　日本銀行

3）①　国内総生産（ＧＤＰ）　　②　内閣府

問42　追加型株式投資信託を基準価額１万3,000円で１万口購入した後、最初の決算時に１万口当たり400円の収益分配金が支払われ、分配落ち後の基準価額が１万2,800円となった場合、その収益分配金のうち、普通分配金は（ ① ）であり、元本払戻金（特別分配金）は（ ② ）である。

1）①　400円　　②　0円

2）①　100円　　②　300円

3）①　200円　　②　200円

問43　表面利率（クーポンレート）２％、残存期間４年の固定利付債券を、額面100円当たり104円で購入し、２年後に額面100円当たり103円で売却した場合の所有期間利回り（年率・単利）は、（　　）％である。なお、税金や手数料等は考慮しないものとし、答は表示単位の小数点以下第３位を四捨五入している。

1）0.96
2）1.44
3）2.40

問44　A資産の期待収益率が2.0％、B資産の期待収益率が4.0％の場合に、A資産を60％、B資産を40％の割合で組み入れたポートフォリオの期待収益率は、（　　）となる。

1）1.6％
2）2.4％
3）2.8％

問45　為替予約を締結していない外貨定期預金の場合、満期時の為替レートが預入時の為替レートに比べて（ ① ）になれば、円換算の利回りは（ ② ）なる。

1）① 円安　② 高く
2）① 円安　② 低く
3）① 円高　② 高く

問46　国内において支払を受ける預貯金の利子は、原則として、国税（復興特別所得税を含む）と地方税を合わせて（ ① ）の税率による（ ② ）分離課税の対象となる。

1）① 15.315％　② 申告
2）① 20.315％　② 申告
3）① 20.315％　② 源泉

問47　給与所得者が、30年間勤務した会社を定年退職し、退職金3,000万円の支払を受けた。この場合、所得税の退職所得の金額を計算する際の退職所得控除額は、(　　)となる。

1）800万円＋70万円×（30年－20年）×1/2＝1,150万円
2）800万円＋40万円×（30年－20年）＝1,200万円
3）800万円＋70万円×（30年－20年）＝1,500万円

問48　Aさんの本年分の各種所得の金額が下記の＜資料＞のとおりであった場合、損益通算後の総所得金額は（　　）となる。なお、各種所得の金額に付されている「▲」は、その所得に損失が生じていることを表すものとする。

＜資料＞Aさんの本年分の各種所得の金額

不動産所得の金額	850万円
雑所得の金額	▲50万円
事業所得の金額（株式等に係るものを除く）	▲200万円

1）600万円
2）650万円
3）800万円

問49　所得税の確定申告をしなければならない者は、原則として、所得が生じた年の翌年の（①）から（②）までの間に、納税地の所轄税務署長に対して確定申告書の提出が必要となる。

1）①　2月1日　　②　3月15日
2）①　2月16日　　②　3月15日
3）①　2月1日　　②　3月31日

問50　年末調整の対象となる給与所得者は、年末調整により、(　　)の適用を受けることができる。

1）雑損控除
2）医療費控除
3）生命保険料控除

問51　都道府県地価調査の基準地の標準価格は、毎年（ ① ）を価格判定の基準日として調査され、都道府県知事により毎年（ ② ）頃に公表される。

1）① 1月1日　　② 3月
2）① 1月1日　　② 7月
3）① 7月1日　　② 9月

問52　建築基準法上、都市計画区域および準都市計画区域内において、建築物の敷地は、原則として、幅員（ ① ）以上の道路に（ ② ）以上接していなければならない。

1）① 4m　　② 1m
2）① 4m　　② 2m
3）① 6m　　② 3m

問53　建築物が防火地域および準防火地域にわたる場合においては、原則として、その全部について（ ① ）内の建築物に関する規定が適用される。また、建築物の敷地が2つの異なる用途地域にまたがる場合、（ ② ）の用途制限が敷地全体に適用される。

1）① 準防火地域　　② より厳しい地域
2）① 防火地域　　② 過半の属する地域
3）① 過半の属する地域　　② より緩い地域

問54　建物の区分所有等に関する法律（区分所有法）において、集会において、区分所有者および議決権の各（　　）以上の多数により、区分所有建物を取り壊し、その敷地上に新たに建物を建築する旨の決議（建替え決議）をすることができる。

1）2分の1
2）4分の3
3）5分の4

問55　個人が「特定の居住用財産の買換えの場合の長期譲渡所得の課税の特例」の適用を受けるための要件には、譲渡した年の１月１日時点の所有期間が（ ① ）超であること、譲渡対価が（ ② ）以下であることなどがある。

1）① 10年　　② １億円
2）① ５年　　② １億円
3）① 10年　　② 6,000万円

問56　宅地が「小規模宅地等についての相続税の課税価格の計算の特例」における特定居住用宅地等に該当する場合、（ ① ）を限度面積として、評価額の（ ② ）が減額される。

1）① 200㎡　　② 50％
2）① 400㎡　　② 80％
3）① 330㎡　　② 80％

問57　下記の〈親族関係図〉において、Ａさんが亡くなった場合の相続における、妻Ｂさんの法定相続分は、（　　）である。

＜親族関係図＞

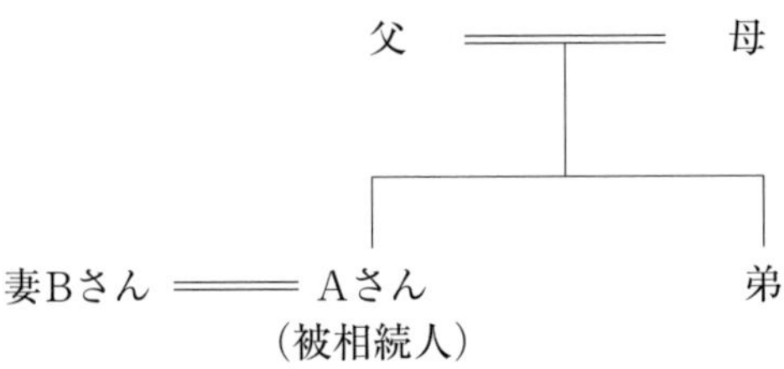

1）２分の１
2）３分の２
3）４分の３

問58　相続税の計算においては、相続人が受け取った死亡保険金の非課税限度額を、「（ ① ）×法定相続人の数」の算式により算出するが、法定相続人のうち相続の放棄をした者がいる場合、当該法定相続人の数は、相続を放棄した者を（ ② ）人数とされる。

1）① 500万円　② 含む
2）① 500万円　② 含まない
3）① 600万円　② 含まない

問59　本年中に相続時精算課税の適用を受けて贈与を受けた場合、暦年課税とは別枠で適用できる基礎控除および特別控除（累計（ ① ））を差し引いた後の金額に対して一律（ ② ）％の税率により計算した贈与税が課税される。

1）① 1,500万円　② 15
2）① 1,500万円　② 20
3）① 2,500万円　② 20

問60　自用地としての評価額が6,000万円、借地権割合が60％、借家権割合が30％、賃貸割合が100％の貸家建付地の相続税評価額は、（　　）である。

1）2,400万円
2）3,600万円
3）4,920万円

FP	3級	個人

2024年度
ファイナンシャル・プランニング技能検定・実技試験

金財
3級　個　人
資産相談業務

試験時間 ◆ 60分

★ 注　意 ★

1. 本試験の出題形式は、三答択一式5題（15問）です。
2. 携帯電話、筆記用具、計算機は自席（パソコンブース）への持込みはできません。メモ用紙・筆記用具はテストセンターで貸し出されます。計算機については、試験画面上に表示される電卓を利用することができます。
3. 試験問題については、特に指示のない限り、2024年4月1日現在施行の法令等に基づいて解答してください。なお、東日本大震災の被災者等に対する各種特例等については考慮しないものとします。

FP試験対策プロジェクト

【第１問】 次の設例に基づいて、下記の各問（《問１》～《問３》）に答えなさい。

《設　例》

Ｘ株式会社（以下、「Ｘ社」という）に勤務するＡさん（58歳）は、長男Ｂさん（19歳）との２人暮らしである。Ａさんは、長男Ｂさんが３歳のときに長男Ｂさんの父親Ｃさんと離婚している。

Ｘ社では、定年年齢が65歳に引き上げられており、Ａさんは65歳まで継続して勤務するつもりである。Ａさんは、現在、定年退職後の資金計画を検討しており、公的年金制度から支給される老齢給付についてしっかり理解したいと考えている。なお、今年20歳になる大学生の長男Ｂさんの国民年金の保険料の納付について、学生納付特例制度の利用を検討している。そこで、Ａさんは、親しくしているファイナンシャル・プランナーのＭさんに相談することにした。

＜Ａさんとその家族に関する資料＞

（1）Ａさん（1965年10月13日生まれ・58歳・会社員）

・公的年金加入歴：　下図のとおり（65歳定年時までの見込みを含む）20歳から大学生であった期間（30月）は国民年金に任意加入していない。大学卒業後、Ｘ社に入社し、現在に至るまで同社に勤務している。

・健康保険（保険者：健康保険組合）、雇用保険に加入中

20歳　22歳　65歳

国民年金未加入期間（30月）	厚生年金保険	
	被保険者期間（180月）	被保険者期間（330月）
	（2003年3月以前の平均標準報酬月額28万円）	（2003年4月以後の平均標準報酬額36万円）

（2）長男Ｂさん（20XX年12月20日生まれ・19歳・大学２年生）

※長男Ｂさんは、現在および将来においても、Ａさんと同居し、Ａさんと生計維持関係にあるものとする。

※家族全員、現在および将来においても、公的年金制度における障害等級に該当する障害の状態にないものとする。

※上記以外の条件は考慮せず、各問に従うこと。

《問1》 はじめに、Mさんは、Aさんが老齢基礎年金の受給を65歳から開始した場合の年金額を試算した。Mさんが試算した老齢基礎年金の年金額の計算式として、次のうち最も適切なものはどれか。なお、老齢基礎年金の年金額は、本年度価額に基づいて計算するものとする。

1） $816{,}000円 \times \frac{450月}{480月}$

2） $816{,}000円 \times \frac{480月}{480月}$

3） $816{,}000円 \times \frac{510月}{540月}$

《問2》 次に、Mさんは、会社員の老齢厚生年金について説明した。MさんのAさんに対する説明として、次のうち最も適切なものはどれか。

1）「Aさんには、特別支給の老齢厚生年金は支給されず、原則として、65歳から老齢厚生年金を受給することになります」

2）「Aさんは厚生年金保険の被保険者期間が20年以上ありますので、Aさんが65歳から受給する老齢厚生年金の額には、加給年金額は加算されます」

3）「Aさんが70歳0カ月で老齢厚生年金の繰下げ支給の申出をする場合、当該年金額の増額率は42％になります」

《問３》 最後に、Ｍさんは、確定拠出年金の個人型年金について説明した。Ｍさんの Ａさんに対する説明として、次のうち最も不適切なものはどれか。

1）「Ａさんが個人型年金に加入する場合、最長65歳に達するまで加入できます」

2）「Ａさんは、国民年金基金と個人型年金の両方に加入することができ、掛金の限度額は合わせて月額68,000円が限度となります」

3）「通算加入者等期間が10年以上ある場合、60歳到達時に老齢給付金を受給できますが、Ａさんが現時点から加入する場合、60歳から受給することはできません」

【第2問】 次の設例に基づいて、下記の各問（《問4》～《問6》）に答えなさい。

《設　例》

会社役員のＡさん（62歳）は、Ｘ銀行の米ドル建定期預金のパンフレットを手にしてから、その金利の高さに興味を持っており、満期を迎えるＸ銀行の円建ての定期預金500万円の一部を活用して、米ドル建定期預金での運用を検討している。そこで、Ａさんは、ファイナンシャル・プランナーのＭさんに相談することにした。

＜Ａさんが運用を検討しているＸ銀行の米ドル建定期預金に関する資料＞

・預入金額　：　10,000米ドル
・預入期間　：　３カ月
・利率（年率）　：　3.0％（満期時一括支払）
・為替予約なし
・適用為替レート（米ドル／円）

	ＴＴＳ	ＴＴＭ	ＴＴＢ
預入時	150.00円	149.00円	148.00円
満期時	155.00円	154.00円	153.00円

※上記以外の条件は考慮せず、各問に従うこと。

《問4》 Mさんは、《設例》の米ドル建定期預金について説明した。MさんのAさんに対する説明として、次のうち最も適切なものはどれか。

1）「X銀行の米ドル建定期預金の場合、Aさんが満期時に受け取ることができる利息額は300米ドル（税引前）になります」

2）「Aさんが預入時に円を米ドルに換える際に適用される為替レートは、1米ドル＝150.00円になります」

3）「TTMとTTS（TTB）の差分は為替スプレッドと呼ばれるもので、取引金融機関による差異はありません」

《問5》 Aさんが、《設例》の条件のとおり、10,000米ドルを外貨預金に預け入れ、満期時に円貨で受け取った場合における元利金の合計額として、次のうち最も適切なものはどれか。なお、計算にあたっては税金等を考慮せず、預入期間3カ月は0.25年として計算すること。

1）1,491,100円

2）1,541,475円

3）1,575,900円

《問6》 Mさんは、《設例》の米ドル建定期預金の課税関係について説明した。MさんのAさんに対する説明として、次のうち最も不適切なものはどれか。

1）「満期時に為替差益が生じた場合、当該金額は雑所得として総合課税の対象となります」

2）「満期時に為替差損が生じた場合、所得税の確定申告をすることにより、当該損失の金額をAさんの役員給与として得た所得と損益通算することができます」

3）「Aさんが受け取る利子は、利子所得として源泉分離課税の対象となり、20.315％相当額が源泉徴収等されます」

【第3問】 次の設例に基づいて、下記の各問（《問7》～《問9》）に答えなさい。

《設　例》

会社員のAさんは、妻Bさんおよび長男Cさんとの3人家族である。Aさんは、老後資金対策として、以前から確定拠出年金の個人型年金の掛金（月額12,000円）を拠出している。また、Aさんは、本年中に「ふるさと納税」の制度を利用して、7つの地方自治体に計10万円の寄附を行っている。

＜Aさんとその家族に関する資料＞

Aさん　　（46歳）　：　会社員
妻Bさん　（42歳）　：　専業主婦。本年中の収入はない。
長男Cさん（16歳）　：　高校生。本年中の収入はない。

＜Aさんの本年分の収入等に関する資料＞

（1）給与収入の金額：　600万円

（2）一時払養老保険（15年満期）の満期保険金

契約年月	：20XX年7月
契約者（＝保険料負担者）・被保険者	：Aさん
死亡保険金受取人	：妻Bさん
満期保険金受取人	：Aさん
満期保険金額	：350万円
一時払保険料	：300万円

※妻Bさんおよび長男Cさんは、Aさんと同居し、生計を一にしている。
※Aさんとその家族は、いずれも障害者および特別障害者には該当しない。
※Aさんとその家族の年齢は、いずれも本年12月31日現在のものである。

※上記以外の条件は考慮せず、各問に従うこと。

《問7》 Aさんの本年分の所得税における総所得金額は、次のうちどれか。

1） 436万円

2） 461万円

3） 486万円

＜資料＞給与所得控除額

給与収入金額			給与所得控除額
万円超		万円以下	
	～	180	収入金額×40％－10万円（55万円に満たない場合は、55万円）
180	～	360	収入金額×30％＋8万円
360	～	660	収入金額×20％＋44万円
660	～	850	収入金額×10％＋110万円
850	～		195万円

《問8》 Aさんの本年分の所得税における所得控除に関する以下の文章の空欄①～③に入る語句の組合せとして、次のうち最も適切なものはどれか。

ⅰ）Aさんが拠出した確定拠出年金の個人型年金の掛金は、その全額が（ ① ）の対象となり、総所得金額から控除することができる。

ⅱ）Aさんが適用を受けることができる配偶者控除の控除額は、（ ② ）である。

ⅲ）Aさんが適用を受けることができる扶養控除の控除額は、（ ③ ）である。

1） ① 小規模企業共済等掛金控除 ② 26万円 ③ 63万円

2） ① 社会保険料控除 ② 38万円 ③ 63万円

3） ① 小規模企業共済等掛金控除 ② 38万円 ③ 38万円

《問9》 Aさんの本年分の所得税の確定申告に関する次の記述のうち、最も適切なものはどれか。

1） 「Aさんは、ふるさと納税に係る寄附金控除について、年末調整では適用を受けることができませんので、所得税の確定申告が必要となります」

2） 「一時払養老保険の満期保険金に係る保険差益は、雑所得として総合課税の対象となります。Aさんは所得税の確定申告をする義務が生じます」

3） 「確定申告書は、原則として、所得が生じた年の翌年2月1日から3月15日までの間にAさんの勤務地を所轄する税務署長に提出してください」

【第4問】 次の設例に基づいて、下記の各問（《問10》～《問12》）に答えなさい。

《設　例》

会社員のAさん（55歳）は、12年前に父親の相続により取得した甲土地を所有している。Aさんは、現在、甲土地を月極駐車場として賃貸しているが、収益性が低いため、甲土地の売却を検討している。

先日、友人である不動産会社の社員Hさんから、「甲土地は地下鉄の駅から近く、利便性が高い。賃貸マンションを建築するなどの有効活用の方法を検討してみてはどうか」とアドバイスをもらっている。

＜甲土地の概要＞

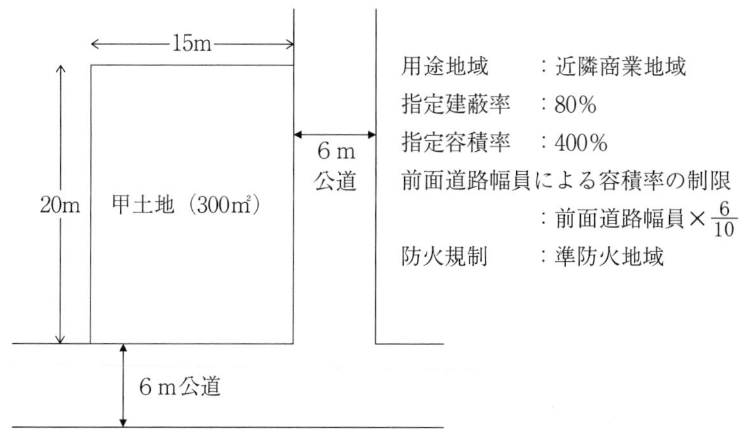

・甲土地は、建蔽率の緩和について特定行政庁が指定する角地である。
・指定建蔽率および指定容積率とは、それぞれ都市計画において定められた数値である。
・特定行政庁が都道府県都市計画審議会の議を経て指定する区域ではない。

※上記以外の条件は考慮せず、各問に従うこと。

《問10》 甲土地に賃貸マンション（準耐火建築物）を建築する場合の①建蔽率の上限となる建築面積と②容積率の上限となる延べ面積の組合せとして、次のうち最も適切なものはどれか。

1）①　240㎡　②　960㎡
2）①　300㎡　②　1,080㎡
3）①　300㎡　②　1,200㎡

《問11》 甲土地の有効活用に関する次の記述のうち、最も不適切なものはどれか。

1）「自己建設方式は、Aさんがマンション等の建築資金の調達や建築工事の発注、建物の管理・運営を自ら行う方式です。Aさん自らが貸主となってマンションの賃貸を行うには、宅地建物取引業の免許が必要です」

2）「建設協力金方式とは、テナント入居を希望する事業者等が建設資金をAさんに貸し付け、この資金を利用してAさんは建設した店舗を賃貸する手法です。建設資金は、契約期間中に賃料と相殺する形で返済するのが一般的です」

3）「事業用定期借地権方式は、事業者が土地を契約で一定期間賃借し、事業者が土地上に事業用建物等を建築する方式です。Aさんは、土地を手放さずに安定した地代収入を得ることができ、契約期間満了時には土地が更地で返還されます」

《問12》 甲土地の有効活用に関する以下の文章の空欄①～③に入る語句の組合せとして、次のうち最も適切なものはどれか。

> ⅰ)「Aさんが甲土地に賃貸マンションを建築した場合、相続税の課税価格の計算上、甲土地は（ ① ）として評価されます。また、甲土地が貸付事業用宅地等に該当すれば、小規模宅地等についての相続税の課税価格の計算の特例の適用を受けることができます。貸付事業用宅地等は、200㎡までの部分について（ ② ）の減額が受けられます」
> ⅱ)「Aさんが甲土地に賃貸マンションを建築した場合、甲土地に係る固定資産税は、住宅1戸につき200㎡までの部分（小規模住宅用地）について課税標準となるべき価格を（ ③ ）の額とする特例の適用を受けることができます」

1）① 貸宅地　② 80％　③ 3分の1
2）① 貸宅地　② 50％　③ 6分の1
3）① 貸家建付地　② 50％　③ 6分の1

【第5問】 次の設例に基づいて、下記の各問（《問13》～《問15》）に答えなさい。

《設　例》

不動産賃貸業を営むＡさん（72歳）は、Ｒ市内の自宅で妻Ｂさん（68歳）との２人暮らしである。

Ａさんには、２人の子がいる。市役所に勤務する長男Ｃさん（42歳）は、妻、孫Ｅさん（９歳）および孫Ｆさん（６歳）の４人で公営住宅に住んでいる。長男Ｃさんは、住宅の購入を検討しており、Ａさんに資金援助を求めている。長女Ｄさん（40歳）は、Ｒ市内の夫名義の持家に住んでいるが、住宅ローンの返済等で家計に余裕はなく、孫Ｇさん（16歳）および孫Ｈさん（14歳）の学費など早々の援助が必要と思われる。Ａさんは、現金の贈与を検討している。

<Ａさんの親族関係図>

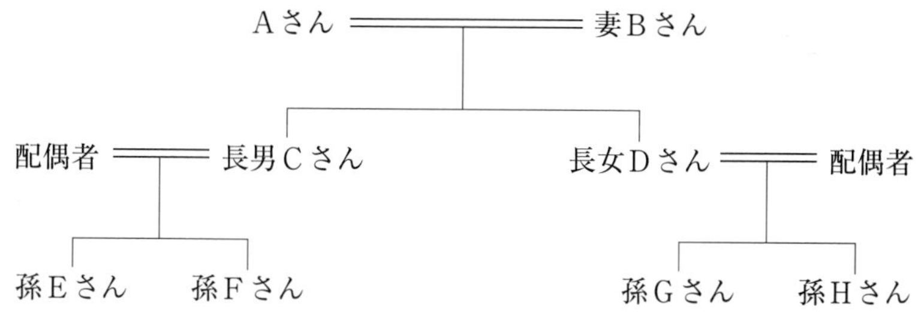

※上記以外の条件は考慮せず、各問に従うこと。

《問13》 生前贈与に関する以下の文章の空欄①～③に入る数値の組合せとして、次のうち最も適切なものはどれか。

ⅰ）「Ａさんからの贈与について、長男Ｃさんが相続時精算課税制度を選択した場合、暦年課税とは別に認められる基礎控除後、累計で（ ① ）万円の特別控除までの贈与について贈与税は課されず、超える部分は、一律（ ② ）％の税率により贈与税が課されます」

ⅱ）「『直系尊属から教育資金の一括贈与を受けた場合の贈与税の非課税制度』の適用を受けた場合、受贈者１人につき（ ③ ）万円まで（うち、学習塾などの学校等以外の者に対して直接支払われる金銭は500万円まで）を限度として贈与税が非課税となります」

1）① 2,500　② 20　③ 1,500
2）① 2,500　② 20　③ 1,000
3）① 2,000　② 10　③ 1,500

《問14》 現時点において、Ａさんの相続が開始した場合に関する次の記述のうち、最も不適切なものはどれか。なお、Ａさんの相続税の課税価格は5億円以下であるものとする。

1）「孫であるＥさん、Ｆさん、Ｇさん、ＨさんがＡさんからの遺贈により財産を取得した場合、相続税額の２割加算の対象となります」
2）「『配偶者に対する相続税額の軽減』の適用を受けた場合、妻Ｂさんが相続により取得した財産の金額が、配偶者の法定相続分相当額と１億6,000万円とのいずれか多い金額までであれば、納付すべき相続税額は算出されません」
3）「本年中に孫であるＥさん、Ｆさん、Ｇさん、Ｈさんの教育資金のために、直系尊属から教育資金の一括贈与を受けた場合の贈与税の非課税の適用を受けた場合、その後Ａさんが死亡すると、非課税拠出額から教育資金支出額を控除した残額があるときは、当該残額は、原則として相続税の課税価格に加算されます」

《問15》「仮に、長男Cさんが暦年課税（各種非課税制度の適用はない）により、本年中にAさんから現金700万円の贈与を受けた場合の贈与税額は、次のうちどれか。

1）　88万円

2）112万円

3）120万円

＜資料＞贈与税の速算表（一部抜粋）

基礎控除後の課税価格	特例贈与財産		一般贈与財産	
	税率	控除額	税率	控除額
万円超　　　万円以下				
～　200	10％	－	10％	－
200　～　300	15％	10万円	15％	10万円
300　～　400	15％	10万円	20％	25万円
400　～　600	20％	30万円	30％	65万円
600　～　1,000	30％	90万円	40％	125万円

2024年度
ファイナンシャル・プランニング技能検定・実技試験

金財
3級 保険顧客資産相談業務

試験時間 ◆ 60分

★ 注 意 ★

1．本試験の出題形式は、三答択一式5題（15問）です。
2．携帯電話、筆記用具、計算機は自席（パソコンブース）への持込みはできません。メモ用紙・筆記用具はテストセンターで貸し出されます。計算機については、試験画面上に表示される電卓を利用することができます。
3．試験問題については、特に指示のない限り、2024年4月1日現在施行の法令等に基づいて解答してください。なお、東日本大震災の被災者等に対する各種特例等については考慮しないものとします。

FP試験対策プロジェクト

【第１問】 次の設例に基づいて、下記の各問（《問１》～《問３》）に答えなさい。

《設　例》

会社員であるＡさんは、妻Ｂさんとの２人暮らしである。Ａさんは、老後の資金計画を検討するにあたり、公的年金制度から支給される老齢給付について確認したいと考えている。また、Ａさんは、少なくとも70歳までは働きたいと考えており、老齢基礎年金や老齢厚生年金の繰上げ支給や繰下げ支給についても知っておきたいと思っている。

そこで、Ａさんは、ファイナンシャル・プランナーのＭさんに相談することにした。

＜Ａさん夫妻に関する資料＞

（1）Ａさん（1968年10月15日生まれ）

・公的年金加入歴 ： 下図のとおり（65歳までの見込みを含む）
20歳から大学生であった期間（30月）は国民年金に任意加入していない。

・全国健康保険協会管掌健康保険に加入中

20歳　22歳	65歳
国民年金 未加入期間 30月	厚生年金保険 被保険者期間 510月

（2）妻Ｂさん（1967年６月17日生まれ）

・公的年金加入歴 ： 下図のとおり（60歳までの見込みを含む）
高校卒業後の18歳からＡさんと結婚するまでの10年間（120月）、会社員として厚生年金保険に加入。結婚後は、国民年金に第３号被保険者として加入している。

18歳　Ａさんと結婚	60歳
厚生年金保険 被保険者期間 120月	国民年金 第３号被保険者期間 374月

※妻Ｂさんは、現在および将来においても、Ａさんと同居し、Ａさんと生計維持関係にあるものとする。

※Aさんおよび妻Bさんは、現在および将来においても、公的年金制度における障害等級に該当する障害の状態にないものとする。

※上記以外の条件は考慮せず、各問に従うこと。

《問1》 はじめに、Mさんは、《設例》の<Aさん夫妻に関する資料>に基づき、Aさんおよび妻Bさんが老齢基礎年金の受給を65歳から開始した場合の年金額（本年度価額）を試算した。Mさんが試算した老齢基礎年金の年金額の計算式の組合せとして、次のうち最も適切なものはどれか。

1） Aさん ： $816{,}000円 \times \dfrac{510月}{480月}$ 妻Bさん ： $816{,}000円 \times \dfrac{374月}{480月}$

2） Aさん ： $816{,}000円 \times \dfrac{450月}{480月}$ 妻Bさん ： $816{,}000円 \times \dfrac{480月}{480月}$

3） Aさん ： $816{,}000円 \times \dfrac{480月}{480月}$ 妻Bさん ： $816{,}000円 \times \dfrac{494月}{480月}$

《問2》 次に、Mさんは、老齢基礎年金の繰上げ支給および繰下げ支給について説明した。Mさんが、Aさんに対して説明した以下の文章の空欄①～③に入る語句または数値の組合せとして、次のうち最も適切なものはどれか。

> 「Aさんが60歳0カ月で老齢基礎年金および老齢厚生年金の繰上げ支給を請求した場合の減額率は（ ① ）％となります。なお、老齢基礎年金の繰上げ支給の請求をする場合、同時に老齢厚生年金の繰上げ支給の請求を（ ② ）。
> また、Aさんが老齢基礎年金の支給開始を繰り下げた場合は、繰り下げた月数に応じて年金額が増額され、Aさんが最も遅い支給開始年齢において老齢基礎年金および老齢厚生年金の繰下げ支給の申出をした場合、年金の増額率は（ ② ）％となります」

1） ① 24　② するか否か選択できます　③ 42
2） ① 24　② しなければなりません　③ 84
3） ① 30　② しなければなりません　③ 84

《問3》 最後に、Mさんは、Aさんおよび妻Bさんが受給することができる公的年金制度からの老齢給付について説明した。MさんのAさんに対する説明として、次のうち最も不適切なものはどれか。

1） 「Aさんが65歳から受給することができる老齢厚生年金には、配偶者の加給年金額が加算されます」
2） 「Aさんが現在の勤務先で引き続き厚生年金保険の被保険者として65歳になるまで勤務した場合、65歳から支給される老齢厚生年金は、65歳到達時における厚生年金保険の被保険者記録を基に計算されます」
3） 「Aさんおよび妻Bさんは、いずれも特別支給の老齢厚生年金の支給はなく、原則として、65歳から老齢基礎年金および老齢厚生年金が支給されます」

【第2問】 次の設例に基づいて、下記の各問（《問4》～《問6》）に答えなさい。

《設　例》

Ｘ社に勤務するＡさん（63歳）は、専業主婦である妻Ｂさん（60歳）との２人暮らしである。Ａさんは、41年間勤務したＸ社を退職する予定である。

Ａさんは、退職を期に、現在加入している定期保険特約付終身保険を見直して、医療保障を充実させた保険に加入したいと考えている。また、公的医療保険制度（現在、Ａさんは全国健康保険協会管掌健康保険に加入）についても理解しておきたいと思っている。

そこで、Ａさんは、知り合いのファイナンシャル・プランナーのＭさんに相談することにした。

＜Ａさんが加入している生命保険に関する資料＞

保険の種類：定期保険特約付終身保険（65歳払込満了）

月払保険料（集団扱い）：19,680円

契約者（＝保険料負担者）・被保険者：Ａさん／死亡保険金受取人：妻Ｂさん

主契約および特約の内容	保障金額	保険期間
終身保険	200万円	終身
定期保険特約	1,200万円	10年
特定疾病保障定期保険特約	300万円	10年
入院特約	１日目から5,000円	10年
傷害特約	500万円	10年
災害割増特約	600万円	10年
リビング・ニーズ特約	―	―
指定代理請求特約	―	―

※上記以外の条件は考慮せず、各問に従うこと。

《問4》 まず、Mさんは、生命保険の見直しを検討する前に、現時点の必要保障額を試算することにした。下記の<算式>および<条件>に基づき、Aさんが現時点で死亡した場合の必要保障額は、次のうちどれか。なお、金額の前の「▲」は、マイナスであることを示している。

1) ▲200万円
2) ▲1,000万円
3) ▲1,200万円

<算式>

必要保障額＝遺族に必要な生活資金等の総額－遺族の収入見込金額

<条件>

1．現在の毎月の日常生活費は35万円であり、Aさん死亡後の妻Bさんの生活費は、現在の日常生活費の50％とする。
2．現時点の妻Bさんの平均余命は、30年とする。
3．Aさんの死亡整理資金（葬儀費用等）は、200万円とする。
4．緊急予備資金は、300万円とする。
5．住宅ローン（団体信用生命保険加入）の残高は、1,000万円とする。
6．金融資産（預貯金等）の金額は、2,000万円とする。
7．Aさん死亡後に妻Bさんが受け取る公的年金等の総額は、6,000万円とする。
8．現在加入している生命保険の死亡保険金額は考慮しなくてよい。

《問5》 次に、Mさんは、AさんがX社を退職した後の公的医療保険について説明した。MさんのAさんに対する説明として、次のうち最も適切なものはどれか。

1） 「Aさんの退職後、健康保険の任意継続被保険者とならなかった場合、国民健康保険に加入します。Aさんが国民健康保険に加入した場合、妻Bさんを国民健康保険の被扶養者とすることができます」

2） 「Aさんが退職後、国民健康保険に加入した場合、高額療養費の支給はありませんが、健康保険の任意継続被保険者には高額療養費の支給があります」

3） 「Aさんは、退職日の翌日から最長2年間、健康保険に任意継続被保険者として加入することができます。ただし、在職中とは異なり、保険料はAさんが全額負担することになります」

《問6》 さらに、Mさんは、生命保険の見直しについてアドバイスした。MさんのAさんに対するアドバイスとして、次のうち最も適切なものはどれか。

1） 「厚生労働省の各種データによれば、入院日数が年々長くなる傾向があり、退院後の通院時の療養に係る費用負担も大きくなっていますので、医療保障を検討する場合は、入院中および退院後の通院に対する保障を充実させることが大切です」

2） 「先進医療の治療を受けた場合、先進医療にかかる技術料は公的医療保険の対象外で全額自己負担となります。一部の先進医療については費用が高額となるケースもありますので、先進医療特約の付加をお勧めします」

3） 「現在加入している生命保険を払済保険に変更した場合、変更時点の解約返戻金をもとに、終身保険に変更されます。死亡保険金額は減少しますが、現在付加されている入院特約は残り、月々の保険料負担は軽減されます」

【第3問】 次の設例に基づいて、下記の各問（《問7》～《問9》）に答えなさい。

《設　例》

Ａさん（47歳）は、Ｘ株式会社（以下、「Ｘ社」という）の２代目社長である。Ａさんは、現在、自身の退職金の準備として、下記の<資料>の生命保険への加入を検討している。さらに、従業員の福利厚生の充実を図る目的として、総合福祉団体定期保険への加入も検討している。

そこで、Ａさんは、ファイナンシャル・プランナーのＭさんに相談することにした。

<資料>Ａさんが加入を検討している生命保険の内容

保険の種類：無配当低解約返戻金型終身保険（特約付加なし）	
契約者（＝保険料負担者）	：Ｘ社
被保険者	：Ａさん
死亡保険金受取人	：Ｘ社
死亡保険金額	：4,000万円
保険料払込期間	：65歳満了
年払保険料	：200万円
65歳までの払込保険料累計額（①）	：3,600万円
65歳時の解約返戻金額（②）	：3,705万円（低解約返戻金期間満了直後）
受取率（②÷①）	：102.9％（小数点第２位以下切捨て）
※解約返戻金額の80％の範囲内で、契約者貸付制度を利用することができる。	

※上記以外の条件は考慮せず、各問に従うこと。

《問7》 仮に、将来Ｘ社がＡさんに役員退職金5,000万円を支給した場合、Ａさんが受け取る役員退職金に係る退職所得の金額として、次のうち最も適切なものはどれか。なお、Ａさんの役員在任期間（勤続年数）を40年とし、これ以外に退職手当等の収入はなく、障害者になったことが退職の直接の原因ではないものとする。

1）　1,100万円

2）　1,400万円

3）　2,800万円

《問8》 次に、Mさんは、《設例》の<資料>の終身保険について説明した。MさんのAさんに対する説明として、次のうち最も不適切なものはどれか。

1） 「Aさんの勇退時に、役員退職金の一部または全部として終身保険の契約者をAさん、死亡保険金受取人をAさんの相続人に名義を変更することで、Aさんの個人の保険として継続することができます」

2） 「X社が契約者貸付制度を利用し、契約者貸付金を受け取った場合や返済する場合、経理処理は必要ありません」

3） 「この終身保険は、保険料払込期間中の解約返戻金額を抑えることで、低解約返戻金型ではない終身保険と比較して保険料が割安となっています」

《問9》 Mさんは、総合福祉団体定期保険の一般的な商品性について説明した。Mさんが、Aさんに対して説明した以下の文章の空欄①～③に入る語句の組合せとして、次のうち最も適切なものはどれか。

> 「総合福祉団体定期保険は、従業員の遺族の生活保障を主たる目的として、法人が契約者となる保険です。従業員に加えて法人の役員を被保険者とすること（ ① ）。総合福祉団体定期保険の加入の申込みに際しては、被保険者になることについての加入予定者の同意および保険約款に基づく告知が必要となります。なお、法人が支払った保険料は、所定の条件を満たすことにより、その（ ② ）を損金の額に算入することができます。
>
> また、従業員の死亡等による法人の経済的損失に備えるためのヒューマン・ヴァリュー特約を付加することができます。当該特約の死亡保険金等の受取人は、（ ③ ）に限定されています」

1） ① ができます　② 全額　③ 契約者である法人

2） ① はできません　② 2分の1　③ 契約者である法人

3） ① はできません　② 全額　③ 被保険者である従業員またはその遺族

【第4問】 次の設例に基づいて、下記の各問（《問10》～《問12》）に答えなさい。

《設　例》

会社員のＡさんは、妻Ｂさん、長男Ｃさんおよび母Ｄさんとの４人家族である。Ａさんは、本年中に購入した医薬品の費用について、セルフメディケーション税制（特定一般用医薬品等購入費を支払った場合の医療費控除の特例）の適用を受けたいと考えている。また、Ａさんは、本年中に養老保険の満期保険金および個人年金保険（10年確定年金）の年金を受け取っている。

＜Ａさんとその家族に関する資料＞

Ａさん（60歳）　：会社員

妻Ｂさん（52歳）　：専業主婦。本年中の収入はない。

長男Ｃさん（21歳）　：大学生。本年中に、アルバイトとして給与収入50万円を得ている。また、長男Ｃさんが負担すべき国民年金の保険料はＡさんが支払っている。

母Ｄさん（83歳）　：本年中に老齢基礎年金45万円および遺族厚生年金50万円を受け取っている。

＜Ａさんの本年分の収入等に関する資料＞

（1）給与収入の金額　：850万円

（2）養老保険（月払）の満期保険金

契約年月　：2000年７月

契約者（＝保険料負担者）・被保険者：Ａさん

死亡保険金受取人　：妻Ｂさん

満期保険金受取人　：Ａさん

満期保険金額　：490万円

正味払込保険料　：400万円

（3）個人年金保険（10年確定年金）の年金収入：100万円（必要経費は80万円）

※契約者（＝保険料負担者）・被保険者・年金受取人はＡさんである。

※配当金については考慮しないものとする。

※妻Ｂさん、長男Ｃさんおよび母Ｄさんは、Ａさんと同居し、生計を一にしている。

※Ａさんとその家族は、いずれも障害者および特別障害者には該当しない。

※Aさんとその家族の年齢は、いずれも本年12月31日現在のものである。

※上記以外の条件は考慮せず、各問に従うこと。

《問10》 Aさんの本年分の所得税における所得控除に関する次の記述のうち、最も適切なものはどれか。

1）「Aさんが支払っている長男Cさんの国民年金の保険料は、社会保険料控除の対象となりません」

2）「会社員であるAさんは、勤務先の年末調整においてセルフメディケーション税制の適用を受けることができます」

3）「セルフメディケーション税制の適用を受ける場合、特定一般用医薬品等購入費の総額（保険金などで補てんされる金額を除く）が12,000円を超えるときに、その超える部分の金額（最高88,000円）を総所得金額等から控除することができます」

《問11》 Aさんの本年分の所得税における総所得金額は、次のうちどれか。

1） 695万円

2） 715万円

3） 720万円

<資料>給与所得控除額

給与収入金額			給与所得控除額
万円超		万円以下	
	～	180	収入金額×40％－10万円（55万円に満たない場合は、55万円）
180	～	360	収入金額×30％＋8万円
360	～	660	収入金額×20％＋44万円
660	～	850	収入金額×10％＋110万円
850	～		195万円

《問12》 Aさんの本年分の所得税における所得控除に関する以下の文章の空欄①～③に入る数値の組合せとして、次のうち最も適切なものはどれか。

> ⅰ)「Aさんが適用を受けることができる配偶者控除の控除額は、(①) 万円です」
> ⅱ)「長男Cさんは特定扶養親族に該当するため、Aさんが適用を受けることができる長男Cさんに係る扶養控除の控除額は、(②) 万円です」
> ⅲ)「母Dさんは老人扶養親族の同居老親等に該当するため、Aさんが適用を受けることができる母Dさんに係る扶養控除の控除額は、(③) 万円です」

1) ① 26　② 38　③ 48
2) ① 38　② 63　③ 58
3) ① 38　② 58　③ 63

【第5問】 次の設例に基づいて、下記の各問（《問13》～《問15》）に答えなさい。

《設 例》

Aさんは、本年9月XX日に病気により死亡した。なお、長男Dさんは、Aさんの相続開始前に死亡している。

＜Aさんの親族関係図＞

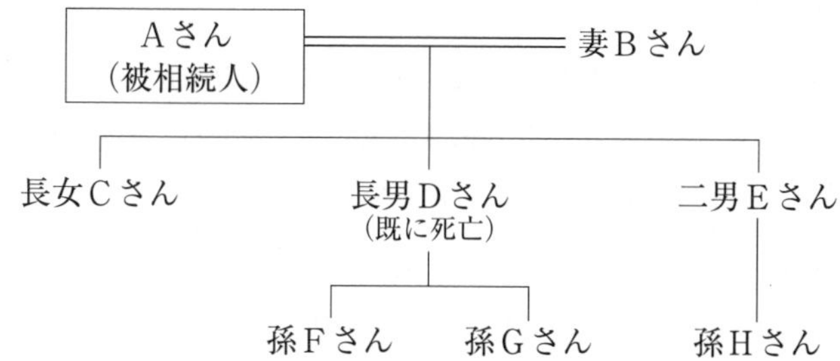

＜Aさんの相続財産（みなし相続財産を含む）＞

現金および預貯金 …… 8,500万円
自宅（敷地300㎡） …… 6,000万円（「小規模宅地等についての相続税の課税価格の計算の特例」適用前の相続税評価額）
自宅（建物） …………… 2,000万円（固定資産税評価額）
死亡保険金 …………… 6,000万円（契約者（＝保険料負担者）・被保険者はAさん、死亡保険金受取人は長女Cさん）

※上記以外の条件は考慮せず、各問に従うこと。

《問13》 Aさんの相続に関する以下の文章の空欄①～③に入る語句または数値の組合せとして、次のうち最も適切なものはどれか。

> ⅰ)「孫Fさんおよび孫Gさんの法定相続分はそれぞれ（ ① ）となります」
> ⅱ)「Aさんの相続における遺産に係る基礎控除額は（ ② ）万円となり、課税価格の合計額が遺産に係る基礎控除額を上回るため、相続税の申告が必要です」
> ⅲ)「相続税の申告書は、原則として、その相続の開始があったことを知った日の翌日から（ ③ ）カ月以内にAさんの死亡の時における住所地の所轄税務署長に提出しなければなりません」

1） ① 8分の1 ② 6,000 ③ 4
2） ① 12分の1 ② 6,000 ③ 10
3） ① 12分の1 ② 5,400 ③ 4

《問14》 Aさんの相続に関する次の記述のうち、最も適切なものはどれか。

1） 妻Bさんが『配偶者に対する相続税額の軽減』の適用を受けた場合、原則として、妻Bさんの相続税の課税価格が、相続税の課税価格の合計額に対する配偶者の法定相続分相当額と1億6,000万円とのいずれか多い金額までであれば、納付すべき相続税額は算出されません」
2） 「長女Cさんが受け取った死亡保険金は、みなし相続財産として相続税の課税対象となりますが、死亡保険金の非課税金額の規定の適用を受けることで、相続税の課税価格に算入される金額は2,500万円となります」
3） 「孫Fさん、孫Gさんおよび孫Hさんは、相続税額の2割加算の対象となります」

《問15》 Aさんの相続に係る課税遺産総額（課税価格の合計額－遺産に係る基礎控除額）が8,400万円であった場合の相続税の総額は、次のうちどれか。

1） 1,070万円

2） 1,100万円

3） 1,820万円

＜資料＞相続税の速算表（一部抜粋）

法定相続分に応ずる取得金額			税率	控除額
万円超		万円以下		
	～	1,000	10％	－
1,000	～	3,000	15％	50万円
3,000	～	5,000	20％	200万円
5,000	～	10,000	30％	700万円

2024年度
ファイナンシャル・プランニング技能検定・実技試験

日本 FP 協会

3級　資産設計
提案業務

試験時間 ◆ 60分

★ 注　意 ★

① 問題数は20問、解答はすべて三肢択一式です。

② 試験問題については、特に指示のない限り、2024年4月1日現在施行の法令等に基づいて解答してください。なお、東日本大震災の被災者等に対する各種特例等については考慮しないものとします。

③ 携帯電話、筆記用具、計算機は自席（パソコンブース）への持込みはできません。メモ用紙・筆記用具はテストセンターで貸し出されます。計算機については、試験画面上に表示される電卓を利用することができます。

FP試験対策プロジェクト

問1

ファイナンシャル・プランニング業務を行うに当たっては、関連業法を順守することが重要である。ファイナンシャル・プランナー(以下「ＦＰ」という）の行為に関する次の記述のうち、最も不適切なものはどれか。

1．税理士資格を有していないＦＰが、無料相談会において、相談者が資料を持参した場合に、その資料をもとに相談者が納付すべき税額計算を行った。

2．生命保険募集人、生命保険仲立人、金融サービス仲介業の登録をしていないＦＰが、生命保険契約を検討している顧客につきライフプランを聞きとった上で、必要保障額を具体的に試算した。

3．投資助言・代理業、投資運用業の登録をしていないＦＰが、顧客が保有する投資信託の運用報告書について、その記載内容を説明した。

問2

下記は、A家のキャッシュフロー表（一部抜粋）である。このキャッシュフロー表の空欄（ア）～（ウ）にあてはまる数値として、最も不適切なものはどれか。なお、計算に当たっては、キャッシュフロー表中に記載の整数を使用し、計算結果については万円未満を四捨五入すること。

＜A家のキャッシュフロー表＞　（単位：万円）

経過年数			基準年	1年	2年	3年	4年
家族・年齢	A	本人	40歳	41歳	42歳	43歳	44歳
	B	妻	36歳	37歳	38歳	39歳	40歳
	C	長男	6歳	7歳	8歳	9歳	10歳
ライフイベント		変動率		C 小学校入学		自動車の買換え	
収入	給与収入(夫)	2％	580				（ア）
	給与収入(妻)	－	0	50	100	100	100
	収入合計	－	580	642			
支出	基本生活費	2％	220				
	住宅関連費	－	150	150	150	150	150
	教育費	－	50	60	40	40	70
	保険料	－	40	40	40	45	45
	一時的支出	－				200	
	その他支出	－	20	20	20	20	20
	支出合計	－		494			
年間収支				（イ）	206		
金融資産残高		1％	765	921	（ウ）		

※年齢および金融資産残高は各年12月31日現在のものとし、本年を基準年とする。
※給与収入は可処分所得で記載している。
※記載されている数値は正しいものとする。
※問題作成の都合上、一部を空欄にしてある。

1．空欄（ア）：　628
2．空欄（イ）：　148
3．空欄（ウ）：1,127

問3

下記＜資料＞に基づくＭＮ株式会社の投資指標に関する次の記述のうち、最も不適切なものはどれか。なお、購入時の手数料および税金は考慮しないこととし、計算結果については表示単位の小数点以下第３位を四捨五入すること。

＜資料：ＭＮ株式会社に関するデータ＞

株価	２,４００円
１株当たり純利益（今期予想）	２００円
１株当たり純資産	２,０００円
１株当たり年間配当金（今期予想）	６０円

	ＰＥＲ（倍）	ＰＢＲ（倍）	配当利回り（％） 単純平均
日経平均採用銘柄	１２．５	１．１	２．５
ＪＰＸ日経４００採用銘柄	１３．２	１．３	２．２
東証プライム全銘柄	１３．５	１．２	２．４

1．株価収益率（ＰＥＲ）で比較した場合、日経平均採用銘柄の平均より割安である。

2．株価純資産倍率（ＰＢＲ）で比較した場合、ＪＰＸ日経４００採用銘柄より割高である。

3．配当利回りで比較した場合、東証プライム全銘柄の単純平均より高い。

問4

下記は、投資信託の費用についてまとめた表である。下表の空欄（ア）～（ウ）に入る語句として、最も不適切なものはどれか。

投資信託の費用	主な内容
購入時手数料	投資信託の購入時に支払う費用。購入時手数料が徴収されない（ ア ）と呼ばれる投資信託もある。
運用管理費用（信託報酬）	運用のための費用や情報開示のための資料作成・発送、資産の保管・管理などの費用として徴収される。信託財産の残高から、（ イ ）、差し引かれる。
（ ウ ）	投資家間の公平性を保つために、一般的に、解約の際に徴収される。投資信託によっては差し引かれないものもある。

1．空欄（ア）：ノーロード型
2．空欄（イ）：日々
3．空欄（ウ）：口座管理料

問5

下記＜資料＞の外貨定期預金について、満期時の外貨ベースの元利合計額を円転した金額として、正しいものはどれか。なお、計算結果（円転した金額）について円未満の端数が生じる場合は切り捨てること。また、税金については考慮しないこととする。

＜資料＞

・預入額：１０,０００米ドル　　・預入期間：６ヵ月
・預金金利：１.００％（年率）　・為替レート（１米ドル）

	ＴＴＳ	ＴＴＭ（仲値）	ＴＴＢ
満期時	１４０.００円	１３９.００円	１３８.００円

注：利息の計算に際しては、預入期間は日割りではなく月割りで計算すること。

1．１,３８６,９００円
2．１,３９３,８００円
3．１,４０７,０００円

問6

下記<資料>の建築基準法に定める道路およびそれに接する建築物の敷地に関する次の記述の空欄（ア）～（ウ）にあてはまる数値の組み合わせとして、正しいものはどれか。なお、記載のない条件については一切考慮しないこととする。

<資料>

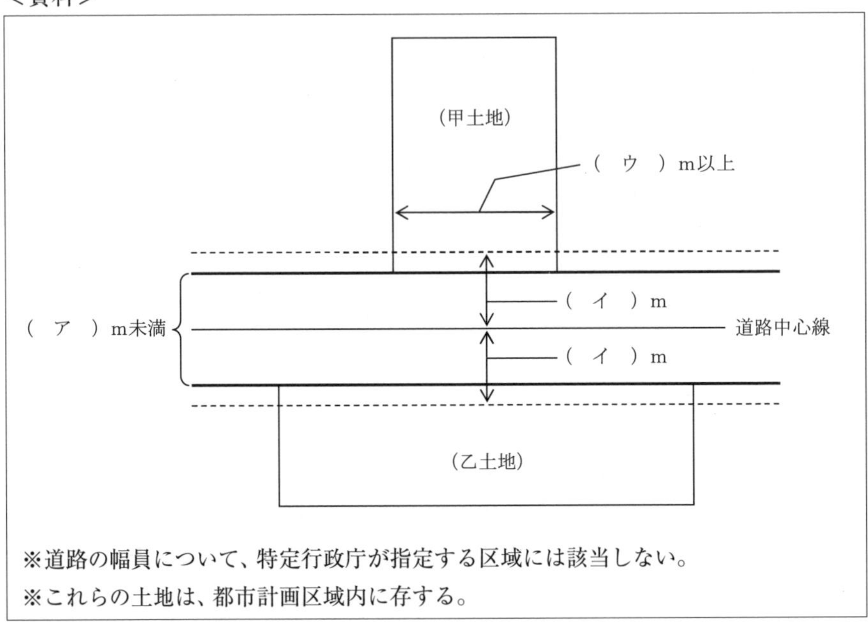

<資料>の道路は、建築基準法上の道路とみなされる2項道路であり、建築基準法が施行されるに至った際、すでに両側に建築物が立ち並んでいる幅員（ア）m未満の道路である。<資料>の場合、道路中心線から水平距離（イ）m後退した線がこの道路の境界線とみなされる。また、甲土地を建築物の敷地として利用する場合、甲土地は（ウ）m以上道路に接していなければならない。

1．（ア）6　（イ）3　（ウ）3
2．（ア）4　（イ）2　（ウ）2
3．（ア）4　（イ）2　（ウ）4

問7

田上さんは、別荘として利用中の土地および建物を売却する予定である。売却に係る状況が下記<資料>のとおりである場合、所得税における次の記述の空欄(ア)、(イ) にあてはまる数値または語句の組み合わせとして、最も適切なものはどれか。

<資料>

・所有期間：6年
・譲渡価額：2,800万円
・購入価格：2,100万円
・取得費：2,000万円
・譲渡費用：150万円
※特別控除額はないものとする。
※所得控除は考慮しないものとする。

田上さんがこの土地および建物を売却した場合の課税譲渡所得の金額は(　ア　)万円となり、課税(　イ　)譲渡所得金額として扱われる。

1. (ア) 550　(イ) 長期
2. (ア) 650　(イ) 短期
3. (ア) 650　(イ) 長期

問8

大津翔太さんが加入しているガン保険（下記<資料>参照）の保障内容に関する次の記述の空欄（ア）にあてはまる金額として、正しいものはどれか。なお、保険契約は有効に継続しているものとし、翔太さんはこれまでに<資料>の保険から保険金および給付金を一度も受け取っていないものとする。

<資料>

保険証券記号番号（○○○）△△△△△　　保険種類　ガン保険（愛称＊＊＊＊＊）

		保険契約者印
保険契約者	大津　翔太　様	大津（印）
被保険者	大津　翔太　様 契約年齢３０歳　男性	
受取人	（給付金） 被保険者　様	
	（死亡給付金） 大津　美咲　様（妻）	受取割合 １０割

◇契約日（保険期間の始期）
２０××年１２月１日

◇主契約の保険期間
終身

◇主契約の保険料払込期間
終身払込

◆ご契約内容

主契約［本人型］	
ガン診断給付金	初めてガンと診断されたとき　１００万円
ガン入院給付金	１日目から　日額１０,０００円
ガン通院給付金	日額５,０００円
手術給付金	１回につき　手術の種類に応じてガン入院給付金日額の１０倍・２０倍・４０倍
死亡給付金	ガン入院給付金日額の１００倍（ガン以外の死亡の場合は、ガン入院給付金日額の１０倍）

◆お払い込みいただく合計保険料

毎回　×,×××円
［保険料払込方法］ 月払い

大津翔太さんが、本年中に初めてガン（胃ガン・悪性新生物）と診断され、その後３０日間入院し、給付倍率２０倍の手術（１回）を受けた場合、支払われる給付金は、合計（ ア ）である。

1．　１２０万円
2．　１３０万円
3．　１５０万円

問9

西山さんは、地震保険についてＦＰの並木さんに質問をした。地震保険に関する次の記述のうち、最も不適切なものはどれか。

1．地震保険は、住宅総合保険などの火災保険契約に付帯して契約する必要があり、単独で契約することはできない。
2．地震により、居住用の建物に収容されている家財のうち、１個または１組の価額が３０万円を超える骨とう品が損害を受けた場合、地震保険の補償の対象となる。
3．噴火や津波により、居住用の建物が大半損や一部損となった場合、地震保険の補償の対象となる。

問10

大森洋さんが契約している自動車保険の主な内容は、下記<資料>のとおりである。<資料>に基づく次の記述のうち、自動車保険による補償の対象とならないものはどれか。なお、いずれも保険期間中に発生したものであり、運転者は洋さんである。また、記載のない事項については一切考慮しないこととする。

<資料>

保険種類	自動車保険
保険期間	１年
保険契約者	大森 洋
記名被保険者	大森 洋
対人賠償	無制限
対物賠償	無制限（免責金額なし）
車両保険	一般条件 ２００万円

1．被保険自動車を運転中に、横断歩道の歩行者に接触し、ケガを負わせた場合の損害賠償。
2．被保険自動車を駐車場に駐車する際に、誘導中の妻に誤って車が接触し、ケガを負わせた場合の治療費用。
3．被保険自動車を運転中に、単独事故を起こし、車体が損傷した場合の修理費用。

問１１

会社員の北村さんは、本年中に勤務先を定年退職した。北村さんの退職に係るデータが下記<資料>のとおりである場合、北村さんの所得税に係る退職所得の金額として、正しいものはどれか。なお、北村さんは役員であったことはなく、退職は障害者になったことに基因するものではない。また、前年以前に受け取った退職金はないものとする。

<資料>

［北村さんの退職に係るデータ］
支給された退職一時金：３，０００万円
勤続年数：３７年９カ月

［参考：退職所得控除額の求め方］

勤続年数	退職所得控除額
２０年以下	４０万円×勤続年数（８０万円に満たない場合には、８０万円）
２０年超	８００万円＋７０万円×（勤続年数－２０年）

1．　４７０万円
2．　５０５万円
3．　９４０万円

問12

山際さん（６８歳）の本年分の収入等は下記＜資料＞のとおりである。山際さんの本年分の所得税における総所得金額として、正しいものはどれか。なお、記載のない事項については一切考慮しないこととする。

＜資料＞

内容	金額
アルバイト収入	２００万円
老齢基礎年金・老齢厚生年金	２４０万円

※アルバイト収入は給与所得控除額を控除する前の金額である。

※老齢基礎年金・老齢厚生年金は公的年金等控除額を控除する前の金額である。

＜給与所得控除額の速算表＞

給与等の収入金額		給与所得控除額
	１６２.５万円 以下	５５万円
１６２.５万円 超	１８０万円 以下	収入金額×４０％－　１０万円
１８０万円 超	３６０万円 以下	収入金額×３０％＋　８万円
３６０万円 超	６６０万円 以下	収入金額×２０％＋　４４万円
６６０万円 超	８５０万円 以下	収入金額×１０％＋１１０万円
８５０万円 超		１９５万円

＜公的年金等控除額の速算表＞

納税者区分	公的年金等の収入金額（A）		公的年金等控除額 公的年金等に係る雑所得以外の所得に係る合計所得金額 1,０００万円 以下
６５歳以上の者		３３０万円 以下	１１０万円
	３３０万円 超	４１０万円 以下	（A）×２５％＋　２７.５万円
	４１０万円 超	７７０万円 以下	（A）×１５％＋　６８.５万円
	７７０万円 超	1,０００万円 以下	（A）×　５％＋１４５.５万円
	1,０００万円 超		１９５.５万円

本問の総所得金額＝（給与所得－所得金額調整控除10万円）＋公的年金等の雑所得

1.　１６８万円

2.　１８８万円

3.　２５２万円

問１３

本年１１月２０日に相続が開始された太田花子さん（被相続人）の<親族関係図>が下記のとおりである場合、民法上の相続人および法定相続分の組み合わせとして、正しいものはどれか。なお、記載のない条件については一切考慮しないこととする。

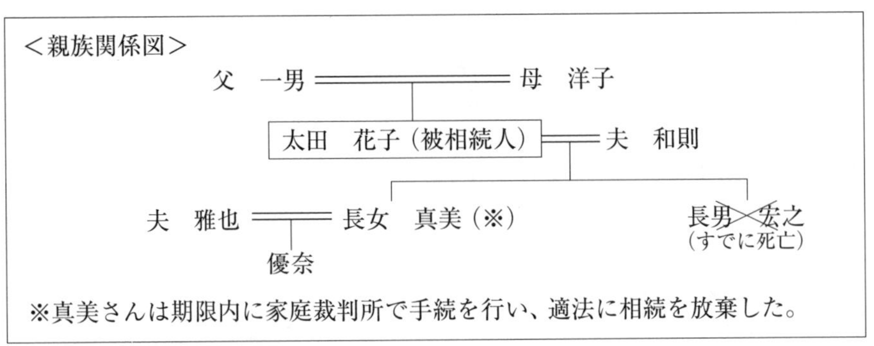

1．和則　1／2　　一男　1／4　　洋子　1／4

2．和則　1／2　　一男　1／6　　洋子　1／6　　優奈　1／6

3．和則　2／3　　一男　1／6　　洋子　1／6

問14

今年85歳になる片山さんは、遺産分割等でのトラブルを防ぐために遺言書の作成を検討しており、FPの佐治さんに相談をした。遺言書に関する佐治さんの次の説明のうち、最も適切なものはどれか。

1.「自宅に保管されている自筆証書遺言を発見した相続人は、遅滞なく遺言書を公証役場に提出して、その検認を請求しなければなりません。」
2.「自筆証書遺言を作成する場合、遺言者と2人以上の証人の署名と押印が必要です。」
3.「公正証書遺言を作成した後、自筆証書遺言によって、先に作成した公正証書遺言を撤回することができます。」

問15

＜設例＞

大橋健太さんは株式会社ＭＫに勤める会社員である。健太さんは、今後の生活設計について、ＦＰで税理士でもある福田さんに相談をした。なお、下記のデータはいずれも本年9月1日現在のものである。

［家族構成（同居家族）］

氏名	続柄	生年月日	年齢	職業
大橋　健太	本人	１９XX年　４月１５日	３５歳	会社員
倫子	妻	１９XX年　３月２０日	３４歳	会社員
優斗	長男	２０XX年１０月　９日	０歳	

［保有財産（時価）］　（単位：万円）

金融資産	
普通預金	１００
定期預金	３００
投資信託	２００
生命保険（解約返戻金相当額）	５０

［負債残高］

なし

［マイホーム：資金計画］

健太さんは、2,４００万円のマンションの購入を検討しており、民間金融機関で2,０００万円の住宅ローンを組む予定である。マンション購入の頭金は４００万円の予定で、その内訳は、定期預金のうち２００万円、親から受ける贈与の２００万円である。

［その他］

上記以外については、各設問において特に指定のない限り一切考慮しないこととする。

　ＦＰの福田さんは、資金計画どおりにマンションを購入した後の大橋家のバランスシートを作成した。下表の空欄（ア）にあてはまる金額として、正しいものはどれか。なお、＜設例＞に記載のあるデータに基づいて解答することとし、記載のないデータについては一切考慮しないこととする。

＜大橋家の（マンション購入後の）バランスシート＞　（単位：万円）

［資産］	×××	［負債］	×××
		負債合計	×××
		［純資産］	（ア）
資産合計	×××	負債・純資産合計	×××

1.　６５０（万円）
2.　８５０（万円）
3.　１,０５０（万円）

問１６

　大橋さんは、今後１５年間で毎年３０万円ずつ積立貯蓄をし、将来の生活費の準備をしたいと考えている。積立期間中に年利２.０％で複利運用できるものとした場合、１５年後の積立金額として、正しいものはどれか。なお、下記＜資料＞の３つの係数の中から最も適切な係数を選択して計算し、解答に当たっては、千円未満を四捨五入すること。また、税金や記載のない事項については一切考慮しないこととする。

＜資料：係数早見表（年利２.０％）＞

	終価係数	年金現価係数	年金終価係数
１５年	１.３４６	１２.８４９	１７.２９３

＊記載されている数値は正しいものとする。

1.　４,８４６,０００円
2.　５,１８８,０００円
3.　３,８５５,０００円

問17

会社員の大橋さんは、将来親の介護が必要になり仕事を休んだ場合、雇用保険からどのような給付が受けられるのか、ＦＰの福田さんに質問をした。福田さんが行った公的介護保険および雇用保険の介護休業給付金に関する次の説明の空欄（ア）～（ウ）にあてはまる数値の組み合わせとして、最も適切なものはどれか。

> 「介護休業給付金は、雇用保険の一般被保険者または高年齢被保険者が対象家族の介護をするために休業をした場合に支給されます。休業中に賃金が支払われない場合、支給日数１日当たりの支給額は、休業開始時賃金日額の（ ア ）相当額で、同一の対象家族について通算（ イ ）((ウ) まで分割可能)を限度に支給されます。」

1．（ア）６７％　（イ）　９３日　（ウ）３回
2．（ア）６７％　（イ）１８０日　（ウ）２回
3．（ア）８０％　（イ）　９３日　（ウ）３回

問18

大橋さんは、個人型確定拠出年金（以下「ｉＤｅＣｏ」という）について、ＦＰの福田さんに質問をした。ｉＤｅＣｏに関する福田さんの次の説明のうち、最も不適切なものはどれか。

1．「ｉＤｅＣｏに加入した場合、支払った掛金は、小規模企業共済等掛金控除として税額控除の対象となります。」
2．「妻の倫子さんが国民年金の第３号被保険者となった場合も、ｉＤｅＣｏの加入対象者となります。」
3．「ｉＤｅＣｏの年金資産は、原則として６０歳になるまで引き出すことができません。」

問19

大橋健太さん（３５歳）は、会社の定期健康診断で異常を指摘され、本年４月に２週間ほど入院をして治療を受けた。その際の病院への支払いが高額であったため、健太さんは健康保険の高額療養費制度によって払戻しを受けたいと考え、ＦＰの福田さんに相談をした。健太さんの本年４月の保険診療に係る総医療費が８０万円であった場合、高額療養費制度により払戻しを受けることができる金額として、正しいものはどれか。なお、健太さんは全国健康保険協会管掌健康保険（協会けんぽ）の被保険者で、標準報酬月額は「３４万円」である。また、健太さんは限度額適用認定証を病院に提出していないものとする。

＜７０歳未満の者：医療費の自己負担限度額（１カ月当たり）＞

標準報酬月額	医療費の自己負担限度額
８３万円以上	252,600円+（総医療費－842,000円）×1%
５３万～７９万円	167,400円+（総医療費－558,000円）×1%
２８万～５０万円	80,100円+（総医療費－267,000円）×1%
２６万円以下	57,600円
市区町村民税非課税者	35,400円

※高額療養費の多数該当および世帯合算については考慮しないものとする。

1．　７０,１８０円
2．　８５,４３０円
3．１５４,５７０円

問20

会社員の大橋倫子さんは、出産を考えており、出産後は子が1歳になるまで育児休業を取得しようと考えている。育児休業期間中の健康保険および厚生年金保険の保険料の免除に関する次の記述のうち、最も適切なものはどれか。なお、倫子さんは全国健康保険協会管掌健康保険（協会けんぽ）および厚生年金保険の被保険者である。

1．事業主が申出を行った場合、事業主負担分のみ免除される。
2．事業主が申出を行った場合、被保険者負担分および事業主負担分が免除される。
3．事業主が申出を行った場合、被保険者負担分のみ免除される。

2024年度
ファイナンシャル・プランニング技能検定

3級 学科試験

試験時間 ◆ 90分

★ 注 意 ★

1．本試験の出題形式は、正誤式30問、三答択一式30問です。
2．携帯電話、筆記用具、計算機は自席（パソコンブース）への持込みはできません。メモ用紙・筆記用具はテストセンターで貸し出されます。計算機については、試験画面上に表示される電卓を利用することができます。
3．試験問題については、特に指示のない限り、2024年4月1日現在施行の法令等に基づいて解答してください。なお、東日本大震災の被災者等に対する各種特例等については考慮しないものとします。

FP試験対策プロジェクト

問1～問30は文章を読んで、正しいものまたは適切なものには○を、誤っているものまたは不適切なものには×を選択してください。 **〔30問〕**

問1　ファイナンシャル・プランナーは、顧客からの依頼であっても、公正証書遺言の作成時に証人となることはできない。

問2　後期高齢者医療広域連合の区域内に住所を有する70歳以上の者または60歳以上の者で一定の障害認定を受けた者は、後期高齢者医療制度の被保険者となる。

問3　老齢厚生年金の繰下げ支給の申出は、老齢基礎年金の繰下げ支給の申出と同時に行う必要がある。

問4　確定拠出年金の個人型年金における老齢給付金を一時金で受け取った場合、当該老齢給付金は、一時所得として所得税の課税対象となる。

問5　住宅ローンの一部繰上げ返済には、一般に、返済期間を変更せずに毎月の返済額を減額する返済額軽減型と、毎月の返済額を変更せずに残りの返済期間を短くする期間短縮型がある。

問6　国内で事業を行う少額短期保険業者と結んだ保険契約は、生命保険契約者保護機構および損害保険契約者保護機構による補償の対象とならない。

問7　学資（こども）保険は、保険期間中に契約者が死亡した場合、死亡時点における解約返戻金相当額が支払われることで保険契約が消滅する。

問8　リビング・ニーズ特約は、被保険者の余命が6カ月以内と判断された場合に、所定の範囲内で死亡保険金の一部または全部を生前に受け取ることができる特約である。

問９　逓減定期保険や逓増定期保険は、保険期間の経過に伴い保険料が所定の割合で減少または増加するが、死亡保険金額は保険期間を通じて一定である。

問10　自動車保険の車両保険は、一般に、被保険自動車が台風や大雨により水没したことによる損害は、補償の対象となる。

問11　一般に、景気動向指数のコンポジット・インデックス（ＣＩ）の一致指数が上昇しているときは、景気の拡張局面とされる。

問12　債券の信用格付においてトリプルＢＢＢ格相当以下である場合には、一般に、投機的格付とされる。

問13　上場株式の売買において、普通取引では約定日の翌営業日（約定当日を含め２営業日目）に決済が行われる。

問14　外貨預金の預入時に、預金者が円貨を外貨に換える場合の適用為替レートは、預入金融機関が提示するＴＴＢである。

問15　国内銀行に預け入れられた外貨預金は、預金保険制度における保護の対象となる。

問16　所得税において、納税者本人の合計所得金額が1,000万円を超える場合や生計を一にする配偶者の合計所得金額が48万円を超える場合は配偶者控除の適用を受けることはできない。

問17　所得税において、老齢基礎年金や老齢厚生年金は非課税所得となる。

問18　土地は減価償却資産ではない。

問19　所得税における医療費控除の控除額は、その年中に支払った医療費の金額（保険金等により補てんされる金額を除く）の合計額から、その年分の総所得金額等の合計額の10％相当額または５万円のいずれか低いほうの金額を控除して算出される。

問20　納税者が生計を一にする配偶者に係る確定拠出年金の個人型年金の掛金を支払う場合、その負担した掛金は、納税者本人に係る所得税の小規模企業共済等掛金控除の対象となる。

問21　不動産登記には公信力が認められていないため、登記記録上の権利者が真実の権利者と異なっている場合に登記記録を信頼して取引をしたとしても、原則として法的に保護されない。

問22　定期建物賃貸借契約（定期借家契約）では、貸主に正当事由がなければ、貸主は、借主からの契約の更新の請求を拒むことができない。

問23　都市計画法において、市街化調整区域とは、おおむね10年以内に計画的に市街化を図るべき区域をいう。

問24　新築の戸建て住宅の取得に対する不動産取得税の課税標準の算定上、「不動産取得税の課税標準の特例」の適用を受けることにより、固定資産税評価額から最高で1,000万円を控除することができる。

問25　「居住用財産を譲渡した場合の3,000万円の特別控除」は、自己が居住していた家屋を配偶者や子に譲渡した場合では、適用を受けることができない。

問26　特別養子縁組によって養子となった者については、原則として、養子縁組の成立によって、実方の父母との法律上の親族関係が終了する。

問27　相続税の課税価格の計算上、相続人が負担した葬式の際の香典返戻費用は、相続財産の価額から債務控除できる。

問28　相続税額の計算において、「配偶者に対する相続税額の軽減」の適用を受けることにより、納付すべき相続税額が全くなかった場合には、相続税の申告書を提出する必要はない。

問29　被相続人の相続開始前に死亡している被相続人の子を代襲して相続人となった被相続人の孫が、相続により財産を取得した場合には、相続税額の計算上、相続税額の２割加算の対象となる。

問30　書面によらない贈与契約は、その履行前であれば、各当事者は契約の解除をすることができる。

問31～問60は文章の（　　）内にあてはまる最も適切な文章、語句、数字または それらの組合せを1)～3) のなかから選択してください。　〔30問〕

問31　500万円を準備するために、5年間、毎年均等に積み立て、利率（年率）3％で複利運用する場合、必要となる毎年の積立金額は、下記の<資料>の係数を使用して算出すると（　　）である。

<資料>利率（年率）3％・期間5年の各種係数

終価係数	減債基金係数	資本回収係数
1.1593	0.1884	0.2184

1）　862,589円
2）　942,000円
3）1,092,000円

問32　健康保険の任意継続被保険者となるためには、健康保険の被保険者資格を喪失した日の前日まで継続して（ ① ）以上被保険者であった者が、原則として、資格喪失の日から（ ② ）以内に任意継続被保険者の資格取得手続を行う必要がある。

1）① 2カ月　② 14日
2）① 2カ月　② 20日
3）① 1年　② 21日

問33　雇用保険の教育訓練給付金のうち、一般教育訓練に係る教育訓練給付金の額は、教育訓練施設に支払った教育訓練経費の（ ① ）であり、（ ② ）が限度となる。

1）① 10％　② 20万円
2）① 20％　② 20万円
3）① 20％　② 10万円

問34　障害基礎年金の保険料納付要件は、原則として、初診日の前日において、初診日の属する月の前々月までの国民年金の被保険者期間のうち、保険料納付済期間（保険料免除期間を含む）が（　　）以上あることである。

1）　2分の1
2）　3分の2
3）　4分の3

問35　日本学生支援機構が扱う貸与型奨学金には、（ ① ）第一種奨学金と（ ② ）第二種奨学金がある。

1）　①　利子付（在学中は無利子）の　　②　利子付（在学中も有利子）の
2）　①　無利子の　　②　利子付（在学中は無利子）の
3）　①　返済義務のない　　②　無利子の

問36　保険業法で定められた保険会社の健全性を示す（ ① ）は、保険金等の支払余力をどの程度有するかを示す指標であり、この値が（ ② ）を下回った場合、監督当局による早期是正措置の対象となる。

1）　①　自己資本比率　　②　100％
2）　①　ソルベンシー・マージン比率　　②　300％
3）　①　ソルベンシー・マージン比率　　②　200％

問37　生命保険契約を、現在加入しているものから契約転換制度を利用して新たな契約に転換する場合、転換後の保険料は（ ① ）の保険料率が適用され、一般に、転換する際には（ ② ）である。

1）　①　転換時　　②　告知または診査が必要
2）　①　転換時　　②　告知および診査は不要
3）　①　転換前の契約時　　②　告知および診査は不要

問38　医療保険等に付加される先進医療特約で対象となるのは、（　　）時点において厚生労働大臣により定められている先進医療である。

1）　申込日
2）　責任開始日
3）　療養を受けた日

問39　生命保険契約において、契約者（＝保険料負担者）が夫、被保険者が（ ① ）、死亡保険金受取人が（ ② ）である場合、被保険者の死亡により死亡保険金受取人が受け取る死亡保険金は、相続税の課税対象となる。

1）① 妻　② 夫
2）① 夫　② 子
3）① 妻　② 子

問40　建物に係る地震保険の保険金額は、火災保険の保険金額の（ ① ）の範囲内で、（ ② ）が上限となる。

1）① 30％から50％まで　② 5,000万円
2）① 30％から50％まで　② 3,000万円
3）① 50％から80％まで　② 3,000万円

問41　全国の世帯が購入する家計に関する財およびサービスの価格等を総合した物価の変動を時系列的に測定する（　　）は、総務省が公表している。

1）景気動向指数
2）消費者態度指数
3）消費者物価指数

問42　投資信託での（　　）運用は、企業の成長性が市場平均よりも高いと見込まれる銘柄に投資する運用手法とされる。

1）グロース
2）パッシブ
3）バリュー

問43　上場企業X社の下記の＜資料＞に基づいて計算したX社株式の株価収益率（PER）は（ ① ）、株価純資産倍率（PBR）は（ ② ）である。

＜資料＞

株価	1,800円
1株当たり純利益	120円
1株当たり純資産	1,200円

1）① 15倍　　② 1.5倍
2）① 10倍　　② 1.5倍
3）① 1.5倍　　② 15倍

問44　所得税において、新NISA口座内で生じた上場株式の譲渡損失の金額は、特定口座内の上場株式の譲渡益の金額と損益を通算することが（ ① ）。なお、譲渡益が発生している場合に、非課税とするためには、確定申告は（ ② ）。

1）① できる　　② 必要である
2）① できない　　② 不要である
3）① できない　　② 必要である

問45　日本投資者保護基金は、会員である金融商品取引業者が破綻し、分別管理の義務に違反したことによって、一般顧客から預託を受けていた有価証券・金銭を返還することができない場合、一定の範囲の取引を対象に一般顧客1人につき（　　）を上限に金銭による補償を行う。

1）1,000万円
2）2,000万円
3）3,000万円

問46　上場株式等の配当所得につき申告分離課税を選択した場合、その税率は、所得税および復興特別所得税と住民税の合計で（ ① ）であり、上場株式等の譲渡損失の金額と損益通算することができる。この場合、配当控除の適用を受けることが（ ② ）。

1）① 15.315％　　② できる
2）① 20.315％　　② できない
3）① 20.42％　　② できない

問47　所得税において、本年中に取得した建物（鉱業用減価償却資産等を除く）における減価償却の方法は、（　　）である。

1）定額法
2）定率法
3）定額法または定率法

問48　課税総所得金額300万円に対する所得税額（復興特別所得税額を含まない）は、下記の<資料>を使用して算出すると、（　　）である。

<資料>所得税の速算表（一部抜粋）

課税総所得金額	税率	控除額
195万円以下	5％	0円
195万円超330万円以下	10％	97,500円

1）97,500円
2）202,500円
3）300,000円

問49　確定申告を要する納税者Aさんが本年9月25日に死亡した。Aさんの相続人は、同日にAさんの相続の開始があったことを知ったため、本年分のAさんの所得について（　　）（休業日の場合は翌営業日）までにAさんの死亡当時の納税地の所轄税務署長に対して所得税の準確定申告書を提出しなければならない。

1）本年12月25日
2）翌年 1月25日
3）翌年 3月25日

問50　青色申告者の所得税の計算において、損益通算してもなお控除しきれない損失の金額（純損失の金額）が生じた場合、所定の要件を満たすことで、その損失の金額を翌年以後（　　）にわたって繰り越して、各年分の所得金額から控除することができる。

1）　3年間

2）　5年間

3）　10年間

問51　土地・家屋における固定資産税の課税標準となる価格は、原則として、（　　）ごとの基準年度において評価替えが行われる。

1）　2年

2）　3年

3）　5年

問52　土地の有効活用方式のうち、一般に、土地所有者が土地を拠出し、デベロッパーが建設資金を負担してマンション等を建設し、それぞれの出資比率に応じて土地や建物に係る権利を取得する方式を、（　　）という。

1）　事業受託方式

2）　建設協力金方式

3）　等価交換方式

問53　農地法によれば、所有する農地を自宅の建築を目的として宅地に転用する場合、原則として（ ① ）の許可を受けなければならないが、市街化区域内にある農地において、あらかじめ（ ② ）に届出のある場合は、この限りでない。

1）①　農業委員会　　　②　市町村長

2）①　都道府県知事等　②　市町村長

3）①　都道府県知事等　②　農業委員会

問54　個人が土地・建物を譲渡した場合の譲渡所得の金額の計算において、譲渡した土地・建物の取得費が不明である場合、譲渡収入金額の（　　）相当額を取得費とすることができる。

1）　5％
2）　10％
3）　20％

問55　賃貸用不動産を投資総額1億円で購入した場合、年間収入の合計額が1,000万円、年間費用の合計額が400万円であれば、この投資の純利回り（NOI利回り）は、（　　）である。

1）　4.0％
2）　6.0％
3）　10.0％

問56　死因贈与によって個人が取得した財産は、課税の対象とならない財産を除き、（　　）の課税対象となる。

1）　贈与税
2）　相続税
3）　所得税

問57　贈与税の申告書は、原則として、贈与を受けた年の翌年の（ ① ）から3月15日までの間に、（ ② ）の住所地の所轄税務署長に提出しなければならない。

1）　①　2月1日　　②　受贈者
2）　①　2月16日　　②　贈与者
3）　①　2月16日　　②　受贈者

問58　下記の＜親族関係図＞において、Aさんの相続における弟Cさんの法定相続分は、(　　) である。

＜親族関係図＞

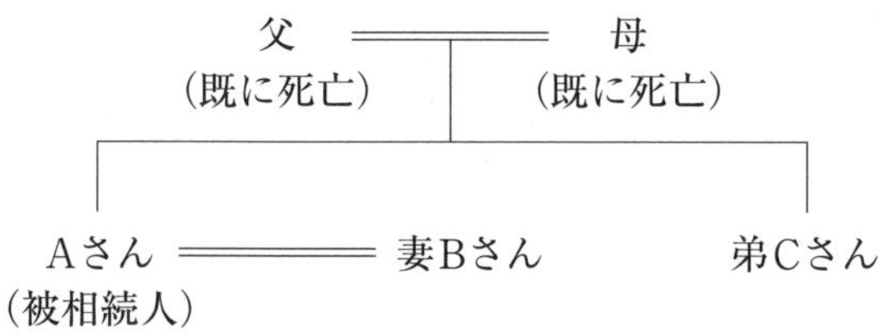

1）　2分の1

2）　3分の1

3）　4分の1

問59　本年中に相続または遺贈により財産を取得した者が、その相続開始前（ ① ）以内に暦年課税方式により、被相続人から贈与により取得した財産があるときは、その財産の（ ② ）における時価により評価した金額を、原則として相続税の課税価格に加算する。

1）①　3年　　　②　相続時

2）①　3年　　　②　贈与時

3）①　5年　　　②　贈与時

問60　相続税の計算において、宅地が「小規模宅地等についての相続税の課税価格の計算の特例」における貸付事業用宅地等に該当する場合、その宅地のうち（ ① ）までを限度面積として、評価額の（ ② ）相当額を減額した金額を、相続税の課税価格に算入すべき価額とすることができる。

1）①　200㎡　　　②　50％

2）①　330㎡　　　②　50％

3）①　330㎡　　　②　80％

2024年度
ファイナンシャル・プランニング技能検定・実技試験

金財
3級 個人
資産相談業務

試験時間 ◆ 60分

★ 注 意 ★

1. 本試験の出題形式は、三答択一式5題（15問）です。
2. 携帯電話、筆記用具、計算機は自席（パソコンブース）への持込みはできません。メモ用紙・筆記用具はテストセンターで貸し出されます。計算機については、試験画面上に表示される電卓を利用することができます。
3. 試験問題については、特に指示のない限り、2024年4月1日現在施行の法令等に基づいて解答してください。なお、東日本大震災の被災者等に対する各種特例等については考慮しないものとします。

FP試験対策プロジェクト

【第１問】 次の設例に基づいて、下記の各問（《問１》～《問３》）に答えなさい。

《設　例》

会社員のＡさん（39歳）は、妻Ｂさん（38歳）および長女Ｃさん（８歳）、長男Ｄさん（５歳）との４人暮らしである。Ａさんは、公的年金制度の遺族給付の額や公的介護保険の給付内容等を確認したいと思っている。そこで、Ａさんは、かねてより知り合いのファイナンシャル・プランナーのＭさんに相談することにした。

＜Ａさんの家族構成＞

Ａさん　　：19XX年10月27日生まれ
　　　　　　会社員（厚生年金保険・全国健康保険協会管掌健康保険に加入）
妻Ｂさん　：19XX年６月26日生まれ
　　　　　　国民年金に第３号被保険者として加入している。
長女Ｃさん：20XX年５月７日生まれ
長男Ｄさん：20XX年７月28日生まれ

＜公的年金加入歴（本年12月分まで）＞

	20歳	22歳		39歳
Ａさん	国民年金 保険料納付済期間 （30月）	厚 生 年 金 保 険 （201月）		

	20歳	22歳	Ａさんと結婚	38歳
妻Ｂさん	国民年金 保険料納付済期間 （34月）	厚生年金保険 （84月）	国 民 年 金 （105月）	

※妻Ｂさんおよび長女Ｃさん、長男Ｄさんは、現在および将来においても、Ａさんと同居し、生計維持関係にあるものとする。
※家族全員、現在および将来においても、公的年金制度における障害等級に該当する障害の状態にないものとする。

※上記以外の条件は考慮せず、各問に従うこと。

《問1》 本年度現時点においてAさんが死亡した場合、妻Bさんに支給される遺族基礎年金の年金額（本年度価額）は、次のうちどれか。

1） 816,000円
2） 816,000円＋234,800円＋234,800円
3） 816,000円＋234,800円＋78,300円

《問2》 Mさんは、本年度現時点においてAさんが死亡した場合に妻Bさんに支給される遺族厚生年金の金額等について説明した。Mさんが、Aさんに対して説明した以下の文章の空欄①～③に入る語句の組合せとして、次のうち最も適切なものはどれか。

> 「遺族厚生年金の額は、原則として、Aさんの厚生年金保険の被保険者記録を基礎として計算した老齢厚生年金の報酬比例部分の額の（　①　）に相当する額になります。ただし、その計算の基礎となる被保険者期間の月数が（　②　）に満たないときは、（　②　）とみなして年金額が計算されます。
> また、長男Dさんの18歳到達年度の末日が終了すると、妻Bさんの有する遺族基礎年金の受給権は消滅します。その後、妻Bさんが65歳に達するまでの間、妻Bさんに支給される遺族厚生年金の額に（　③　）が加算されます」

1） ①　3分の2　　②　240月　　③　加給年金額
2） ①　4分の3　　②　300月　　③　中高齢寡婦加算
3） ①　4分の3　　②　240月　　③　加給年金額

《問3》 Mさんは、公的介護保険（以下、「介護保険」という）の保険給付について説明した。MさんのAさんに対する説明として、次のうち最も不適切なものはどれか。

1） 「介護保険の被保険者は、65歳以上の第1号被保険者と40歳以上65歳未満の医療保険加入者である第2号被保険者に区分されます」
2） 「第1号被保険者は、要介護状態となった原因が特定疾病であるか否かにかかわらず、介護給付を受けることができます」
3） 「第2号被保険者が介護給付を受けた場合、実際にかかった費用（食費、居住費等を除く）の3割を自己負担する必要があります」

【第2問】 次の設例に基づいて、下記の各問（《問4》～《問6》）に答えなさい。

《設　例》

会社員のAさん（40歳）は、かねてより株式投資を行っており、最近業績好調のX社株式（東京証券取引所プライム市場上場）に投資したいと考えているが、さらに債券投資についても理解しておきたいと考え、国内の大手企業が発行するY社債（特定公社債）や不動産投資信託（J-REIT）も併せて検討することにした。そこで、Aさんは、ファイナンシャル・プランナーのMさんに相談することにした。

＜X社に関する資料＞

総資産	1兆6,000億円
自己資本（純資産）	6,400億円
当期純利益	320億円
年間配当金総額	200億円
発行済株式数	4億株
株価	1,500円
決算期	2月28日

※決算期：2025年2月28日（金）（配当の権利が確定する決算期末）

＜Y社債に関する資料＞

・発行会社　：　国内の大手企業
・購入価格　：　102円（額面100円当たり）
・表面利率　：　2.0％
・利払日　　：　年1回
・残存期間　：　4年
・償還価格　：　100円
・格付　　　：　A

※上記以外の条件は考慮せず、各問に従うこと。

《問4》 まず、Mさんは、X社株式を売買する場合の留意点等について説明した。Mさんの Aさんに対する説明として、次のうち最も不適切なものはどれか。

1）「その他の取引や手数料等を考慮しない場合、仮に、特定口座（源泉徴収あり）でX社株式を株価1,500円で100株購入し、同年中に株価1,800円で全株を売却した場合、譲渡益3万円に対して20.315％が源泉徴収等されます」

2）「2025年2月27日（木）までに、X社株式を購入すれば、X社株式の次回の期末配当を受け取ることができます」

3）「証券取引所における株式の売買注文の方法のうち、成行注文は、指値注文よりも優先して売買が成立します」

《問5》 Mさんは、Y社債に投資する場合の留意点等について説明した。MさんのAさんに対する説明として、次のうち最も適切なものはどれか。

1）「通常は、ＢＢＢ（トリプルＢ）格相当以上の格付がついていれば、投資適格債とされます」

2） Y社債を設例の条件で購入した場合の最終利回りは、2.45％（小数点第3位四捨五入）である。

3）「Y社債の利子は、申告分離課税の対象となり、利子の支払時において所得税および復興特別所得税と住民税の合計で15.315％相当額が源泉徴収等されます」

《問6》 最後に、Mさんは、上場不動産投資信託（J-REIT）について説明した。MさんのAさんに対する説明として、次のうち最も適切なものはどれか。

1）「上場不動産投資信託（J-REIT）は、新NISAの成長投資枠を利用して購入することができますが、新NISAのつみたて投資枠を利用して購入することはできません」

2）「上場不動産投資信託（J-REIT）の分配金は、不動産所得として課税の対象となります」

3）「上場不動産投資信託（J-REIT）は、投資家から集めた資金を不動産や不動産会社の株式に投資し、不動産の賃貸収入や売買益、不動産会社の株式への投資による配当金や売買益を投資家に分配する投資信託です」

【第3問】 次の設例に基づいて、下記の各問（《問7》〜《問9》）に答えなさい。

《設　例》

個人事業主であるAさんは、開業後直ちに青色申告承認申請書と青色事業専従者給与に関する届出書を所轄税務署長に対して提出している青色申告者である。

＜Aさんとその家族に関する資料＞

Aさん　（66歳）：　個人事業主（青色申告者）

妻Bさん　（58歳）：　Aさんの事業に専ら従事し、青色事業専従者給与（本年分：84万円）の支払を受けている。

＜Aさんの本年分の収入等に関する資料＞

（1）事業所得の金額　：　500万円（青色申告特別控除後）

（2）一時払養老保険（20年満期）の満期保険金

契約年月	：	20XX年7月
契約者（＝保険料負担者）・被保険者	：	Aさん
満期保険金受取人	：	Aさん
死亡保険金受取人	：	妻Bさん
満期保険金額	：	300万円
一時払保険料	：	200万円

（3）老齢基礎年金・老齢厚生年金の年金額　：　108万円

※妻Bさんは、Aさんと同居し、生計を一にしている。

※Aさんおよび妻Bさんは、いずれも障害者および特別障害者には該当しない。

※Aさんおよび妻Bさんの年齢は、いずれも本年12月31日現在のものである。

※上記以外の条件は考慮せず、各問に従うこと。

《問7》 所得税における青色申告制度に関する以下の文章の空欄①～③に入る語句または数値の組合せとして、次のうち最も適切なものはどれか。

> ⅰ)「事業所得の金額の計算上、青色申告特別控除として最高（ ① ）万円を控除することができます。（ ① ）万円の青色申告特別控除の適用を受けるためには、事業所得に係る取引を正規の簿記の原則に従い記帳し、その記帳に基づいて作成した貸借対照表、損益計算書その他の計算明細書を添付した確定申告書を法定申告期限内に提出することに加えて、e-Taxによる申告（電子申告）等の要件があります。なお、確定申告書を法定申告期限後に提出した場合、青色申告特別控除額は最高（ ② ）万円となります」
>
> ⅱ)「青色申告者が受けられる税務上の特典として、青色申告特別控除のほかに、青色事業専従者給与の必要経費算入、（ ③ ）の３年間の繰越控除、（ ③ ）の繰戻還付、棚卸資産の評価について低価法を選択することができることなどが挙げられます」

1） ① 55　② 10　③ 雑損失
2） ① 65　② 10　③ 純損失
3） ① 65　② 20　③ 雑損失

《問8》 Aさんの本年分の所得税の課税に関する次の記述のうち、最も適切なものはどれか。

1） 「Aさんは公的年金等の収入金額の合計額が108万円であるため、公的年金等に係る雑所得の金額は算出されません」
2） 「Aさんが適用を受けることができる配偶者控除の金額は、38万円です」
3） 「一時払養老保険の満期保険金に係る保険差益は、源泉分離課税の対象となります」

《問9》 Aさんの本年分の所得税における総所得金額は、次のうちどれか。

1） 525万円
2） 550万円
3） 575万円

【第4問】 次の設例に基づいて、下記の各問（《問10》～《問12》）に答えなさい。

《設　例》

Aさん（63歳）は、父親の相続により11年前に取得した自宅（建物およびその敷地である甲土地）に住んでいる。Aさんは自宅を売却し、近隣で完成間近のタワーマンションを購入して移り住むことを検討している。

先日、Aさんが知り合いの不動産会社の社長に相談したところ、「甲土地は最寄駅にほど近く、都心へのアクセスもよい。賃貸マンション経営をしてみてはどうか」とアドバイスを受けた。

＜甲土地の概要＞

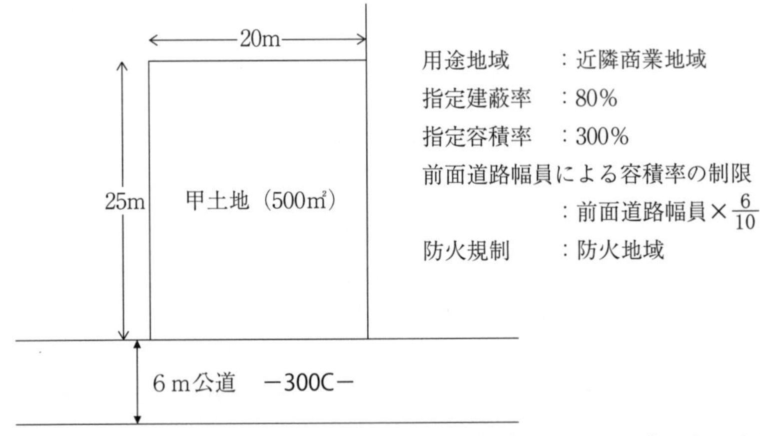

・指定建蔽率および指定容積率とは、それぞれ都市計画において定められた数値である。
・特定行政庁が都道府県都市計画審議会の議を経て指定する区域ではない。

※上記以外の条件は考慮せず、各問に従うこと。

《問10》 甲土地に耐火建築物を建築する場合の①建蔽率の上限となる建築面積と②容積率の上限となる延べ面積の組合せとして、次のうち最も適切なものはどれか。

1） ① 500㎡ ② 2,000㎡
2） ① 500㎡ ② 1,500㎡
3） ① 450㎡ ② 2,400㎡

《問11》 自宅（建物およびその敷地である甲土地）の譲渡に関する以下の文章の空欄①～③に入る語句の組合せとして、次のうち最も適切なものはどれか。

> ⅰ)「Aさんがタワーマンションに転居し、その後、居住していない現在の自宅を譲渡した場合に、Aさんが『居住用財産を譲渡した場合の3,000万円の特別控除の特例』の適用を受けるためには、家屋に自己が居住しなくなった日から（ ① ）を経過する日の属する年の12月31日までの譲渡であること等の要件を満たす必要があります。また、『居住用財産を譲渡した場合の長期譲渡所得の課税の特例』の適用を受けた場合、課税長期譲渡所得金額が（ ② ）以下の部分については、軽減税率が適用されます」
>
> ⅱ)「本年中にAさんが自宅を譲渡し、タワーマンションを購入した場合、譲渡した年の1月1日において譲渡した居住用財産の所有期間が（ ③ ）を超えていること等の要件を満たせば、『特定の居住用財産の買換えの場合の長期譲渡所得の課税の特例』の適用を受けることができます」

1） ① 3年 ② 6,000万円 ③ 10年
2） ① 3年 ② 1億円 ③ 10年
3） ① 5年 ② 1億円 ③ 5年

《問12》　甲土地の有効活用と宅地の評価に関する次の記述のうち、最も不適切なものはどれか。

1）「甲土地の前面道路（幅員６ｍ）の相続税路線価は１㎡当たりの価額が30万円、借地権割合が70％であることを示しています」

2）「Ａさんが甲土地に賃貸マンションを建築した場合、相続税の課税価格の計算上、甲土地は貸宅地として評価され、自用地価額×（１－借地権割合×借家権割合×賃貸割合）により計算されます」

3）「Ａさんが甲土地に賃貸マンションを建築するための資金を金融機関からの借入金で調達した場合、Ａさんの相続における相続税額の計算上、当該借入金の残高は債務控除の対象となります」

【第5問】 次の設例に基づいて、下記の各問（《問13》～《問15》）に答えなさい。

《設　例》

不動産賃貸業を営んでいるＡさん（76歳）は、最近体調に自信がもてないことから相続のことを考えている。Ａさんの推定相続人は、妻Ｂさん（70歳）、長女Ｃさん（45歳）および長男Ｄさん（40歳）の３人である。

Ａさんは、自身の相続に関して、不動産賃貸業を手伝ってくれている長女Ｃさんに賃貸ビルを相続させたいと考えているが、長女Ｃさんに偏った相続が行われると、長女Ｃさんと長男Ｄさんとの間で争いが起こるのではないかと心配している。

＜Ａさんの親族関係図＞

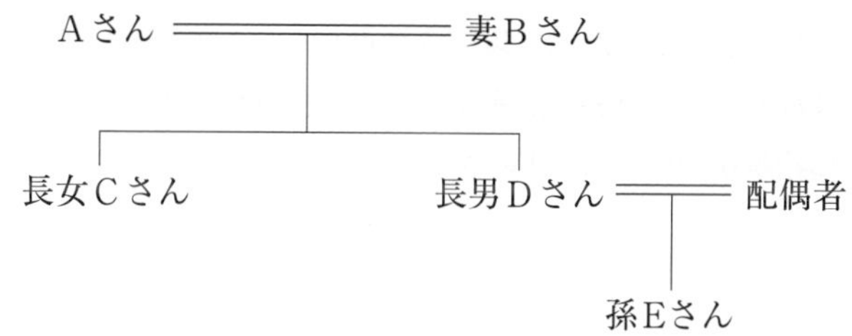

＜Ａさんの推定相続人＞

妻Ｂさん	：	Ａさんおよび長女Ｃさんと同居している。
長女Ｃさん	：	会社員。Ａさん夫妻と同居している。
長男Ｄさん	：	公務員。専業主婦の妻と子の３人暮らし。

＜Ａさんの主な所有財産（相続税評価額）＞

現預金	：	5,000万円
自宅（敷地350㎡）	：	6,000万円
自宅（建物）	：	2,000万円
賃貸ビル（敷地300㎡）	：	9,000万円
賃貸ビル（建物）	：	3,000万円

※敷地は、「小規模宅地等についての相続税の課税価格の計算の特例」適用前の金額

※上記以外の条件は考慮せず、各問に従うこと。

第2回目 実技試験 金財 個人資産相談業務

《問13》 Aさんの相続等に関する次の記述のうち、最も不適切なものはどれか。

1）「遺言により妻Bさんおよび長女Cさんが相続財産の大半を取得した場合、長男Dさんの遺留分を侵害する可能性があります。仮に、遺留分を算定するための財産の価額が２億4,000万円である場合、長男Dさんの遺留分の金額は6,000万円となります」

2）「遺産分割を少しでも円滑に行うために、公正証書遺言の作成をお勧めします。公正証書遺言は証人２人以上の立会いのもと、遺言者が遺言の趣旨を公証人に口授し、公証人がこれを筆記して作成します」

3）「Aさんは、自身が作成した自筆証書遺言を法務局（遺言書保管所）に預けることができます」

《問14》 仮に、Aさんの相続が本年現時点で開始し、Aさんの相続に係る課税遺産総額（課税価格の合計額－遺産に係る基礎控除額）が1億8,000万円であった場合の相続税の総額は、次のうちどれか。

1） 3,300万円

2） 3,400万円

3） 5,500万円

＜資料＞相続税の速算表（一部抜粋）

法定相続分に応ずる取得金額			税率	控除額
万円超		万円以下		
	～	1,000	10％	－
1,000	～	3,000	15％	50万円
3,000	～	5,000	20％	200万円
5,000	～	10,000	30％	700万円
10,000	～	20,000	40％	1,700万円

《問15》 Aさんの相続に係る小規模宅地等についての相続税の課税価格の計算の特例（以下、「本特例」という）に関する次の記述のうち、最も適切なものはどれか。

1）「自宅の敷地と賃貸ビルの敷地について、本特例の適用を受けようとする場合、適用対象面積の調整はせず、それぞれの宅地等の適用対象の限度面積まで適用を受けることができます」

2）「妻Bさんが自宅の敷地を相続により取得し、相続税の申告期限までに自宅の敷地を売却した場合、当該敷地は特定居住用宅地等として本特例の適用を受けることができなくなります」

3）「妻Bさんが自宅の敷地を相続により取得し、特定居住用宅地等として本特例の適用を受けた場合、自宅350㎡のうち330㎡までの部分について80％の減額が受けられます」

第2回目 実技試験 金財 個人資産相談業務

2024年度
ファイナンシャル・プランニング技能検定・実技試験

金財
3級 保険顧客資産相談業務

試験時間◆60分

★ 注 意 ★

1．本試験の出題形式は、三答択一式5題（15問）です。
2．携帯電話、筆記用具、計算機は自席（パソコンブース）への持込みはできません。メモ用紙・筆記用具はテストセンターで貸し出されます。計算機については、試験画面上に表示される電卓を利用することができます。
3．試験問題については、特に指示のない限り、2024年4月1日現在施行の法令等に基づいて解答してください。なお、東日本大震災の被災者等に対する各種特例等については考慮しないものとします。

FP試験対策プロジェクト

【第1問】 次の設例に基づいて、下記の各問（《問1》～《問3》）に答えなさい。

《設　例》

会社員のＡさん（40歳）は、妻Ｂさん（40歳）、長男Ｃさん（10歳）、長女Ｄさん（８歳）および二女Ｅさん（５歳）との５人暮らしである。Ａさんは、今後のために、公的年金制度の遺族給付について確認し、教育資金の準備や生命保険の見直しなど、資金計画を検討したいと考えている。また、Ａさんは、40歳となって、公的介護保険の保険料負担が生じたことで、当該制度についても理解を深めたいと思っている。

そこで、Ａさんは、ファイナンシャル・プランナーのＭさんに相談することにした。

＜Ａさんの家族構成＞

Ａさん　　：19XX年４月18日生まれ
　　　　　　会社員（厚生年金保険・全国健康保険協会管掌健康保険に加入中）
妻Ｂさん　：19XX年４月26日生まれ
　　　　　　専業主婦（国民年金に第３号被保険者として加入している）
長男Ｃさん：20XX年９月５日生まれ
長女Ｄさん：20XX年８月19日生まれ
二女Ｅさん：20XX年２月４日生まれ

＜公的年金加入歴（本年12月まで）＞

	20歳～22歳	22歳～40歳
Ａさん	国民年金 未加入期間 （36月）	厚生年金保険 （213月）

	18歳～28歳（Ａさんと結婚）	28歳～40歳
妻Ｂさん	厚生年金保険 （120月）	国民年金 第３号被保険者期間 （141月）

※妻Ｂさん、長男Ｃさん、長女Ｄさんおよび二女Ｅさんは、現在および将来においても、Ａさんと同居し、Ａさんと生計維持関係にあるものとする。また、妻Ｂさんの就業の予定はないものとする。

※家族全員、現在および将来においても、公的年金制度における障害等級に該当する障害の状態にないものとする。

※上記以外の条件は考慮せず、各問に従うこと。

《問1》 はじめに、Mさんは、Aさんが本年度の現時点において死亡した場合に妻Bさんが受給することができる遺族基礎年金の年金額（本年度価額）を試算した。Mさんが試算した遺族基礎年金の年金額の計算式として、次のうち最も適切なものはどれか。

1） 816,000円＋78,300円＋78,300円＋78,300円
2） 816,000円＋234,800円＋78,300円＋78,300円
3） 816,000円＋234,800円＋234,800円＋78,300円

《問2》 次に、Mさんは、Aさんが現時点において死亡した場合に妻Bさんに支給される遺族厚生年金について説明した。MさんのAさんに対する説明として、次のうち最も適切なものはどれか。

1） 「妻Bさんに支給される遺族厚生年金の額は、原則として、Aさんの厚生年金保険の被保険者記録を基礎として計算した老齢厚生年金の報酬比例部分の額の2分の1に相当する額になります」
2） 「二女Eさんの18歳到達年度の末日が終了し、妻Bさんの有する遺族基礎年金の受給権が消滅したときは、妻Bさんが受給する遺族厚生年金に中高齢寡婦加算が加算されます」
3） 「妻Bさんに支給される遺族厚生年金の額は、その年金額の計算の基礎となる被保険者期間の月数が360月に満たないため、360月として計算した額になります」

《問3》 最後に、Mさんは、公的介護保険（以下、「介護保険」という）について説明した。MさんのAさんに対する説明として、次のうち最も不適切なものはどれか。

1）「介護保険の介護給付を受けようとする場合は、要介護者に該当することおよびその該当する要介護状態区分について、都道府県の認定を受ける必要があります」

2）「介護保険の被保険者は、65歳以上の第1号被保険者と40歳以上65歳未満の医療保険加入者である第2号被保険者に分けられます」

3）「介護保険の第2号被保険者については、要介護状態となった原因が、初老期における認知症や脳血管疾患などの特定疾病によって生じたものでなければ介護給付を受けられません」

【第2問】 次の設例に基づいて、下記の各問（《問4》～《問6》）に答えなさい。

《設　例》

会社員であるＡさん（36歳）は、これまで生命保険に加入したことがない。Ａさんは、医療保険の必要性を感じているものの、過去に病歴があり、加入は難しいと思っていたが、先日、職場で生命保険会社の営業担当者から下記の生命保険の提案を受け、加入を検討している。

また、Ａさんは、自分が病気やケガで就業できない状態になった場合に健康保険（Ａさんは全国健康保険協会管掌健康保険に加入中）からどのような保険給付を受けることができるのかについて知りたいと考えている。

そのため、Ａさんは、友人より紹介されたファイナンシャル・プランナーのＭさんに相談することにした。

＜Ａさんが提案を受けた生命保険に関する資料＞

保険の種類　：　無配当引受基準緩和型医療保険
月払保険料　：　13,600円
保険料払込期間　：　65歳満了
契約者（＝保険料負担者）・被保険者　：　Ａさん
死亡給付金受取人　：　母Ｂさん
指定代理請求人　：　母Ｂさん

保障内容	保障金額	保険期間
入院給付金	日額8,000円	終身
手術給付金	一時金　５万円または10万円	終身
放射線治療給付金	一時金　10万円	終身
死亡給付金	一時金　50万円	終身
三大疾病一時金特約（注）	一時金　50万円	終身
先進医療特約	先進医療の技術費用と同額	10年
指定代理請求特約	—	—

（注）がん（悪性新生物）、急性心筋梗塞、脳卒中により所定の状態に該当した場合に一時金が支払われる（当該特約において、死亡保険金の支払はない）。

※上記以外の条件は考慮せず、各問に従うこと。

《問4》 はじめに、Mさんは、生命保険の加入等についてアドバイスした。MさんのAさんに対するアドバイスとして、次のうち最も適切なものはどれか。

1) 「生命保険の申込みをした後、保険会社指定の医師による診査を受けた場合には、保険業法に定める保険契約の申込みの撤回等（クーリング・オフ）はできません」
2) 「生命保険は、一般的に、契約の申込みまたは申込みの撤回等（クーリング・オフ）に関する事項を記載した書面の交付日のいずれか遅い日から起算して8日以内であれば、書面（電磁的記録を含む）または口頭により申込みの撤回等をすることができます」
3) 「生命保険に加入する際、Aさんの過去の傷病歴や現在の健康状態など、事実をありのままに正しく告知しなければなりません。なお、告知受領権は生命保険募集人が有していますので、当該募集人に対して、口頭で告知すれば正しく告知したことになります」

《問5》 次に、Mさんは、Aさんが提案を受けた生命保険の保障内容等について説明した。MさんのAさんに対する説明として、次のうち最も適切なものはどれか。

1) 「先進医療特約では、契約日時点において厚生労働大臣により先進医療として定められたものであれば、療養を受けた時点において先進医療としての承認を取り消されたものであっても給付の対象となります」
2) 「引受基準緩和型の医療保険は、一般に、他の契約条件が同一で、引受基準緩和型ではない通常の医療保険と比べて、保険料が高く設定されています」
3) 「Aさんが、がんに罹患し、三大疾病一時金特約から一時金を受け取った場合、当該一時金の額は一時所得として総合課税の対象となります」

《問6》 最後に、Mさんは、Aさんが加入する健康保険の給付について説明した。MさんのAさんに対する説明として、次のうち最も不適切なものはどれか。

1）「Aさんが医師の診察を受けた場合、外来・入院を問わず、医療費の一部負担割合は、70歳に達するまでは原則3割です」

2）「Aさんが一医療機関の窓口で支払う同一月内の一部負担金が所得金額に応じた自己負担限度額を超える場合、所得区分に応じて高額療養費が支給されます」

3）「Aさんが業務外の事由による負傷や疾病のために連続して3日間休業した場合、休業4日目以降の休業した日について、通算2年を限度に傷病手当金が支給されます」

【第3問】 次の設例に基づいて、下記の各問（《問7》～《問9》）に答えなさい。

《設 例》

Ａさん（65歳）は、Ｘ株式会社（以下、「Ｘ社」という）の創業社長であり、今期限りで勇退し、後継者に経営を引き継ぐことを考えており、Ｘ社が加入している生命保険の解約返戻金を退職金の原資として活用したいと考えている。

また、従業員の退職金準備を目的として中小企業退職金共済制度の活用も検討している。そこで、Ａさんは、ファイナンシャル・プランナーのＭさんに相談することにした。

＜資料＞Ｘ社が現在加入している生命保険の契約内容

保険の種類	：	５年ごと利差配当付長期平準定期保険（特約付加なし）
契約年月日	：	2004年10月１日
契約者（＝保険料負担者）	：	Ｘ社
被保険者	：	Ａさん
死亡保険金受取人	：	Ｘ社
保険期間・保険料払込期間	：	95歳満了
死亡・高度障害保険金額	：	１億円
年払保険料	：	300万円
65歳時の解約返戻金額	：	5,500万円
65歳時の払込保険料累計額	：	6,000万円

※解約返戻金額の80％の範囲内で、契約者貸付制度を利用することができる。
※保険料の払込みを中止し、払済終身保険に変更することができる。

《問7》 Mさんは、中小企業退職金共済制度（以下、「中退共」という）の特徴について説明した。Mさんが、Aさんに対して説明した以下の文章の空欄①～③に入る語句または数値の組合せとして、次のうち最も適切なものはどれか。

> 「中退共は、中小企業の事業主が退職金を社外に積み立てる退職金準備の共済制度です。毎月の掛金は、被共済者（従業員）１人につき月額5,000円から30,000円までの16種類のなかから任意に選択することができ、その（　①　）を損金の額に算入することができます。また、新しく中退共に加入する事業主に対して、掛金月額の２分の１（従業員ごと上限5,000円）を加入後４カ月目から（　②　）年間、国が助成します。被共済者（従業員）が中途（生存）退職したときは、退職金が（　③　）支給され、一時金で受け取った場合、退職所得として課税の対象となります」

1）①　２分の１　　②　１　　③　法人を経由して従業員に
2）①　全額　　②　１　　③　従業員本人に直接
3）①　全額　　②　２　　③　法人を経由して従業員に

《問8》 X社が現在加入している《設例》の長期平準定期保険を下記<条件>にて解約した場合の経理処理（仕訳）として、次のうち最も適切なものはどれか。

＜条件＞

・X社が解約時までに支払った保険料の累計額は、6,000万円である。

・解約返戻金の額は、5,500万円である。

・配当等、上記以外の条件は考慮しないものとする。

1）

借　　方		貸　　方	
現金・預金	5,500万円	雑収入	5,500万円

2）

借　　方		貸　　方	
現 金 ・ 預 金	5,500万円	前払保険料	3,000万円
		雑収入	2,500万円

3）

借　　方		貸　　方	
現 金 ・ 預 金	5,500万円	保険料積立金	6,000万円
雑 損 失	500万円		

《問9》 次にMさんは、《設例》の長期平準定期保険について説明した。MさんのAさんに対する 説明として、次のうち最も適切なものはどれか。

1）「契約者貸付制度を利用すると、既払込保険料相当額を限度として資金を調達できます。なお、契約者貸付金には、保険会社所定の利息が発生します」

2）「X社が生命保険を解約した場合にX社が受け取る解約返戻金は、Aさんに支給する役員退職金の原資として活用するほか、事業資金としても活用できます」

3）「現時点で当該生命保険を払済終身保険に変更する場合、契約は継続するため、経理処理は必要ありません」

【第4問】 次の設例に基づいて、下記の各問（《問10》～《問12》）に答えなさい。

《設　例》

Ａさんは、デザイン事務所を運営する個人事業主である。Ａさんは、開業後直ちに青色申告承認申請書と青色事業専従者給与に関する届出書を所轄税務署長に提出している。Ａさんは、住宅ローンを利用して本年10月に新築マンション（省エネ基準適合住宅）を取得（契約締結）し、同月中に入居した。また、Ａさんは、本年中に一時払変額個人年金保険（10年確定年金）の解約返戻金を受け取っている。

＜Ａさんとその家族に関する資料＞

Ａさん　（52歳）：個人事業主（青色申告者）

妻Ｂさん（47歳）：Ａさんが営むデザイン事務所の事業に専ら従事し、本年中に、青色事業専従者として給与収入70万円を得ている。

長男Ｃさん（20歳）：大学生。本年中に、家庭教師のアルバイトとして給与収入80万円を得ている。

長女Ｄさん（15歳）：中学生。本年中の収入はない。

＜Ａさんの本年分の収入等に関する資料＞

（1）事業所得の金額：400万円（青色申告特別控除後）

（2）一時払変額個人年金保険（10年確定年金）の解約返戻金

契約年月：2010年６月

契約者（＝保険料負担者）・被保険者：Ａさん

死亡保険金受取人：妻Ｂさん

解約返戻金額：620万円

一時払保険料：550万円

＜Ａさんが利用した住宅ローンに関する資料＞

借入年月日：本年10月10日

本年12月末の借入残高：2,900万円

※住宅借入金等特別控除の適用要件は、すべて満たしているものとする。

※妻Ｂさん、長男Ｃさんおよび長女Ｄさんは、Ａさんと同居し、生計を一にしている。

※Aさんとその家族は、いずれも障害者および特別障害者には該当しない。
※Aさんとその家族の年齢は、いずれも本年12月31日現在のものである。

※上記以外の条件は考慮せず、各問に従うこと。

《問10》 所得税における青色申告制度に関する以下の文章の空欄①～③に入る語句または数値の組合せとして、次のうち最も適切なものはどれか。

ⅰ)「青色申告をすることができる者は、(①)、事業所得または山林所得を生ずべき業務を行う者です」

ⅱ)「事業所得を生ずべき事業を営む青色申告者は、事業所得に係る取引を正規の簿記の原則により記帳し、その記帳に基づいて作成された貸借対照表、損益計算書その他の計算明細書を確定申告書に添付して、e-Tax等の方法により法定申告期限内に提出すれば、事業所得の金額の計算上、青色申告特別控除として最高65万円を控除することができます。なお、確定申告書を法定申告期限後に提出した場合、青色申告特別控除額は最高(②)万円となります」

ⅲ)「青色申告者が適用を受けられる税務上の特典として、青色申告特別控除の適用、青色事業専従者給与の必要経費算入、翌年以後(③)年間の純損失の繰越控除、純損失の繰戻還付などがあります」

1) ① 譲渡所得 ② 10 ③ 3
2) ① 不動産所得 ② 10 ③ 3
3) ① 不動産所得 ② 55 ③ 5

《問11》 Aさんの本年分の所得税における所得控除に関する次の記述のうち、最も適切なものはどれか。

1）「長男Cさんの合計所得金額は48万円以下であるため、Aさんは長男Cさんに係る扶養控除の適用を受けることができます。長男Cさんに係る扶養控除の額は63万円となります」
2）「Aさんは長女Dさんに係る扶養控除の適用を受けることができます。長女Dさんに係る扶養控除の額は38万円となります」
3）「妻Bさんは青色事業専従者として給与の支払を受けていますが、妻Bさんの合計所得金額は48万円以下であるため、Aさんは、配偶者控除の適用を受けることができます」

《問12》 住宅借入金等特別控除に関する以下の文章の空欄①～③に入る語句または数値の組合せとして、次のうち最も適切なものはどれか。

> 「Aさんの場合、本年分の所得税に係る住宅借入金等特別控除の控除額は、『住宅ローンの年末残高×（　①　）%』により算出され、控除期間は、最長で（　②　）年間となります。なお、住宅借入金等特別控除の適用を受ける最初の年分は、所得税の年末調整で控除を受けることが（　③　）」

1）① 1.0　② 10　③ できません
2）① 0.7　② 10　③ できます
3）① 0.7　② 13　③ できません

【第5問】 次の設例に基づいて、下記の各問（《問13》～《問15》）に答えなさい。

《設　例》

Aさん（76歳）は、妻Bさん（72歳）、長女Cさん（40歳）および二女Dさん（36歳）との4人暮らしである。Aさんは、妻Bさんには自宅を、長女Cさんは、管理業務を手伝ってくれており、そのことから賃貸アパートを相続させたいと考えており、遺言の作成を検討している。また、Aさんは、現在、一時払終身保険への加入を検討している。

<Aさんの家族構成（推定相続人）>

妻Bさん	：	Aさんと自宅で同居している。
長女Cさん	：	会社員。Aさん夫妻と同居している。
二女Dさん	：	会社員。Aさん夫妻と同居している。

<Aさんが保有する主な財産（相続税評価額）>

現預金	：	1億3,000万円
自宅（敷地200㎡）	：	5,000万円（注）
自宅（建物）	：	1,000万円
賃貸アパート（敷地300㎡）	：	3,000万円（注）
賃貸アパート（建物）	：	2,000万円

（注）「小規模宅地等についての相続税の課税価格の計算の特例」適用前の金額

<Aさんが加入を検討している一時払終身保険の内容>

契約者（＝保険料負担者）・被保険者	：	Aさん
死亡保険金受取人	：	妻Bさん
死亡保険金額	：	6,000万円

※上記以外の条件は考慮せず、各問に従うこと。

第2回目 実技試験 金財 保険顧客資産相談業務

《問13》 遺言に関する次の記述のうち、最も不適切なものはどれか。

1）「自筆証書遺言は、遺言者が、その遺言の全文、日付および氏名を自書し、これに押印して作成するものですが、自筆証書遺言に添付する財産目録については、パソコン等で作成することも認められています」

2）「公正証書遺言は、証人２人以上の立会いのもと、遺言者が遺言の趣旨を公証人に口授し、公証人がこれを筆記して作成するものです。相続開始後に円滑に手続を進めるために、妻Ｂさんと長女Ｃさんの２人を証人にすることをお勧めします」

3）「自筆証書遺言は、所定の手続により、法務局（遺言書保管所）に保管することができます。法務局（遺言書保管所）に保管された自筆証書遺言は、相続開始時、家庭裁判所での検認が不要となります」

《問14》 Ａさんの相続等に関する以下の文章の空欄①～③に入る数値の組合せとして、次のうち最も適切なものはどれか。

ⅰ）「妻Ｂさんおよび長女Ｃさんが相続財産の大半を取得した場合、二女Ｄさんの遺留分を侵害する可能性があります。仮に、遺留分を算定するための財産の価額が２億4,000万円である場合、二女Ｄさんの遺留分の金額は（　①　）万円です」

ⅱ）「Ａさんが加入を検討している一時払終身保険の死亡保険金は、みなし相続財産として相続税の課税対象となります。Ａさんの相続開始後、妻Ｂさんが受け取る死亡保険金6,000万円のうち、相続税の課税価格に算入される金額は、（　②　）万円となります」

ⅲ）「Ａさんの相続が開始し、妻Ｂさんが特定居住用宅地等に該当する自宅の敷地を相続により取得し、その敷地の全部について『小規模宅地等についての相続税の課税価格の計算の特例』の適用を受けた場合、自宅の敷地（相続税評価額5,000万円）について、相続税の課税価格に算入すべき価額を（　③　）万円とすることができます」

1）① 3,000　② 4,500　③ 1,000
2）① 6,000　② 4,500　③ 4,000
3）① 3,000　② 1,500　③ 4,000

《問15》 仮に、Aさんの相続が本年現時点で開始し、Aさんの相続に係る課税遺産総額（課税価格の合計額－遺産に係る基礎控除額）が2億4,000万円であった場合の相続税の総額は、次のうちどれか。

1） 5,100万円

2） 5,300万円

3） 8,100万円

<資料>相続税の速算表（一部抜粋）

法定相続分に応ずる取得金額			税率	控除額
万円超		万円以下		
	～	1,000	10％	－
1,000	～	3,000	15％	50万円
3,000	～	5,000	20％	200万円
5,000	～	10,000	30％	700万円
10,000	～	20,000	40％	1,700万円
20,000	～	30,000	45％	2,700万円

2024年度
ファイナンシャル・プランニング技能検定・実技試験

日本FP協会

3級　資産設計
提案業務

試験時間 ◆ 60分

★ 注　意 ★

① 問題数は20問、解答はすべて三肢択一式です。
② 試験問題については、特に指示のない限り、2024年4月1日現在施行の法令等に基づいて解答してください。なお、東日本大震災の被災者等に対する各種特例等については考慮しないものとします。
③ 携帯電話、筆記用具、計算機は自席（パソコンブース）への持込みはできません。メモ用紙・筆記用具はテストセンターで貸し出されます。計算機については、試験画面上に表示される電卓を利用することができます。

FP試験対策プロジェクト

問1

ファイナンシャル・プランニング業務を行うに当たっては、関連業法を順守することが重要である。ファイナンシャル・プランナー(以下「ＦＰ」という）の行為に関する次の記述のうち、最も適切なものはどれか。

1．生命保険募集人・生命保険仲立人、金融サービス仲介業の登録をしていないＦＰが、生命保険契約を検討している顧客から相談を受け、顧客が死亡した場合における遺族にとっての必要保障額の計算を有償で行った。
2．弁護士資格を有していないＦＰが、離婚に伴う財産分与について係争中の顧客から相談を受け、報酬を得る目的でその顧客を代理して離婚協議書の作成に係る法律事務を取り扱った。
3．税理士資格を有していないＦＰが、参加費無料の相談会において、相談者が資料を持参したため、相談者が納付すべき相続税の具体的な税額計算を行った。

問2

下記は、A家のキャッシュフロー表（一部抜粋）である。このキャッシュフロー表の空欄（ア）～（ウ）にあてはまる数値の組み合わせとして、正しいものはどれか。なお、計算過程においては端数処理をせず計算し、計算結果については万円未満を四捨五入すること。

＜A家のキャッシュフロー表＞ （単位：万円）

経過年数			基準年	1年	2年	3年	4年
家族・年齢	A	本人	52歳	53歳	54歳	55歳	56歳
	B	妻	48歳	49歳	50歳	51歳	52歳
	C	長女	14歳	15歳	16歳	17歳	18歳
	D	長男	12歳	13歳	14歳	15歳	16歳
ライフイベント		変動率		D 中学校入学	C 高校入学	住宅ローン完済	D 高校入学
収入	給与収入(夫)	－	564	564	564	564	564
	給与収入(妻)	－	100	100	100	100	100
	収入合計	－	664	664	664	664	664
支出	基本生活費	2％	330				（ ア ）
	住宅関連費	－	157	157	157	157	40
	教育費	－					
	保険料	－	32	32	32	32	47
	一時的支出	－					
	その他支出	－	15	15	15	15	15
	支出合計	－			707		
年間収支				23	（ イ ）		
金融資産残高		1％	860	（ ウ ）			

※年齢および金融資産残高は各年12月31日現在のものとし、本年を基準年とする。
※給与収入は可処分所得で記載している。
※記載されている数値は正しいものとする。
※問題作成の都合上、一部を空欄にしてある。

1.（ア）350　（イ）　43　（ウ）883
2.（ア）357　（イ）▲43　（ウ）883
3.（ア）357　（イ）▲43　（ウ）892

第2回目 実技試験 日本FP協会 資産設計提案業務

問3

大田さんは、預金保険制度の対象となるＧＹ銀行の国内支店に下記<資料>の金融資産を預け入れている。仮に、ＧＹ銀行が破綻した場合、預金保険制度によって保護される金額として、正しいものはどれか。

<資料>

（単位：万円）

普通預金	３００
定期預金	２００
外貨預金	４００
株式投資信託	３００

注１：大田さんは、ＧＹ銀行から借入れをしていない。

注２：普通預金は決済用預金ではない。

注３：預金の利息については考慮しないこととする。

注４：ＧＹ銀行は過去１年以内に他行との合併等を行っていない。

1.　５００万円
2.　８００万円
3.　1,０００万円

問4

下記<資料>は、ＡＢファンドの販売用資料（一部抜粋）である。この投資信託に関する次の記述のうち、最も適切なものはどれか。

<資料>

> # ＡＢファンド
> ## 毎月分配型
> 追加型投信／内外／資産複合
>
> 販売用資料
>
> 複数の資産（債券、株式、ＲＥＩＴ）に分散投資し、信託財産の成長と安定した収益の確保をめざして運用を行います。
>
> （省略）
>
> 《ファンドに係る費用・税金》
> 購入時手数料：2.20％（税抜2.00％）
> 運用管理費用（信託報酬）：純資産総額に対し年率1.65％（税抜1.50％）
> 信託財産留保額：ありません。
>
> （省略）

1．ＡＢファンドは、新ＮＩＳＡ口座で購入することができる。

2．ＡＢファンドは、国内および海外の資産を投資対象としている。

3．ＡＢファンドを購入する際、投資家が支払う購入代金は「$\dfrac{\text{基準価額（1万口当たり）}}{\text{1万口}}$×購入口数＋購入時手数料（税込）＋運用管理費用（税込）」である。

第2回目 実技試験 日本FP協会 資産設計提案業務

問5

広川さんはＳＴ投資信託を新規募集時に５００万口購入し、特定口座（源泉徴収口座）で保有して収益分配金を受け取っている。下記<資料>に基づき、広川さんが保有するＳＴ投資信託に関する次の記述の空欄（ア）、（イ）にあてはまる語句の組み合わせとして、正しいものはどれか。

<資料>

［ＳＴ投資信託の商品概要（新規募集時）］
投資信託の分類：追加型／国内／株式
決算および収益分配：毎年６月２５日（休業日の場合には翌営業日）
申込価格：１口当たり１円
申込単位：１万口以上１口単位
基準価額：当ファンドにおいては、１万口当たりの価額で表示
購入時手数料：購入金額に対して１.１％（税込み）
運用管理費用（信託報酬）：純資産総額に対し年０.３３％（税込み）
信託財産留保額：１万口につき解約請求日の翌営業日の基準価額に０.３％を乗じた額

［広川さんが保有するＳＴ投資信託の収益分配金受取時の運用状況（１万口当たり）］
収益分配前の個別元本：９,６００円
収益分配前の基準価額：１０,０００円
収益分配金：７００円
収益分配後の基準価額：９,３００円

・広川さんが、ＳＴ投資信託を新規募集時に５００万口購入した際に、支払った購入時手数料（税込み）は、（　ア　）である。
・収益分配時に、広川さんに支払われた収益分配金のうち３００円（１万口当たり）は（　イ　）である。

1．（ア）５５,０００円　　（イ）普通分配金
2．（ア）５５,０００円　　（イ）元本払戻金（特別分配金）
3．（ア）１６,５００円　　（イ）普通分配金

問6

建物の登記記録に関する下表の空欄（ア）～（ウ）にあてはまる記録事項の組み合わせとして、正しいものはどれか。

<建物登記記録の構成>

建物登記記録	表題部	（　ア　）	
	権利部	甲区	（　イ　）
		乙区	（　ウ　）

1．（ア）所有権保存登記　（イ）所有権移転登記　（ウ）抵当権設定登記
2．（ア）建物の所在や構造　（イ）所有権移転登記　（ウ）抵当権設定登記
3．（ア）建物の所在や構造　（イ）所有権保存登記　（ウ）所有権移転登記

問7

建築基準法に従い、下記<資料>の土地に建築物を建築する場合の延べ面積（床面積の合計）の最高限度として、正しいものはどれか。なお、記載のない条件については一切考慮しないこととする。

<資料>

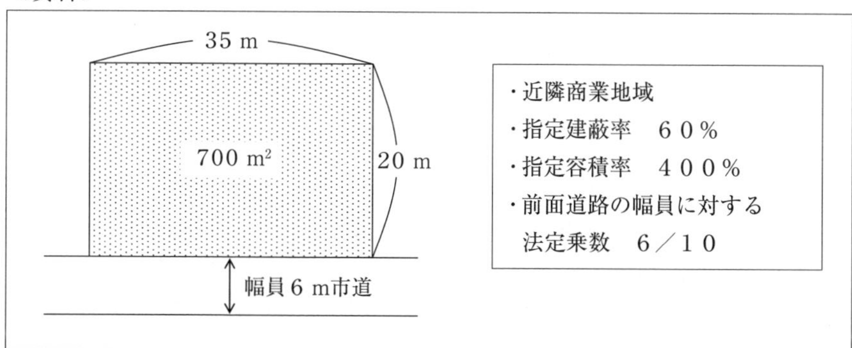

1．　４２０㎡
2．２,５２０㎡
3．２,８００㎡

問8

西田幸二さんが加入している生命保険（下記<資料>参照）の保障内容に関する次の記述の空欄（ア）にあてはまる金額として、正しいものはどれか。なお、保険契約は有効に継続しているものとし、幸二さんはこれまでに<資料>の保険から保険金および給付金を一度も受け取っていないものとする。

<資料>

保険証券記号番号
○○△△××□□

定期保険特約付終身保険

保険契約者	西田　幸二　様		保険契約者印
被保険者	西田　幸二　様　契約年齢３７歳 １９××年１１月７日生　男性		（西田）
受取人	（死亡保険金） 西田　洋子　様（妻）	受取割合 １０割	

◇契約日（保険期間の始期）
２０××年３月１日

◇主契約の保険期間
終身

◇主契約の保険料払込期間
６０歳払込満了

◆ご契約内容

終身保険金額（主契約保険金額）	２００万円
定期保険特約保険金額	3,０００万円
特定疾病保障定期保険特約保険金額	1,０００万円
傷害特約保険金額	５００万円
災害入院特約［本人・妻型］入院５日目から	日額１０,０００円
疾病入院特約［本人・妻型］入院５日目から	日額１０,０００円

不慮の事故や疾病により所定の手術を受けた場合、手術の種類に応じて手術給付金（入院給付金日額の１０倍・２０倍・４０倍）を支払います。
※妻の場合は、本人の給付金の６割の日額となります。

生活習慣病入院特約	入院５日目から日額１０,０００円
リビング・ニーズ特約	

◆お払い込みいただく合計保険料

毎回　××,×××円

［保険料払込方法（回数）］
団体月払い

◇社員配当金支払方法
利息をつけて積立て

◇特約の払込期間および
保険期間　１０年

西田幸二さんは、初めて大腸がん（悪性新生物）と診断され、がんの治療のために２０日間入院し、その間に開腹手術（給付倍率４０倍）を１回受け、退院後に交通事故による骨折で１０日間入院した場合に支払われる保険金および給付金は、合計（ ア ）である。

1.　　1,０６２万円
2.　　1,０７８万円
3.　　1,０８２万円

問9

内藤和夫さんが本年中に支払った生命保険の保険料は下記<資料>のとおりである。この場合の和夫さんの本年分の所得税の計算における生命保険料控除の金額として、正しいものはどれか。なお、下記<資料>の保険について、これまでに契約内容の変更はないものとする。また、本年分の生命保険料控除額が最も多くなるように計算すること。

<資料>

[定期保険（無配当、新生命保険料）]
契約日：２０１２年９月１日
保険契約者：内藤　和夫
被保険者：内藤　和夫
死亡保険金受取人：内藤　令子（妻）
本年の年間支払保険料：６０，０００円

[がん保険（無配当、介護医療保険料）]
契約日：２０１５年３月１日
保険契約者：内藤　和夫
被保険者：内藤　和夫
死亡保険金受取人：内藤　令子（妻）
本年の年間支払保険料：４０，０００円

<所得税の生命保険料控除額の速算表>

[２０１２年１月１日以降に締結した保険契約（新契約）等に係る控除額]

○新生命保険料控除、新個人年金保険料控除、介護医療保険料控除

年間の支払保険料の合計	控除額
２０,０００円 以下	支払金額
２０,０００円 超　４０,０００円 以下	支払金額×１／２＋１０,０００円
４０,０００円 超　８０,０００円 以下	支払金額×１／４＋２０,０００円
８０,０００円 超	４０,０００円

（注）支払保険料とは、その年に支払った金額から、その年に受けた剰余金や割戻金を差し引いた残りの金額をいう。

1．　４０，０００円
2．　５５，０００円
3．　６５，０００円

問10

損害保険の用語に関する次の記述のうち、最も不適切なものはどれか。

1. 再調達価額とは、保険の対象と同等のものを新たに建築または購入するのに必要な金額から、使用による消耗分を差し引いた金額のことである。
2. 超過保険とは、保険金額が保険の対象の価額（保険価額）を超えている保険のことである。
3. 保険金とは、保険事故によって損害が生じたとき、保険会社から被保険者または保険金受取人に支払われる金銭のことである。

問11

桜田さんは本年中に勤務先を退職し、個人事業主として活動を始めた。桜田さんの本年分の各種所得の金額が下記＜資料＞のとおりである場合、桜田さんの本年分の所得税における総所得金額として正しいものはどれか。なお、桜田さんの本年中の所得は＜資料＞に記載されている所得以外にはないものとする。

＜資料＞

［桜田さんの本年分の所得の金額］

事業所得の金額	４００万円
給与所得の金額	３００万円
退職所得の金額	２００万円
上場株式等の譲渡所得	２００万円

1．　７００万円
2．　９００万円
3．　1,１００万円

問12

山野さんは、本年６月に新築のアパートを購入し、新たに不動産賃貸業を開始した。購入したアパートの建物部分の情報は下記<資料>のとおりである。山野さんの本年分の所得税における不動産所得の金額の計算上、必要経費に算入する減価償却費の金額として、正しいものはどれか。

<資料>

取得価額：６０,０００,０００円
取得年月：本年６月
耐用年数：４７年
不動産賃貸の用に供した月：本年６月

<耐用年数表（抜粋）>

耐用年数	定額法の償却率	定率法の償却率
４７年	0.０２２	0.０４３

1.　６６０,０００円
2.　７７０,０００円
3.　1,３２０,０００円

問13

坂本さんは、マンション賃貸業を営む個人事業主で青色申告者である。坂本さんの本年分の所得および所得控除が下記＜資料＞のとおりである場合、坂本さんの本年分の所得税額として、正しいものはどれか。なお、坂本さんに＜資料＞以外の所得はなく、復興特別所得税や税額控除、源泉徴収税額、予定納税等については一切考慮しないこととする。

＜資料＞

［本年分の所得］
不動産所得の金額 ８００万円
※必要経費や青色申告特別控除額を控除した後の金額である。

［本年分の所得控除］
所得控除の合計額 ２００万円

＜所得税額の計算方法＞

課税される所得金額×税率－控除額

＜所得税の速算表（一部抜粋）＞

課税される所得金額		税率	控除額
1,０００円から	1,９４９,０００円まで	５％	０円
1,９５０,０００円から	３,２９９,０００円まで	１０％	９７,５００円
３,３００,０００円から	６,９４９,０００円まで	２０％	４２７,５００円
６,９５０,０００円から	８,９９９,０００円まで	２３％	６３６,０００円

（注）課税される所得金額の１,０００円未満の端数は切捨て

1．　７７２,５００円
2．１,１０１,５００円
3．１,２０４,０００円

問14

本年11月15日に相続が開始された松本二郎さん（被相続人）の<親族関係図>が下記のとおりである場合、民法上の相続人および法定相続分の組み合わせとして、正しいものはどれか。なお、記載のない条件については一切考慮しないこととする。

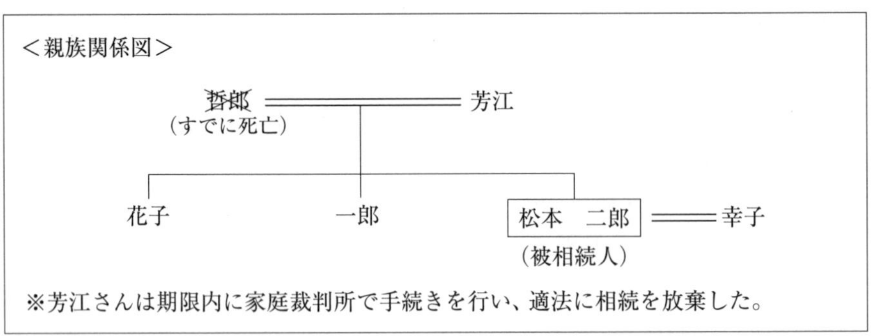

1．幸子　1／2　　花子　1／4　　一郎　1／4
2．幸子　2／3　　花子　1／6　　一郎　1／6
3．幸子　3／4　　花子　1／8　　一郎　1／8

問15

渡辺清高さん（３２歳）が本年中に贈与を受けた財産の価額と贈与者は以下のとおりである。清高さんの本年分の贈与税額として、正しいものはどれか。なお、本年中において、清高さんはこれ以外の財産の贈与を受けておらず、相続時精算課税制度は選択していないものとする。

・清高さんの母からの贈与　現金６００万円
・清高さんの祖父からの贈与　現金１１０万円
※上記の贈与は、住宅取得等資金や教育資金、結婚・子育てに係る資金の贈与ではない。

＜贈与税の速算表（一部抜粋）＞

（イ）原則、１８歳以上の者が直系尊属から贈与を受けた財産の場合（特例贈与財産、特例税率）

基礎控除後の課税価格		税率	控除額
	２００万円 以下	１０％	－
２００万円 超	４００万円 以下	１５％	１０万円
４００万円 超	６００万円 以下	２０％	３０万円
６００万円 超	1,０００万円 以下	３０％	９０万円

（ロ）上記（イ）以外の場合（一般贈与財産、一般税率）

基礎控除後の課税価格		税率	控除額
	２００万円 以下	１０％	－
２００万円 超	３００万円 以下	１５％	１０万円
３００万円 超	４００万円 以下	２０％	２５万円
４００万円 超	６００万円 以下	３０％	６５万円
６００万円 超	1,０００万円 以下	４０％	１２５万円

1.　６８万円
2.　９０万円
3.　１２３万円

問16

路線価方式による相続税評価額を算定する場合、下記<資料>の宅地の借地権（普通借地権）の金額として、正しいものはどれか。なお、奥行価格補正率は1.0とし、記載のない条件については一切考慮しないこととする。

<資料>

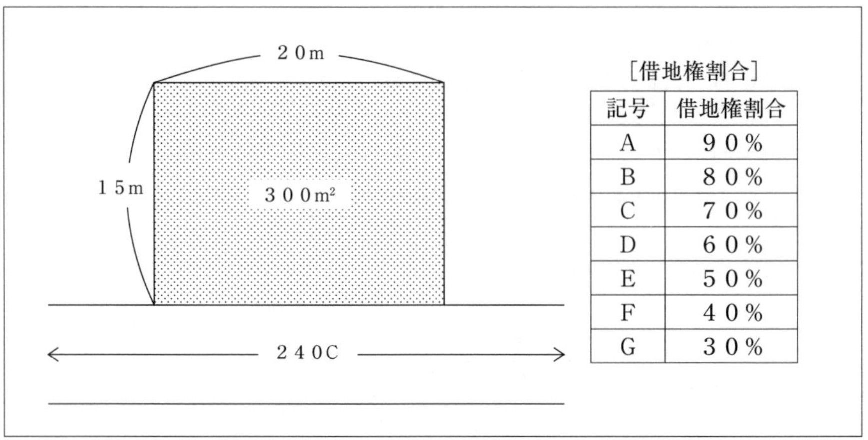

［借地権割合］

記号	借地権割合
A	90％
B	80％
C	70％
D	60％
E	50％
F	40％
G	30％

1.　21,600千円
2.　50,400千円
3.　72,000千円

問17

＜設例＞

加藤渉さんは株式会社MNに勤務する会社員である。渉さんは間もなく50歳を迎えることもあり、今後の生活設計についてFPで税理士でもある山井さんに相談をした。なお、下記のデータはいずれも本年9月1日現在のものである。

[家族構成（同居家族）]

氏名	続柄	生年月日	年齢	職業
加藤　渉	本人	19XX年10月7日	48歳	会社員
咲子	妻	19XX年5月22日	45歳	専業主婦
詩	長女	20XX年6月26日	19歳	大学生

[保有財産（時価）]　（単位：万円）

金融資産	
普通預金	650
定期預金	500
財形年金貯蓄	320
上場株式	240
生命保険（解約返戻金相当額）	80
不動産（自宅マンション）	3,000

[負債残高]

住宅ローン（自宅マンション）：3,000万円（債務者は渉さん、団体信用生命保険付き）

[その他]

上記以外については、各設問において特に指定のない限り一切考慮しないこととする。

ＦＰの山井さんは、加藤家のバランスシートを作成した。下表の空欄（ア）にあてはまる金額として、正しいものはどれか。なお、<設例>に記載のあるデータに基づいて解答することとする。

<加藤家のバランスシート>　　　　　　　　　　　　　　　　　　（単位：万円）

[資産]		[負債]	
金融資産		住宅ローン	×××
普通預金	×××		
定期預金	×××	負債合計	×××
財形年金貯蓄	×××		
上場株式	×××		
生命保険（解約返戻金相当額）	×××	[純資産]	（　ア　）
不動産（自宅マンション）	×××		
資産合計	×××	負債・純資産合計	×××

1.　1,710（万円）
2.　1,790（万円）
3.　4,790（万円）

問18

加藤さんは、60歳で定年となり、その後公的年金の支給が始まる65歳までの5年間の生活資金は、退職一時金の一部を充てようと考えている。仮に退職一時金のうち600万円を年利2.0％で複利運用しながら5年間で均等に取り崩すこととした場合、年間で取り崩すことができる最大金額として、正しいものはどれか。なお、下記<資料>の3つの係数の中から最も適切な係数を選択して計算し、円単位で解答すること。また、税金や記載のない事項については一切考慮しないこととする。

<資料：係数早見表（年利2.0％）>

	現価係数	減債基金係数	資本回収係数
5年	0.9057	0.19216	0.21216

※記載されている数値は正しいものとする。

1.　　565,800円
2.　1,152,960円
3.　1,272,960円

問１９

加藤さんは、今後、高齢の親の介護が必要になった場合を考え、公的介護保険制度（以下、介護保険）について、ＦＰの山井さんに質問をした。山井さんが行った介護保険に関する次の記述のうち、最も適切なものはどれか。

1．介護保険は、６０歳以上の者を第１号被保険者、４０歳以上６０歳未満の公的医療保険加入者を第２号被保険者とする。
2．第１号被保険者の介護保険料は、公的年金の受給額が年額１８万円以上の場合にはその年金から天引きされ、第２号被保険者の介護保険料は、公的医療保険の保険料と同時に徴収される。
3．介護保険の給付を受けるためには、都道府県の認定を受ける必要があり、認定審査の判定結果は、『要介護１～５』『要支援１・２』『非該当』と区分され、要介護と認定されると居宅サービス、施設サービスのどちらも利用できる。

問２０

加藤さん（４８歳）は、通常６５歳から支給される老齢基礎年金を繰り上げて受給できることを知り、ＦＰの山井さんに質問をした。老齢基礎年金の繰上げ受給に関する次の記述のうち、最も適切なものはどれか。なお、老齢基礎年金の受給要件は満たしているものとする。

1．老齢基礎年金を繰上げ受給した場合の年金額の減額は、一生涯続く。
2．老齢基礎年金を６０歳から繰上げ受給した場合でも、老齢厚生年金を同時に繰上げ受給する必要はない。
3．老齢基礎年金を繰上げ受給した場合の年金額は、繰上げ月数１月当たり０.７％の割合で減額される。

2024年度
ファイナンシャル・プランニング技能検定

3級 学科試験

試験時間 ◆ 90分

★ 注 意 ★

1. 本試験の出題形式は、正誤式30問、三答択一式30問です。
2. 携帯電話、筆記用具、計算機は自席（パソコンブース）への持込みはできません。メモ用紙・筆記用具はテストセンターで貸し出されます。計算機については、試験画面上に表示される電卓を利用することができます。
3. 試験問題については、特に指示のない限り、2024年4月1日現在施行の法令等に基づいて解答してください。なお、東日本大震災の被災者等に対する各種特例等については考慮しないものとします。

FP試験対策プロジェクト

問1～問30は文章を読んで、正しいものまたは適切なものには○を、誤っているものまたは不適切なものには×を選択してください。　〔30問〕

問1　生命保険募集人の登録を受けていないＦＰが顧客に対し、必要保障額を試算したり、生命保険商品の一般的な商品性について説明することは、保険業法により禁止されている。

問2　国民年金の保険料免除期間における保険料のうち、追納することができる保険料は、追納に係る厚生労働大臣の承認を受けた日の属する月前10年以内の期間に係るものに限られる。

問3　子のいない障害等級１級に該当する者に支給される障害基礎年金の額は、子のいない障害等級２級に該当する者に支給される障害基礎年金の額の1.25倍である。

問4　国民年金基金の掛金は、加入員の選択した給付の型や加入口数のほか、加入時の年齢や性別によって異なる。

問5　日本政策金融公庫の教育一般貸付（国の教育ローン）の融資限度額は、所定の海外留学資金として利用する場合等を除き、入学・在学する学生・生徒１人につき350万円である。

問6　自動車保険の人身傷害補償保険では、被保険者が被保険自動車を運転中、自動車事故により負傷した場合、自己の過失割合にかかわらず、保険金額を限度に損害額の全額が補償対象となる。

問7　変額個人年金保険は、運用実績により、将来受け取る年金額や解約返戻金額、死亡保険金額が変動するが、一般に年金受取開始前に被保険者が死亡した場合の死亡給付金には最低保証がある。

問８　がん保険では、一般に、責任開始日前に120日程度の免責期間が設けられており、その期間中にがんと診断されてもがん診断給付金は支払われない。

問９　スーパーマーケットを経営する企業が、店舗内で調理・販売した食品を原因として食中毒が発生し、顧客に対して法律上の損害賠償責任を負うことによって被る損害を補償する保険として、施設所有（管理）者賠償責任保険がある。

問10　所得税において、個人が支払う地震保険の保険料は、５万円を限度として年間支払保険料の２分の１にあたる金額が地震保険料控除の対象となる。

問11　1,000,000円を年利１％（１年複利）で４年間運用した場合の４年後の元利合計額は、税金や手数料等を考慮しない場合、1,040,604円となる。

問12　証券取引所での株式の売買において、１つの銘柄の株式に価格の異なる複数の買い指値注文がある場合は、指値の低い注文から優先して売買が成立する。

問13　一般法人、個人、国、地方公共団体などの通貨保有主体が保有する通貨量の残高を集計したものをマネーストックといい、日本銀行が作成・公表している。

問14　２資産で構成するポートフォリオにおいて、２資産間の相関係数が－１である場合、ポートフォリオのリスク低減効果は最大となる。

問15　日経平均株価は、東京証券取引所プライム市場に上場する全銘柄を対象として算出される株価指標である。

問16　所得税において、上場株式の配当について配当控除の適用を受けるには、総合課税を選択して確定申告をする必要がある。

問17　所得税における一時所得に係る総収入金額が600万円で、その収入を得るために支出した金額が400万円である場合、総所得金額に算入される一時所得の金額は、100万円である。

問18　セルフメディケーション税制（医療費控除の特例）に係るスイッチＯＴＣ医薬品の購入費（特定一般用医薬品等購入費）を支払った場合、所定の要件を満たせば、通常の医療費控除との選択により、最高10万円の医療費控除の適用を受けることができる。

問19　確定拠出年金の個人型年金において加入者が拠出した掛金は、その２分の１にあたる金額が小規模企業共済等掛金控除として所得控除の対象となる。

問20　「ふるさと納税ワンストップ特例制度」の適用を受けるためには、同一年中の寄附金の額の合計額が10万円以下でなければならない。

問21　個人が自宅の土地および建物を譲渡し、「居住用財産を譲渡した場合の長期譲渡所得の課税の特例」（軽減税率の特例）の適用を受ける場合、課税長期譲渡所得金額のうち、１億円以下の部分は、所得税および復興特別所得税10.21％、住民税４％の税率で課税される。

問22　借地借家法第23条に規定される「事業用定期借地権等」は、専ら事業の用に供する建物の所有を目的とするもので、居住の用に供する建物の所有を目的として設定することはできない。

問23　建築基準法の規定によれば、第一種低層住居専用地域内における建築物の高さは、原則として10ｍまたは15ｍのうち当該地域に関する都市計画において定められた建築物の高さの限度を超えてはならない。

問24　固定資産税における小規模住宅用地（住宅用地で住宅１戸当たり200㎡以下の部分）の課税標準については、当該住宅用地に係る固定資産税の課税標準となるべき価格の３分の１の額とする特例がある。

問25　「被相続人の居住用財産（空き家）に係る譲渡所得の特別控除の特例」の適用を受けるためには、譲渡の対価の額が3,000万円以下でなければならない。

問26　贈与税の納付については、納期限までに金銭で納付することを困難とする事由があるなど、所定の要件を満たせば、延納あるいは物納によることが認められている。

問27　自筆証書遺言を作成する場合において、自筆証書に添付する財産目録については、自書によらずにパソコンで作成してもよい。

問28　初七日や四十九日などの法会に要した費用は、相続税の課税価格の計算上、債務控除の対象となる。

問29　個人間で時価よりも著しく低い価額で土地の譲渡が行われた場合、原則として、時価と支払った対価との差額が、贈与税の課税対象となる。

問30　取引相場のない株式の相続税評価において、純資産価額方式とは、評価会社の株式の価額を、評価会社と事業内容が類似した上場会社の株価および配当金額、利益金額、純資産価額を基準にして算出する方式である。

問31～問60は文章の（　　）内にあてはまる最も適切な文章、語句、数字または それらの組合せを1）～3）のなかから選択してください。　〔30問〕

問31　Aさんの本年分の可処分所得の金額は、下記の<資料>によれば、（　　）である。

<資料>本年分のAさんの収入等

給与収入	：	800万円（給与所得：610万円）
所得税・住民税	：	60万円
社会保険料	：	120万円
生命保険料	：	20万円

1）430万円
2）530万円
3）620万円

問32　公的介護保険の第2号被保険者は、市町村または特別区の区域内に住所を有する（ ① ）以上（ ② ）未満の医療保険加入者である。

1）① 40歳　② 60歳
2）① 40歳　② 65歳
3）① 45歳　② 65歳

問33　国民年金の第1号被保険者が、国民年金の定額保険料に加えて月額（ ① ）の付加保険料を納付し、65歳から老齢基礎年金を受け取る場合、（ ② ）に付加保険料納付済期間の月数を乗じて得た額が付加年金として支給される。

1）① 200円　② 400円
2）① 200円　② 200円
3）① 400円　② 200円

問34　遺族厚生年金の中高齢寡婦加算の支給に係る妻の年齢要件は、夫の死亡の当時、子のない妻の場合、(　　)である。

1)　40歳以上60歳未満

2)　40歳以上65歳未満

3)　45歳以上60歳未満

問35　貸金業法の総量規制により、個人が貸金業者による個人向け貸付を利用する場合の借入合計額は、原則として、年収の(　　)以内でなければならない。

1)　3分の1

2)　2分の1

3)　5分の1

問36　生命保険契約を申し込んだ者がその撤回を希望する場合、保険業法上、原則として、契約の申込日または契約の申込みの撤回等に関する事項を記載した書面の交付日のいずれか遅い日を含めて(①)以内であれば、(②)により申込みの撤回ができる。

1)　①　8日　　②　書面(電磁的記録を含む)

2)　①　14日　　②　書面(電磁的記録を含む)

3)　①　8日　　②　書面(電磁的記録を含む)または口頭

問37　生命保険の保険料の払込みが困難になった場合等に契約を有効に継続するための方法のうち、(　　)は、保険料の払込みを中止して、その時点での解約返戻金相当額をもとに、保険金額を変えないで、一時払いの定期保険に切り換えるものをいう。

1)　払済保険

2)　延長保険

3)　継続保険

問38　普通傷害保険（特約付帯なし）において、一般に、（　　）は補償の対象とならない。

1）料理中に油がはねて火傷した場合
2）海外旅行中の転倒により骨折した場合
3）国内旅行中の飲食で細菌性食中毒になった場合

問39　スーパーマーケットを経営する企業が、火災により店舗が全焼し、休業した場合の利益損失を補償するためには、（　　）への加入が考えられる。

1）企業費用・利益総合保険
2）施設所有（管理）者賠償責任保険
3）生産物賠償責任保険

問40　自動車事故でケガを負い、相手方が加入していた自動車保険の対人賠償保険金を受け取った場合、当該保険金は（　　）とされる。

1）一時所得
2）雑所得
3）非課税

問41　日本銀行が売りオペレーションを行った場合には、市場の資金量が（ ① ）することから、市場金利は（ ② ）する。

1）①　減少　　②　低下
2）①　増加　　②　低下
3）①　減少　　②　上昇

問42　個人向け国債は、適用利率の下限が年（ ① ）%とされ、購入単価は最低（ ② ）から（ ② ）単位である。

1）①　0.03　　②　1万円
2）①　0.05　　②　1万円
3）①　0.05　　②　10万円

問43　下記の<X社のデータ>に基づいて計算したX社株式の配当性向は（ ① ）、自己資本利益率は（ ② ）である（純資産＝自己資本とします）。

<X社のデータ>

株価	800円
1株当たり配当金	30円
1株当たり純利益	50円
1株当たり純資産	400円

1）① 60%　② 12.5%
2）① 3.75%　② 6.25%
3）① 12.5%　② 7.5%

問44　オプション取引において、特定の商品を将来の一定期日にあらかじめ決められた価格で買う権利のことを（ ① ）・オプションといい、他の条件が同じであれば、一般に、満期までの残存期間が長いほど、プレミアム（オプション料）は（ ② ）なる。

1）① プット　② 低く
2）① コール　② 低く
3）① コール　② 高く

問45　所得税において、為替予約をしていない外貨定期預金の満期時に生じた為替差益は（　　）として総合課税の対象となる。

1）一時所得
2）雑所得
3）利子所得

問46　所得税において、国債や地方債等の特定公社債の利子は、(　　)の対象となる。

1)　源泉分離課税

2)　総合課税

3)　申告分離課税

問47　下記の<資料>において、所得税における不動産所得（国内建物の貸付）の金額の計算上生じた損失の金額のうち、他の所得の金額と損益通算が可能な金額は、(　　)である。

<資料>不動産所得に関する資料

総収入金額	300万円
必要経費	350万円 （不動産所得を生ずべき土地等を取得するために要した負債の利子の額20万円を含む）

1)　20万円

2)　30万円

3)　50万円

問48　所得税の控除対象扶養親族のうち、19歳以上23歳未満である特定扶養親族に係る扶養控除の額は、(　　)である。

1)　38万円

2)　58万円

3)　63万円

問49　本年中に取得・入居する場合、住宅に係る新築・中古の別や床面積にかかわらず、所得税における住宅借入金等特別控除の要件では、適用を受けようとする者の合計所得金額が（　　）を超える年分は、対象外としている。

1）　1,000万円
2）　2,000万円
3）　3,000万円

問50　給与所得者のうち、（　　）は、所得税の確定申告をする必要がある。

1）　医療費控除の適用を受けようとする者
2）　給与所得以外の所得の金額の合計額が10万円を超える者
3）　給与の年間収入金額が1,500万円を超える者

問51　不動産の登記記録において、所有権に関する登記事項は（ ① ）に記録され、抵当権に関する登記事項は（ ② ）に記録される。

1）　①　権利部（乙区）　　②　権利部（甲区）
2）　①　権利部（甲区）　　②　表題部
3）　①　権利部（甲区）　　②　権利部（乙区）

問52　建物の区分所有等に関する法律（区分所有法）によれば、規約の設定、変更、廃止には、区分所有者および議決権の各（　　）の多数による集会の決議が必要となる。

1）　過半数
2）　4分の3
3）　5分の4

問53　宅地建物取引業者と締結する宅地または建物の売買の専任媒介契約および専属専任媒介契約の有効期間は、最長（　　）である。

1）　3カ月
2）　6カ月
3）　1年

問54　自己が居住していた家屋を譲渡する場合、その家屋に自己が居住しなくなった日から（ ① ）を経過する日の属する年の（ ② ）までの譲渡でなければ、「居住用財産を譲渡した場合の3,000万円の特別控除」の適用を受けることができない。

1）① 1年　　② 3月31日
2）① 2年　　② 12月31日
3）① 3年　　② 12月31日

問55　土地の有効活用のうち、一般に、土地所有者が入居予定の事業会社から建設資金を借り受けて、事業会社の要望に沿った店舗等を建設し、その店舗等を事業会社に賃貸する手法を、（　　）という。

1）等価交換方式
2）事業受託方式
3）建設協力金方式

問56　遺留分算定の基礎となる財産の価額が1億8,000万円で、相続人が被相続人の妻、長女、二女、三女の合計4人である場合、妻の遺留分の金額は（　　）となる。

1）1,500万円
2）4,500万円
3）9,000万円

問57　贈与税の配偶者控除は、婚姻期間が（ ① ）以上である配偶者から居住用不動産の贈与または居住用不動産を取得するための金銭の贈与を受け、所定の要件を満たす場合、贈与税の課税価格から基礎控除額とは別に（ ② ）を限度として控除することができるものである。

1）① 15年　　② 2,000万円
2）① 20年　　② 2,000万円
3）① 20年　　② 3,000万円

問58　下記の<親族関係図>において、被相続人Aさんの相続における相続税額の計算上、遺産に係る基礎控除額は、(　　) である。

<親族関係図>

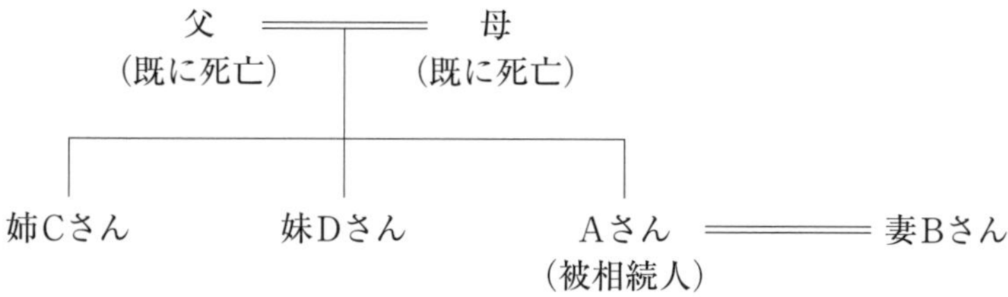

1)　1,800万円
2)　3,000万円
3)　4,800万円

問59　賃貸アパート等の貸家の用に供されている家屋の相続税評価額は、(　　) の算式により算出される。

1)　自用家屋としての評価額×（1－借地権割合×賃貸割合）
2)　自用家屋としての評価額×（1－借家権割合×賃貸割合）
3)　自用家屋としての評価額×（1－借地権割合×借家権割合×賃貸割合）

問60　本年10月11日に死亡したAさんが所有していた上場株式Xを相続により取得した場合の1株当たりの相続税評価額は、下記の<資料>によれば、(　　) である。

<資料>上場株式Xの価格

本年8月の毎日の最終価格の平均額	730円
本年9月の毎日の最終価格の平均額	690円
本年10月の毎日の最終価格の平均額	710円
本年10月11日の最終価格	720円

1)　690円
2)　720円
3)　730円

2024年度
ファイナンシャル・プランニング技能検定・実技試験

3級 個人 資産相談業務

（金財）

試験時間 ◆ 60分

★ 注 意 ★

1．本試験の出題形式は、三答択一式5題（15問）です。
2．携帯電話、筆記用具、計算機は自席（パソコンブース）への持込みはできません。メモ用紙・筆記用具はテストセンターで貸し出されます。計算機については、試験画面上に表示される電卓を利用することができます。
3．試験問題については、特に指示のない限り、2024年4月1日現在施行の法令等に基づいて解答してください。なお、東日本大震災の被災者等に対する各種特例等については考慮しないものとします。

FP試験対策プロジェクト

【第１問】 次の設例に基づいて、下記の各問（《問１》～《問３》）に答えなさい。

《設　例》

会社員のＡさん（39歳）は、Ｘ電機株式会社（以下、「Ｘ社」という）に勤務しており、妻Ｂさん（37歳）との２人暮らしである。Ａさんは、来年、満40歳になるのを機に、Ｘ社を退職し、個人事業主として働く予定である。そこで、Ａさんは、退職した場合の社会保険等や老後資金準備について知りたいと考え、相談会で知り合ったファイナンシャル・プランナーのＭさんに相談することにした。

Ａさんおよび妻Ｂさんに関する資料は、以下のとおりである。

〈Ａさんおよび妻Ｂさんに関する資料〉

（１）Ａさん（会社員）

生年月日：198X年４月５日

厚生年金保険、全国健康保険協会管掌健康保険、雇用保険に加入している。

〔公的年金の加入歴（見込みを含む）〕

20歳　23歳　60歳

国民年金	厚生年金保険	国民年金
未加入期間 36月	被保険者期間 204月	被保険者期間 240月

（２）妻Ｂさん（専業主婦）

生年月日：198X年６月18日

20歳から30歳でＡさんと結婚するまでは厚生年金保険に加入し、結婚後は、第３号被保険者として国民年金に加入している。また、Ａさんが加入している健康保険の被扶養者である。

※妻Ｂさんは、現在および将来においても、Ａさんと同居し、生計維持関係にあるものとする。

※Ａさんおよび妻Ｂさんは、現在および将来においても、公的年金制度における障害等級に該当する障害の状態にないものとする。

※上記以外の条件は考慮せず、各問に従うこと。

《問1》 Mさんは、Aさんに対して、Aさんが40歳でX社を退職した後の公的医療保険制度について説明した。Mさんが説明した以下の文章の空欄①～③に入る語句の組合せとして、次のうち最も適切なものはどれか。

「Aさんが退職した後の公的医療保険制度への加入方法の1つとして、現在加入している健康保険に任意継続被保険者として加入する方法があります。任意継続被保険者の資格取得の手続は、原則として退職日の翌日から（ ① ）以内に行う必要があります。任意継続被保険者として健康保険に加入できる期間は、最長で（ ② ）です。また、任意継続被保険者として健康保険に加入する期間の保険料は（ ③ ）となります。なお、国民健康保険に加入する方法もありますので、合わせて検討なさって下さい」

1） ① 14日 ② 1年 ③ 全額自己負担
2） ① 20日 ② 2年 ③ 全額自己負担
3） ① 14日 ② 2年 ③ 労使折半

《問2》 次に、Mさんは、Aさんが退職後、老後の年金収入を増やすための各種制度について説明した。MさんのAさんに対する説明として、次のうち最も不適切なものはどれか。

1） 「国民年金基金は、国民年金の第1号被保険者や任意加入被保険者が利用できる年金制度です。加入は口数制であり、1口目は2種類の終身年金（A型・B型）のいずれかを選択します」
2） 「付加保険料を納付することで、将来の年金を増やすことができます。仮に、Aさんが付加保険料を240月納付し、65歳から老齢基礎年金を受給する場合は、年額96,000円の付加年金を受給することができます」
3） 「Aさんが確定拠出年金の個人型年金に加入する場合、国民年金基金と合わせて加入することができます」

《問3》 最後に、Mさんは、Aさんに対して、Aさんの老齢給付について説明した。Mさんの説明に関する次の記述のうち、最も適切なものはどれか。

1）「Aさんが老齢基礎年金を受給するためには、原則として、受給資格期間が25年以上必要です」

2）「Aさんが受給する老齢厚生年金は、総報酬月額相当額と基本月額との合計額が50万円（本年度の支給停止調整額）を超えると、超える部分の2分の1の額が支給停止となります」

3）「Aさんが老齢厚生年金の繰下げ支給の申出をするには、老齢基礎年金も同時に繰下げ支給の申出を行わなければなりません」

【第2問】 次の設例に基づいて、下記の各問（《問4》～《問6》）に答えなさい。

《設　例》

会社員のＡさん（30歳）は、将来起業するための備えとして、株式や投資信託による運用を考えている。

そこで、Ａさんは、もっとしっかりとした知識を得るために紹介されたファイナンシャル・プランナーのＭさんに相談することにした。Ｍさんは、Ａさんに対して、Ｘ社株式（東京証券取引所プライム市場上場）およびＹ投資信託を例として、説明を行うことにした。

＜Ｘ社に関する資料＞

総資産	4,000億円
自己資本（純資産）	3,000億円
当期純利益	600億円
年間配当金総額	120億円
発行済株式数	8,000万株
株価	6,000円
決算期	12月31日

＜Ｙ投資信託（公募株式投資信託）に関する資料＞

銘柄名：日経平均株価インデックスファンド（新ＮＩＳＡのつみたて投資枠の対象商品）

投資対象地域／資産　：　国内／株式
信託期間　：　無期限
基準価額　：　12,500円（１万口当たり）
決算日　：　年１回（９月20日）
運用管理費用（信託報酬）　：　0.55％（税込）
購入時手数料　：　なし
信託財産留保額　：　なし

※上記以外の条件は考慮せず、各問に従うこと。

《問4》 まず、Mさんは、X社株式の投資指標について説明した。MさんのAさんに対する説明として、次のうち最も適切なものはどれか。

1）「<X社に関する資料>から算出されるX社のＰＥＲ（株価収益率）は、8倍となります。一般に、ＰＥＲが高いほうが株価は割高、低いほうが株価は割安と判断されます」

2）「<X社に関する資料>から算出されるX社の配当利回りは20%となります。一般に、配当利回りが高い方が株主への利益の還元率が高いと判断されます」

3）「<X社に関する資料>から算出されるX社のＰＢＲ（株価純資産倍率）は、1.6倍となります。一般に、ＰＢＲが高いほうが株価は割安、低いほうが株価は割高と判断されます」

《問5》 次に、Mさんは、Y投資信託の費用について説明した。MさんのAさんに対する説明として、次のうち最も不適切なものはどれか。

1）「信託財産留保額は、投資信託の資産を売却する際に発生する手数料等を、投資信託を換金する投資家に負担してもらうことを目的として設定されているものですが、Y投資信託ではかかりません」

2）「Y投資信託のように購入時手数料を徴収しない投資信託は、一般に、ノーロードファンドと呼ばれ、新ＮＩＳＡのつみたて投資枠の対象となる公募株式投資信託の要件の１つとなっています 」

3）「運用管理費用（信託報酬）は、投資信託を保有する投資家が間接的に負担する費用であり、日々差し引かれます。一般に、Y投資信託のようなインデックス型投資信託は、アクティブ型投資信託よりも高めに設定される傾向があります」

《問6》 最後に、Mさんは、「新NISAのつみたて投資枠」についてアドバイスした。Mさんの A さんに対するアドバイスとして、次のうち最も不適切なものはどれか。

1）「新ＮＩＳＡのつみたて投資枠の年間投資上限額は120万円で、購入は定期かつ継続的な買付けを行う方法に限定されます」

2）「新ＮＩＳＡのつみたて投資枠を利用して購入した公募株式投資信託を解約した際に損失が生じた場合、その損失は、他の課税口座（特定口座など）の上場株式等の譲渡益と通算することができます」

3）「新ＮＩＳＡのつみたて投資枠の対象となる金融商品は、長期の積立・分散投資に適した一定の商品性を有する公募株式投資信託やＥＴＦとされ、上場株式や債券はつみたて投資枠の対象ではありません」

【第3問】 次の設例に基づいて、下記の各問（《問7》～《問9》）に答えなさい。

《設　例》

会社員のAさんは、妻Bさんおよび長男Cさんと地方都市での3人暮らしである。Aさんは、本年8月から老齢基礎年金を受給している。なお、Aさんの所有する学生向けアパートの賃貸収入は、稼動が悪く赤字である。これに関しての不動産所得の金額の前の「▲」は赤字であることを表している。

また、Aさんは、本年中にAさん自身に係る入院・手術・通院に係る医療費を支払ったため、医療費控除の適用を検討している。

＜Aさんとその家族に関する資料＞

Aさん　（65歳）　：　会社員

妻Bさん　（62歳）　：　本年中に、パートタイマーとして給与収入60万円を得ている。

長男Cさん（24歳）　：　大学院生。本年中の収入は一時的な家庭教師の40万円。

＜Aさんの本年分の収入等に関する資料＞

（1）給与収入の金額　：　1,000万円

（2）老齢基礎年金・老齢厚生年金の年金額　：　80万円

（3）不動産所得の金額　：　▲100万円（注）

（注）：土地等の取得に係る負債の利子が20万円ある

※妻Bさんおよび長男Cさんは、Aさんと同居し、生計を一にしている。

※Aさんとその家族は、いずれも障害者および特別障害者には該当しない。

※Aさんとその家族の年齢は、いずれも本年12月31日現在のものである。

※上記以外の条件は考慮せず、各問に従うこと。

《問7》 Aさんの本年分の所得税における総所得金額は、次のうちどれか。

1） 705万円
2） 725万円
3） 760万円

<資料>給与所得控除額

給与収入金額			給与所得控除額
万円超		万円以下	
	～	180	収入金額×40％－10万円（55万円に満たない場合は、55万円）
180	～	360	収入金額×30％＋8万円
360	～	660	収入金額×20％＋44万円
660	～	850	収入金額×10％＋110万円
850	～		195万円

《問8》 Aさんの本年分の所得税における所得控除に関する以下の文章の空欄①～③に入る数値の組合せとして、次のうち最も適切なものはどれか。

ⅰ)「妻Bさんの合計所得金額は（　①　）万円以下であるため、Aさんは配偶者控除の適用を受けることができます。Aさんが適用を受けることができる配偶者控除の控除額は、（　②　）万円です」
ⅱ)「Aさんが適用を受けることができる長男Cさんに係る扶養控除の控除額は、（　③　）万円です」

1） ① 48　② 38　③ 38
2） ① 38　② 13　③ 38
3） ① 103　② 26　③ 63

<資料>配偶者控除額の金額

居住者の合計所得金額			一般の控除対象配偶者	老人控除対象配偶者
万円超		万円以下		
	～	900	38万円	48万円
900	～	950	26万円	32万円
950	～	1,000	13万円	16万円

第3回目 実技試験
金財 個人資産相談業務

《問9》 Aさんの本年分の所得税における医療費控除に関する次の記述のうち、最も適切なものはどれか。

1）「Aさんが本年中に支払った医療費の金額の合計額が20万円を超えていない場合、医療費控除額は算出されません」

2）「Aさんは、本年中に支払った医療費の領収書を勤務先に提出することで、年末調整において医療費控除の適用を受けることができます」

3）「生命保険契約から支払われた入院給付金や健康保険から支給を受けた高額療養費がある場合は、支払った医療費の総額からそれらの金額を控除する必要があります」

【第4問】 次の設例に基づいて、下記の各問(《問10》～《問12》)に答えなさい。

《設　例》

会社員のAさん(58歳)の母親は、地方都市のH市在住であったが、本年7月22日に死亡した。母親が所有していたH市内の不動産のうち、自宅(Aさんの実家)および自宅に隣接する賃貸マンションを母親と同居していたAさんの兄が取得し、Aさんは月極駐車場として活用している甲土地を取得した。遺産分割協議は円滑に行われ、相続税の申告および納税は完了している。

先日、Aさんは、知人の不動産会社の社長から「飲食チェーンを展開するX社からH市内で駐車場を確保できる甲土地に出店したいと頼まれている。また、地元の中堅デベロッパーY社からは、住宅エリアとしても人気のある甲土地での等価交換方式によるマンション建設の提案を受けている。そのほかの可能性を含め、甲土地の有効活用を検討してみないか」とアドバイスを受けた。

<甲土地の概要>

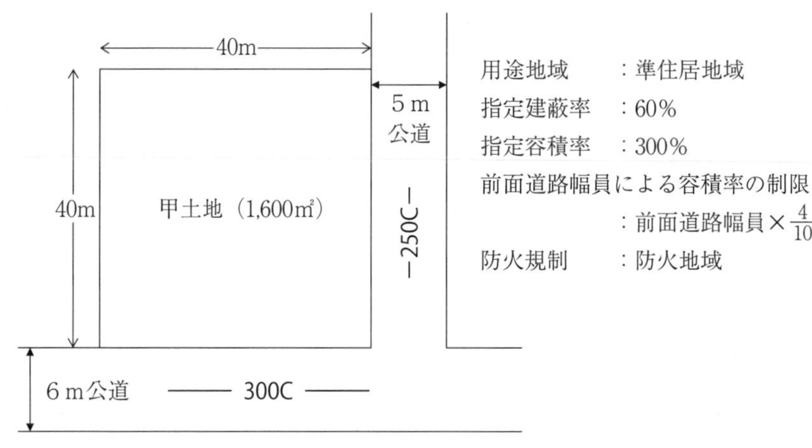

・甲土地は、建蔽率の緩和について特定行政庁が指定する角地である。
・指定建蔽率および指定容積率とは、それぞれ都市計画において定められた数値である。
・特定行政庁が都道府県都市計画審議会の議を経て指定する区域ではない。

※上記以外の条件は考慮せず、各問に従うこと。

第3回目 実技試験 金財 個人資産相談業務

《問10》 甲土地に賃貸マンション（耐火建築物）を建築する場合の①建蔽率の上限となる建築面積と②容積率の上限となる延べ面積の組合せとして、次のうち最も適切なものはどれか。

1） ① 1,120㎡　　② 4,800㎡
2） ① 1,120㎡　　② 3,840㎡
3） ① 1,280㎡　　② 3,840㎡

《問11》 「被相続人の居住用財産（空き家）に係る譲渡所得の特別控除の特例」（以下、「本特例」という）に関する以下の文章の空欄①～③に入る語句または数値の組合せとして、次のうち最も適切なものはどれか。

> ⅰ)「被相続人の居住用家屋およびその敷地を取得した相続人（Aさんの兄）が、本特例の適用を受けて、その家屋または敷地を譲渡した場合、最高（　①　）万円の特別控除の適用を受けることができます。本特例の対象となる家屋は、（　②　）年5月31日以前に建築されたもので、マンションなどの区分所有建物登記がされている建物は対象になりません」
> ⅱ)「本特例の適用を受けるためには、譲渡価額が（　③　）円以下であること、2027年12月31日までに行われる譲渡で相続開始日から同日以後3年を経過する日の属する年の12月31日までに譲渡することなど、所定の要件を満たす必要があります」

1） ① 1,000　　② 1971（昭和46）　　③ 1億
2） ① 3,000　　② 1981（昭和56）　　③ 1億
3） ① 3,000　　② 1991（平成3）　　③ 1億6,000万

《問12》 甲土地の有効活用に関する次の記述のうち、最も不適切なものはどれか。

1） 「建設協力金方式により、甲土地上に建築した店舗をテナントに貸し出す手法が考えられます。契約期間満了後、借主であるテナントが建物を撤去し、甲土地は更地で返還されます」
2） 「事業用定期借地権方式により、甲土地を一定期間賃貸する手法が考えられます。甲土地を手放さず、資金も不要で安定した地代収入を得ることができます」
3） 「等価交換方式により、マンションを建築する手法が考えられます。Aさんとしては、自己資金を使わず、マンション住戸を取得することができます」

【第5問】 次の設例に基づいて、下記の各問（《問13》～《問15》）に答えなさい。

《設　例》

非上場企業であるＸ株式会社（以下、「Ｘ社」という）の代表取締役社長であったＡさんは、本年12月ＸＸ日に病気により73歳で死亡した。

Ａさんは、自宅に自筆証書遺言を残していた。また、妻Ｂさんは、Ｘ社から死亡退職金5,000万円を受け取っている。

＜Ａさんの親族関係図＞

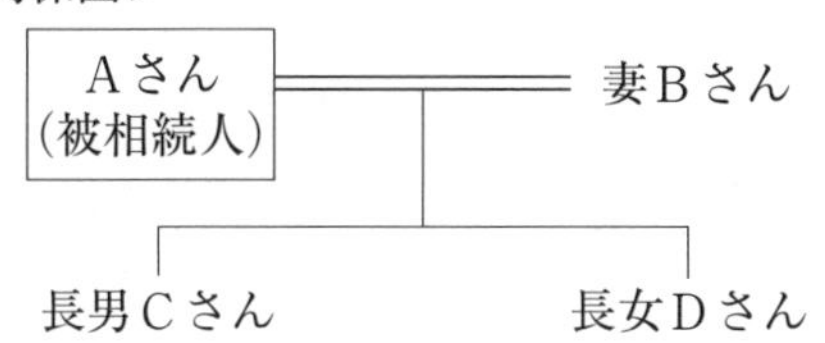

＜Ａさんの主な相続財産（みなし相続財産を含む）＞

現預金等　……………　8,000万円
自宅（敷地300㎡）…　6,000万円（「小規模宅地等についての相続税の課税価格の計算の特例」適用前の相続税評価額）
自宅（建物）…………　1,000万円（固定資産税評価額）
Ｘ社株式　…………　1億2,000万円（相続税評価額）
死亡退職金　…………　5,000万円

※上記以外の条件は考慮せず、各問に従うこと。

《問13》 Aさんの相続に関する次の記述のうち、最も不適切なものはどれか。

1）「本年分の所得税および復興特別所得税についてAさんが確定申告書を提出しなければならない場合に該当するとき、相続人は、原則として、相続の開始があったことを知った日の翌日から4カ月以内に準確定申告書を提出しなければなりません」

2）「自宅に保管されていたAさんの自筆証書遺言を相続人が発見した場合、相続人は、遅滞なく、自筆証書遺言を法務局に提出して、その検認を請求しなければなりません」

3）「相続税の申告書は、原則として、相続の開始があったことを知った日の翌日から10カ月以内に被相続人であるAさんの死亡時の住所地を所轄する税務署長に提出しなければなりません」

《問14》 Aさんの相続に関する以下の文章の空欄①～③に入る数値の組合せとして、次のうち最も適切なものはどれか。

ⅰ)「Aさんの相続における遺産に係る基礎控除額は、(　①　)万円です」

ⅱ)「妻Bさんが受け取った死亡退職金5,000万円のうち、相続税の課税価格に算入される金額は、(　②　)万円です」

ⅲ)「妻Bさんが自宅の敷地を相続により取得し、その敷地の全部について、特定居住用宅地等として『小規模宅地等についての相続税の課税価格の計算の特例』の適用を受けた場合、自宅の敷地（相続税評価額6,000万円）について、相続税の課税価格に算入すべき価額を（　③　）万円とすることができます」

1）① 4,200　② 1,500　③ 4,800

2）① 4,800　② 3,500　③ 1,200

3）① 4,800　② 1,500　③ 1,200

《問15》 Aさんの相続に係る課税遺産総額(「課税価格の合計額－遺産に係る基礎控除額」)が2億4,000万円であった場合の相続税の総額は、次のうちどれか。

1) 5,100万円
2) 5,300万円
3) 8,100万円

<資料>相続税の速算表(一部抜粋)

法定相続分に応ずる取得金額			税率	控除額
万円超		万円以下		
	～	1,000	10%	－
1,000	～	3,000	15%	50万円
3,000	～	5,000	20%	200万円
5,000	～	10,000	30%	700万円
10,000	～	20,000	40%	1,700万円
20,000	～	30,000	45%	2,700万円

2024年度
ファイナンシャル・プランニング技能検定・実技試験

金財
3級 保険顧客資産相談業務

試験時間 ◆ 60分

★ 注 意 ★

1. 本試験の出題形式は、三答択一式5題（15問）です。
2. 携帯電話、筆記用具、計算機は自席（パソコンブース）への持込みはできません。メモ用紙・筆記用具はテストセンターで貸し出されます。計算機については、試験画面上に表示される電卓を利用することができます。
3. 試験問題については、特に指示のない限り、2024年4月1日現在施行の法令等に基づいて解答してください。

FP試験対策プロジェクト

【第１問】 次の設例に基づいて、下記の各問（《問１》～《問３》）に答えなさい。

《設　例》

個人事業主であるＡさん（47歳）は、長男Ｂさん（19歳）と２人暮らしである。Ａさんは、老後の生活資金の準備を始めるために、老後の収入を増やすための各種制度について知りたいと考えている。また、今年20歳になる長男Ｂさんの国民年金保険料について、学生納付特例制度の利用を考えている。そこで、Ａさんは、ファイナンシャル・プランナーのＭさんに相談することにした。

<Ａさんとその家族に関する資料>

（１）Ａさん（19XX年４月７日生まれ・個人事業主）

20XX年９月

国民年金		
保険料未納期間	保険料納付済期間	保険料納付予定期間
36月	293月	151月

（20歳）　（47歳）　（60歳）

・国民健康保険に加入中

（２）長男Ｂさん（20XX年X月XX日生まれ・大学生）

・国民健康保険に加入中

※長男Ｂさんは、現在および将来においても、Ａさんと同居し、Ａさんと生計維持関係にあるものとする。

※家族全員、現在および将来においても、公的年金制度における障害等級に該当する障害の状態にないものとする。

※上記以外の条件は考慮せず、各問に従うこと。

《問１》 まず、Ｍさんは、国民年金の学生納付特例制度（以下、「本制度」という）について説明した。Ｍさんが、Ａさんに対して説明した以下の文章の空欄①～③に入る語句または数値の組合せとして、次のうち最も適切なものはどれか。

> 「本制度は、国民年金の第１号被保険者で大学等の所定の学校に在籍中の学生について、（　①　）の前年所得が一定額以下の場合、申請に基づき、国民年金保険料の納付を猶予する制度です。なお、本制度の適用を受けた期間は、老齢基礎年金の（　②　）されます。本制度の適用を受けた期間の保険料は、（　③　）年以内であれば、追納できます」

1）①　世帯主および学生本人　②　受給資格期間に算入　③　10
2）①　学生　②　受給資格期間に算入　③　10
3）①　世帯主　②　年金額に反映　③　2

《問2》 次に、Mさんは、老後の年金収入を増やすための各種方法について説明した。Mさんが、Aさんに対して説明した以下の文章の空欄①～③に入る語句の組合せとして、次のうち最も適切なものはどれか。

> ⅰ）『国民年金基金』
> 「国民年金基金は、老齢基礎年金に上乗せする年金を支給する任意加入の年金制度です。国民年金基金に拠出することができる掛金の限度額は、原則として、月額（　①　）となります。なお、国民年金基金の加入員は、国民年金の付加保険料を納付することができません」
> ⅱ）『付加保険料』
> 「Aさんは、所定の手続により、国民年金の定額保険料に加えて、月額400円の付加保険料を納付することができます。仮に、Aさんが付加保険料を120月納付し、65歳から老齢基礎年金を受け取る場合、老齢基礎年金の額に付加年金として（　②　）が上乗せされます」
> ⅲ）『小規模企業共済制度』
> 「小規模企業共済制度は、個人事業主が廃業等をした場合に必要となる資金を準備しておくための制度です。共済金（死亡事由以外）の受取方法には『一括受取り』『分割受取り』『一括受取り・分割受取りの併用』がありますが、このうち、『一括受取り』の共済金（死亡事由以外）は、税法上、（　③　）として課税の対象となります」

1）① 70,000円　② 48,000円　③ 一時所得
2）① 68,000円　② 48,000円　③ 退職所得
3）① 68,000円　② 24,000円　③ 退職所得

《問3》 最後に、Mさんは、確定拠出年金の個人型年金（以下、「個人型年金」という）について説明した。MさんのAさんに対する説明として、次のうち最も適切なものはどれか。

1）「個人型年金のメリットとして、税制の優遇措置が挙げられます。加入者が拠出する掛金は、その全額が個人年金保険料控除として所得控除の対象となります」

2）「Aさんのような国民年金第1号被保険者は個人型年金に年額276,000円まで掛金を支払うことができます」

3）「個人型年金の留意点として、加入時や運用期間中に各種の手数料がかかることや、年金資産の運用リスクは加入者が負うことなどが挙げられます」

【第２問】 次の設例に基づいて、下記の各問（《問４》～《問６》）に答えなさい。

《設　例》

会社員であるＡさん（40歳）は、妻Ｂさん（38歳）、子Ｃさん（０歳）の３人暮らしである。Ａさんは、住宅ローン（団体信用生命保険付）を返済中であり、現在、Ｘ生命保険の定期保険特約付終身保険に加入している。Ａさんは、健康に不安を覚えるようになり、介護保障を充実させたいと思っていたところ、Ｘ生命保険の営業担当者から下記の生命保険の提案を受けた。Ａさんは、月々の保険料負担が大きくなることが心配ではあるものの、提案を受けた生命保険が介護保障の充実したものであれば、加入してもよいと思っている。

そこで、Ａさんは、ファイナンシャル・プランナーのＭさんに相談することにした。

＜Ａさんが提案を受けたＸ生命保険の生命保険に関する資料＞

保険の種類：無配当終身介護保障保険（終身払込）

月払保険料：11,200円

契約者（＝保険料負担者）・被保険者・受取人：Ａさん

指定代理請求人：妻Ｂさん

主契約および特約の内容	保障金額	保険期間
終身介護保障保険（注１）	介護終身年金　年額80万円	終身
介護一時金特約（注１）	介護一時金　300万円	終身
認知症一時金特約（注２）	認知症一時金　300万円	終身
指定代理請求特約	－	－

（注１）公的介護保険制度の要介護２以上と認定された場合、または保険会社所定の要介護状態になった場合に支払われる（死亡保険金の支払はない）。

（注２）公的介護保険制度の要介護１以上と認定され、かつ、保険会社所定の認知症状態になった場合に支払われる（死亡保険金の支払はない）。

＜Ａさんが現在加入しているＸ生命保険の生命保険に関する資料＞

保険の種類：定期保険特約付終身保険（70歳払込満了）

契約年月日：20XX年９月１日／月払保険料：17,400円

契約者（＝保険料負担者）・被保険者：Ａさん／死亡保険金受取人：妻Ｂさん

主契約および特約の内容	保障金額	保険期間
終身保険	300万円	終身
定期保険特約	3,000万円	10年
傷害特約	500万円	10年
入院特約	１日目から日額10,000円	10年
成人病入院特約	１日目から日額10,000円	10年

※更新型の特約は、10年ごとの９月１日に同じ保障金額で更新している。

※上記以外の条件は考慮せず、各問に従うこと。

《問４》 はじめに、Ｍさんは、必要保障額の考え方について説明した。ＭさんのＡさんに対する説明として、次のうち最も不適切なものはどれか。

1）「Ａさんの必要保障額の計算上、住宅ローンの残債務は遺族に必要な生活資金等の支出の総額に含める必要があります」

2）「Ａさんのような会社員と個人事業主とでは、遺族が受け取る公的年金等の総額や、死亡退職金の有無など、必要保障額を計算する際の条件が異なります。他の条件が同じ場合、一般に、会社員よりも個人事業主のほうが、遺族年金の総額が少ないケースが多くなっています」

3）「必要保障額は、通常、末子誕生時が最大となり、その後、子どもの成長とともに逓減していきますので、期間の経過に伴って年金受取総額が逓減していく収入保障保険で死亡保障を準備することも１つの方法です」

《問5》 次に、Mさんは、生命保険の見直しについて説明した。MさんのAさんに対する説明として、次のうち最も適切なものはどれか。

1）「提案を受けた終身介護保障保険の保険料払込期間を有期払込にすることで、毎月の保険料負担は減少し、保険料の払込総額も少なくなります。月々の保険料負担を軽減するために有期払込を選択することをお勧めします」

2）「契約転換制度を活用して現在加入している定期保険特約付終身保険を転換し、介護保障を準備することもできます。転換後の保険料は転換時点の年齢・保険料率で計算されますが、転換することで、新規に加入する場合と比較し、保険料負担を抑えることができます」

3）「契約転換制度利用時には、告知や医師の診査等が不要のため、健康状態にかかわらず、保障内容を見直すことができます」

《問6》 最後に、Mさんは、Aさんが提案を受けた生命保険の課税関係について説明した。MさんのAさんに対する説明として、次のうち最も適切なものはどれか。

1）「提案を受けた生命保険の支払保険料は、生命保険料控除の一つである介護医療保険料控除の対象となります。介護医療保険料控除の控除限度額は、所得税で40,000円、住民税で28,000円です」

2）「Aさんが介護一時金を請求できない特別な事情がある場合、指定代理請求人である妻Bさんが Aさんに代わって請求することができます。妻Bさんが受け取る当該一時金は、一時所得として総合課税の対象となります」

3）「Aさんが当該生命保険から介護終身年金を受け取った場合、Aさんは所得税の確定申告をしなければなりません」

【第3問】 次の設例に基づいて、下記の各問（《問7》～《問9》）に答えなさい。

《設　例》

X株式会社（以下、「X社」という）の創業社長であるAさん（51歳）は、自身の退職金準備の方法や事業保障資金の確保の方法について検討しており、その2つに役立つような生命保険に加入しようと考えている。

そこで、Aさんは、生命保険会社の営業担当者であるファイナンシャル・プランナーのMさんに相談したところ、下記の<資料1><資料2>の生命保険の提案を受けた。

<資料1>

保険の種類	：	無配当定期保険（特約付加なし）
契約者（＝保険料負担者）	：	X社
被保険者	：	Aさん
死亡・高度障害保険金受取人	：	X社
死亡・高度障害保険金額	：	1億円
保険期間・保険料払込期間	：	70歳満了
年払保険料	：	90万円
最高解約返戻率	：	60％

※保険料の払込みを中止し、払済終身保険に変更することができる。
※所定の範囲内で、契約者貸付制度を利用することができる。

<資料2>

保険の種類	：	無配当総合医療保険(無解約返戻金型)
契約者(＝保険料負担者)	：	X社
被保険者	：	Aさん
給付金受取人	：	X社
入院給付金(日額)	：	10,000円
保険期間・保険料払込期間	：	終身
年払保険料	：	9万円

※入院中に公的医療保険制度の手術料の算定対象となる所定の手術を受けた場合は入院日額の20倍、所定の外来手術を受けた場合は入院日額の5倍が手術給付金として支払われる。

※上記以外の条件は考慮せず、各問に従うこと。

《問7》 仮に、将来X社がAさんに役員退職金4,000万円を支給した場合、Aさんが受け取る役員退職金に係る退職所得の金額として、次のうち最も適切なものはどれか。なお、Aさんの役員在任期間（勤続年数）を36年とし、これ以外に退職手当等の収入はなく、障害者になったことが退職の直接の原因ではないものとする。

1） 740万円

2） 1,040万円

3） 1,920万円

《問8》 Mさんは<資料1>の生命保険について説明した。MさんのAさんに対する説明として、次のうち最も不適切なものはどれか。

1）「当該生命保険の第1回保険料払込時の支払保険料90万円のうち、前払保険料36万円を資産に計上し、残りの54万円は定期保険料として損金の額に算入することができます」

2）「当該生命保険から死亡保険金をX社が受け取った場合、資産計上額との差額を雑収入として益金の額に算入します」

3）「当該生命保険の単純返戻率（解約返戻金額÷払込保険料累計額）は、保険始期から徐々に上昇し、保険期間満了直前にピークを迎え、保険期間終了時には急激に減少し、ゼロとなります」

《問9》 Mさんは<資料2>の医療保険について説明した。MさんのAさんに対する説明として、次のうち最も不適切なものはどれか。

1）「Aさんが入院し、X社が受け取った入院給付金は、その全額が非課税となります」

2）「Aさんが入院中に公的医療保険制度の手術料の算定対象となる所定の手術を受けた場合には20万円、所定の外来手術を受けた場合には5万円の手術給付金が支払われます」

3）「当該生命保険の支払保険料は、その全額を損金に算入することができます」

【第4問】 次の設例に基づいて、下記の各問（《問10》～《問12》）に答えなさい。

《設　例》

会社員のＡさんは、妻Ｂさんおよび長女Ｃさんとの３人家族である。Ａさんは、本年中に一時払変額個人年金保険（10年確定年金）の解約返戻金510万円を受け取っている。また、Ａさんは、これまで本年中に解約した一時払変額個人年金保険以外の生命保険に加入したことはなかったが、医療保障の必要性を感じ、本年３月にＸ生命保険の終身医療保険に加入した。

なお、Ａさんはふるさと納税を利用し、６つの地方自治体に対して合計12万円の寄附を行っている。

＜Ａさんとその家族に関する資料＞

Ａさん　　（50歳）　：　会社員

妻Ｂさん　（47歳）　：　専業主婦。本年中の収入はない。

長女Ｃさん（17歳）　：　高校生。本年中の収入はない。

＜Ａさんの本年分の収入等に関する資料＞

（1）給与収入の金額　：　700万円

（2）一時払変額個人年金保険（10年確定年金）の解約返戻金

契約年月　：　2015年３月

契約者（＝保険料負担者）・被保険者　：　Ａさん

死亡保険金受取人　：　妻Ｂさん

解約返戻金額　：　510万円

正味払込保険料　：　400万円

＜Ａさんが本年中に支払った生命保険の保険料に関する資料＞

保険の種類　：　終身医療保険（死亡保障なし）

契約年月　：　本年３月

契約者（＝保険料負担者）・被保険者・給付金受取人　：　Ａさん

年間正味払込保険料　：　100,000円

※妻Ｂさんおよび長女Ｃさんは、Ａさんと同居し、生計を一にしている。

※Ａさんとその家族は、いずれも障害者および特別障害者には該当しない。

※Ａさんとその家族の年齢は、いずれも本年12月31日現在のものである。

※上記以外の条件は考慮せず、各問に従うこと。

《問10》 Aさんの本年分の所得税における総所得金額は、次のうちどれか。

1） 550万円
2） 575万円
3） 580万円

＜資料＞給与所得控除額

給与収入金額			給与所得控除額
万円超		万円以下	
	～	180	収入金額×40％－10万円（55万円に満たない場合は、55万円）
180	～	360	収入金額×30％＋8万円
360	～	660	収入金額×20％＋44万円
660	～	850	収入金額×10％＋110万円
850	～		195万円

《問11》 Aさんの本年分の所得税における所得控除の控除額に関する以下の文章の空欄①～③に入る数値の組合せとして、次のうち最も適切なものはどれか。

ⅰ）「Aさんが適用を受けることができる配偶者控除の控除額は、（ ① ）万円です」
ⅱ）「Aさんが適用を受けることができる扶養控除の控除額は、（ ② ）万円です」
ⅲ）「Aさんが適用を受けることができる基礎控除の控除額は、（ ③ ）万円です」

1） ① 48 ② 38 ③ 48
2） ① 48 ② 48 ③ 38
3） ① 38 ② 38 ③ 48

《問12》 Aさんの本年分の所得税の課税等に関する次の記述のうち、最も適切なものはどれか。

1）「総所得金額に算入される一時所得の金額が20万円を超えるため、Aさんは所得税の確定申告が必要です」

2）「Aさんは、所得税の確定申告をすると、ふるさと納税で寄附した12万円の全額について、本年分の所得税額から控除されます」

3）「Aさんが生命保険料控除として総所得金額から控除することができる金額は5万円です」

【第5問】 次の設例に基づいて、下記の各問（《問13》～《問15》）に答えなさい。

《設　例》

Aさん（72歳）は、X市内で長女Cさん（38歳）の近所に1人で住んでいる。長女Cさんは、X市役所に公務員として勤務している。また、長男Dさん（37歳）は、県外で会社員として働いており、X市に戻る予定はない。なお、妻Bさんは既に死亡している。

Aさんは、普段から身の回りの世話をしてくれる長女Cさんに対して、現金の贈与をしたいと考えている。

また、長女Cさんと長男Dさんの関係は悪くないものの、Aさんは、自身の相続が起こった際に遺産分割で争いが生じるのではないかと心配している。

＜Aさんの親族関係図＞

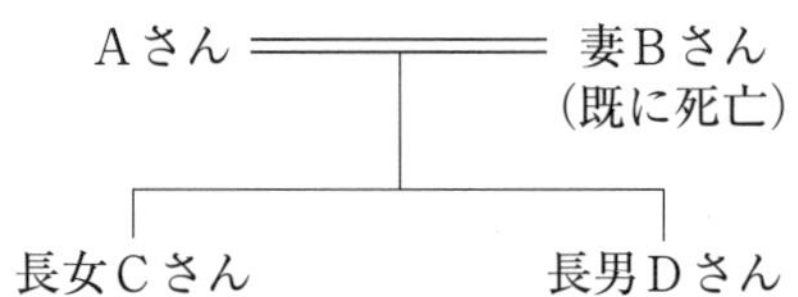

＜Aさんの推定相続人＞

長女Cさん　：　公務員。Aさんの近所に住んでいる。

長男Dさん　：　会社員。妻と子2人で戸建て住宅（持家）に住んでいる。

＜Aさんの主な所有財産（相続税評価額）＞

現預金	：	8,000万円
自宅（敷地300㎡）	：	8,000万円（注）
自宅（建物）	：	500万円（1981年5月31日以前に建築された戸建て住宅）

（注）「小規模宅地等についての相続税の課税価格の計算の特例」適用前の金額

※上記以外の条件は考慮せず、各問に従うこと。

《問13》 本年中の生前贈与に関する次の記述のうち、最も適切なものはどれか。

1）「Aさんが長女Cさんに現金を贈与し、長女Cさんが暦年課税を選択した場合、その年にAさんから長女Cさんへ贈与した財産の価額が贈与税の基礎控除額を超えるときは、贈与したAさんが贈与税の申告書を提出しなければなりません」

2）「Aさんが長女Cさんに現金を贈与し、長女Cさんが相続時精算課税制度を選択した場合、その選択をした年分以降にAさんから長女Cさんへ贈与する財産について、暦年課税へ変更することはできません」

3）「Aさんが長女Cさんに現金を贈与し、長女Cさんが相続時精算課税制度を選択した場合、特別控除額として累計で2,000万円までの贈与について贈与税は課されません」

《問14》 Aさんの相続等に関する次の記述のうち、最も適切なものはどれか。

1）「仮にAさんに相続が発生し、Aさんの自宅（実家）を相続により取得した長女Cさんまたは長男Dさんが、『被相続人の居住用財産（空き家）に係る譲渡所得の特別控除の特例』の適用を受けて、その財産を譲渡した場合、最高1,000万円の特別控除の適用を受けることができます」

2）「契約者（＝保険料負担者）および被保険者をAさん、死亡保険金受取人を推定相続人とする終身保険に加入することをお勧めします。死亡保険金受取人が受け取る死亡保険金は、『500万円×法定相続人の数』を限度として、死亡保険金の非課税金額の規定の適用を受けることができます」

3）「遺産分割を円滑に行うために遺言書の作成をお勧めします。自筆証書遺言は、その遺言の全文および財産目録をパソコンで作成し、日付および氏名を自書して押印することで作成することができます」

《問15》 仮に、長男Dさんが暦年課税（各種非課税制度の適用はない）により、本年中に Aさんから現金500万円の贈与を受けた場合の贈与税額は、次のうちどれか。

1） 48.5万円

2） 68.5万円

3） 70万円

＜資料＞贈与税の速算表（一部抜粋）

基礎控除後の課税価格			特例贈与財産		一般贈与財産	
			税率	控除額	税率	控除額
万円超		万円以下				
	～	200	10%	－	10%	－
200	～	300	15%	10万円	15%	10万円
300	～	400	15%	10万円	20%	25万円
400	～	600	20%	30万円	30%	65万円

2024年度
ファイナンシャル・プランニング技能検定・実技試験

日本FP協会

3級　資産設計
提案業務

試験時間◆60分

★ 注　意 ★

① 問題数は20問、解答はすべて三肢択一式です。
② 試験問題については、特に指示のない限り、2024年4月1日現在施行の法令等に基づいて解答してください。なお、東日本大震災の被災者等に対する各種特例等については考慮しないものとします。
③ 携帯電話、筆記用具、計算機は自席（パソコンブース）への持込みはできません。メモ用紙・筆記用具はテストセンターで貸し出されます。計算機については、試験画面上に表示される電卓を利用することができます。

FP試験対策プロジェクト

問1

公表された他人の著作物を自分の著作物に引用する場合に気をつけるべき事項に関する次の記述のうち、最も不適切なものはどれか。

1．自らが作成する部分と引用する部分を区別して記述し、自らが作成する部分が「主」で、引用する部分が「従」となる内容にした。
2．引用する著作物のタイトルと著作者名を明記した。
3．民間の新聞社が発行する記事を自らが主催する無料のセミナーや勉強会で配付する場合であれば、新聞社の許諾を得る必要はない。

問2

下記は、A家のキャッシュフロー表（一部抜粋）である。このキャッシュフロー表の空欄（ア）～（ウ）に入る数値とその求め方として、最も適切なものはどれか。なお、計算に当たっては、キャッシュフロー表中に記載の整数を使用し、計算結果は万円未満を四捨五入すること。

＜A家のキャッシュフロー表＞ （単位：万円）

経過年数			基準年	1年	2年	3年
家族・年齢	A	本人	40歳	41歳	42歳	43歳
	B	妻	37歳	38歳	39歳	40歳
	C	長女	6歳	7歳	8歳	9歳
	D	二女	2歳	3歳	4歳	5歳
ライフイベント		変動率		C 小学校入学	住宅購入	
収入	給与収入(夫)	1%	380			391
	給与収入(妻)	−	80	80	80	
	収入合計	−	460			
支出	基本生活費	1%	182		（ ア ）	
	住宅関連費	−	117	117		135
	教育費	−	42	45		
	保険料	−	32	32	32	32
	一時的支出	−			1,300	
	その他支出	−	10	10	10	10
	支出合計	−	383	388		417
年間収支			（ イ ）		▲1,232	54
金融資産残高		1%	1,462		335	（ ウ ）

※年齢および金融資産残高は各年12月31日現在のものとし、本年を基準年とする。
※給与収入は可処分所得で記載している。
※記載されている数値は正しいものとする。
※問題作成の都合上、一部空欄にしてある。

1．空欄（ア）：「182×（1＋0.01）^{2}≒186」
2．空欄（イ）：「383－460＝▲77」
3．空欄（ウ）：「（335＋54）×（1＋0.01）≒393」

問3

下記＜資料＞に基づくＭＮ株式会社の投資指標に関する次の記述のうち、最も適切なものはどれか。なお、購入時の手数料および税金は考慮しないこととし、計算結果については表示単位の小数点以下第３位を四捨五入すること。

＜資料：ＭＮ株式会社に関するデータ＞

株価	３,０００円
１株当たり純利益（今期予想）	３００円
１株当たり純資産	２,４００円
１株当たり年間配当金（今期予想）	９０円

1．株価純資産倍率（ＰＢＲ）は、０.８倍である。
2．配当性向は、３０％である。
3．配当利回りは、３.７５％である。

問4

下記は、一般的な証券取引所に上場しているＥＴＦ（上場投資信託）とＪ－ＲＥＩＴ（上場不動産投資信託）および公募株式投資信託（非上場）の特徴についてまとめた表である。下表の空欄（ア）～（ウ）にあてはまる語句に関する次の記述のうち、最も適切なものはどれか。

	ＥＴＦ（上場投資信託）	Ｊ－ＲＥＩＴ（上場不動産投資信託）	一般的な公募株式投資信託（非上場）
取引・購入窓口	証券会社等	（　ア　）	各投資信託を取り扱う証券会社や銀行などの販売会社
取引価格	市場での取引価格	市場での取引価格	（　イ　）
購入時の手数料	（　ウ　）	（　ウ　）	投資信託によって、販売会社ごとに異なる手数料率を適用

1．空欄（ア）に入る語句は、「信託銀行」である。
2．空欄（イ）に入る語句は、「基準価額」である。
3．空欄（ウ）に入る語句は、「証券取引所が定めた手数料率を一律に適用」である。

問5

会社員の吉田さんは、ＦＰの清水さんに、新ＮＩＳＡの成長投資枠およびつみたて投資枠について質問をした。次の清水さんの回答のうち、最も不適切なものはどれか。

1．「新ＮＩＳＡの成長投資枠やつみたて投資枠で売却損が出た場合、特定口座で生じた売却益などと相殺することができません。」
2．「新ＮＩＳＡの成長投資枠は、上場株式を投資対象とすることができます。」
3．「新ＮＩＳＡの成長投資枠やつみたて投資枠は、個人向け国債を投資対象とすることができます。」

問6

不動産の取得・保有に係る税金について、下表の空欄（ア）～（ウ）にあてはまる語句の組み合わせとして、最も適切なものはどれか。

税の種類	登録免許税	不動産取得税	固定資産税
課税主体	（　ア　）	＊＊＊	＊＊＊
納税義務者	登記を受ける者	不動産の取得者	毎年（　イ　）現在の固定資産の所有者
課税標準	＊＊＊	（　ウ　）	＊＊＊

※問題作成の都合上、一部を「＊＊＊」としている。

1．（ア）都道府県　（イ）4月1日　（ウ）取得価額
2．（ア）市町村　（イ）1月1日　（ウ）固定資産税評価額
3．（ア）国　（イ）1月1日　（ウ）固定資産税評価額

問7

建築基準法に従い、下記<資料>の土地に建築物を建築する場合、その土地に対する建築物の建築面積の最高限度として、正しいものはどれか。なお、記載のない条件については一切考慮しないこととする。

<資料>

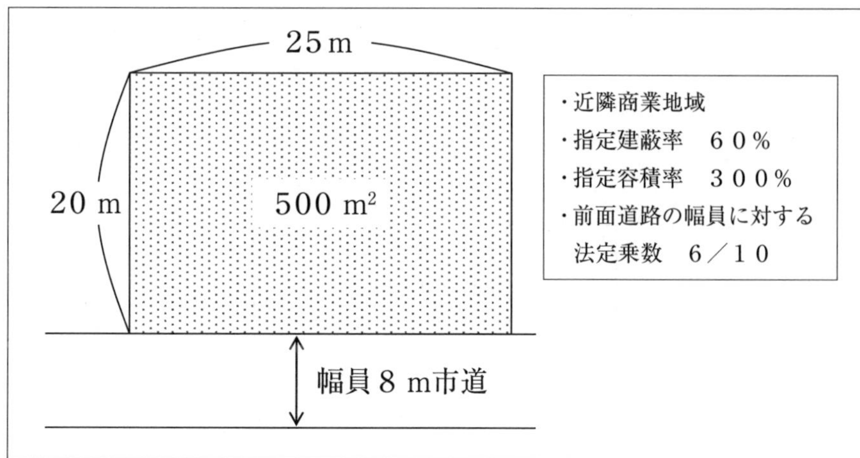

1.　　300㎡
2.　1,500㎡
3.　1,800㎡

第3回目 実技試験

日本FP協会 資産設計提案業務

問8

中田さんは、下記<資料>の新築分譲物件の購入を検討している。この物件の購入金額（消費税を含んだ金額）として、正しいものはどれか。なお、<資料>に記載されている金額は消費税を除いた金額であり、消費税率は１０％として計算すること。また、売買に係る諸経費については一切考慮しないこととする。

<資料>

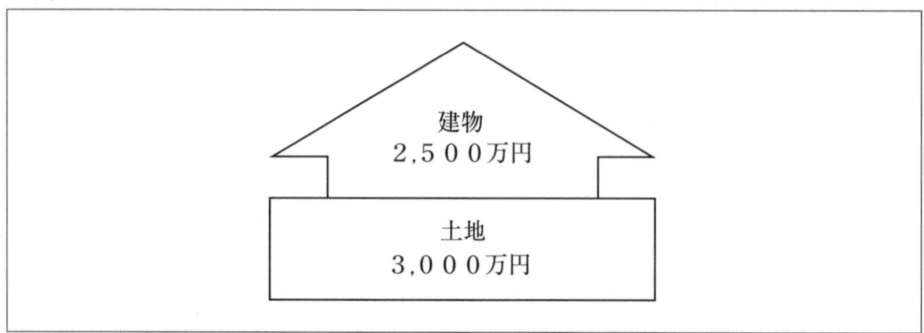

1．　5,７５０万円
2．　5,８００万円
3．　6,０５０万円

問9

古賀秀紀さんが加入している生命保険（下記＜資料＞参照）の保障内容に関する次の記述の空欄（ア）にあてはまる金額として、正しいものはどれか。なお、保険契約は有効に継続しているものとし、特約は自動更新されているものとする。また、秀紀さんはこれまでに＜資料＞の保険から保険金および給付金を一度も受け取っていないものとする。

＜資料＞

保険証券記号番号
○○△△××□□

定期保険特約付終身保険

保険契約者	古賀　秀紀　様		保険契約者印
被保険者	古賀秀紀 様 契約年齢 ３２歳 １９××年８月３日生まれ　男性		古賀
受取人	（死亡保険金） 古賀　朝子 様（妻）	受取割合 １０割	

◇契約日（保険期間の始期）
２０××年３月１日

◇主契約の保険期間
終身

◇主契約の保険料払込期間
６０歳払込満了

◆ご契約内容

終身保険金額（主契約保険金額）	３００万円
定期保険特約保険金額	1,０００万円
特定疾病保障定期保険特約保険金額	1,０００万円
傷害特約保険金額	３００万円
災害入院特約［本人・妻型］入院５日目から	日額5,０００円
疾病入院特約［本人・妻型］入院５日目から	日額5,０００円

不慮の事故や疾病により所定の手術を受けた場合、手術の種類に応じて手術給付金（入院給付金日額の１０倍・２０倍・４０倍）を支払います。
※妻の場合は、本人の給付金の６割の日額となります。

生活習慣病入院特約	入院５日目から 日額5,０００円
リビング・ニーズ特約	

◆お払い込みいただく合計保険料

毎回　××,×××円

［保険料払込方法（回数）］
団体月払い

◇社員配当金支払方法
利息をつけて積立て

◇特約の払込期間および保険期間
１０年

古賀秀紀さんが、本年中に交通事故により即死した場合に支払われる死亡保険金は、合計（　ア　）である。

1.　1,３００万円
2.　1,６００万円
3.　2,６００万円

問１０

損害保険の保険種類と事故の内容について記述した下表１～３のうち、対応する保険で補償の対象となるものはどれか。なお、記載のない事項については一切考慮しないこととする。

	保険種類	事故の内容
1	個人賠償責任保険（特約）	被保険者が仕事で自転車を使用中に、誤って歩行者と接触し、ケガをさせてしまい、損害賠償責任を負った。
2	住宅火災保険	噴火により保険対象である建物に噴石が落下し、屋根に穴が開いた。
3	普通傷害保険	勤務先の工場内で、仕事中にヤケドを負い、治療のために通院した。

問１１

２人とも会社員である瀬古さん夫妻が加入している生命保険は下表のとおりである。下表の契約Ａ～Ｃについて、保険金が支払われた場合の課税関係に関する次の記述のうち、最も適切なものはどれか。

	保険種類	契約者（保険料負担者）	被保険者	死亡保険金受取人	年金受取人
契約Ａ	特定疾病保障保険	妻	妻	夫	－
契約Ｂ	終身保険	夫	妻	子	－
契約Ｃ	個人年金保険	夫	夫	妻	夫

1．契約Ａについて、被保険者である妻が受け取った特定疾病保険金は一時所得として所得税の課税対象となる。
2．契約Ｂについて、子が受け取った死亡保険金は相続税の課税対象となる。
3．契約Ｃについて、夫が受け取った年金は雑所得として所得税の課税対象となる。

問12

会社員の内田純さんが本年中に支払った医療費等が下記<資料>のとおりである場合、純さんの本年分の所得税の確定申告における医療費控除の金額として、正しいものはどれか。なお、純さんの本年分の所得は給与所得650万円のみであり、支払った医療費等はすべて純さんおよび生計を一にする妻のために支払ったものである。また、医療費控除の金額が最も大きくなるよう計算することとし、「特定一般用医薬品等購入費を支払った場合の医療費控除の特例」は考慮しないこととする。

<資料>

支払年月	医療等を受けた人	内容	支払金額
本年1月	純さん	人間ドック代（※）	50,000円
本年2月～3月	純さん	入院費用（※）	300,000円
本年8月	妻	健康増進のためのビタミン剤の購入代	30,000円
本年9月	妻	風邪のための市販の風邪薬の購入代	3,000円

（※）人間ドックの結果、重大な疾病が発見され同年2月より治療のため入院した。この入院により医療保険による給付金を8万円受給している。

1.　173,000円
2.　253,000円
3.　273,000円

問13

菊地さんは、２２年前に購入し、現在居住している自宅の土地および建物を売却する予定である。売却に係る状況が下記＜資料＞のとおりである場合、所得税における課税長期譲渡所得の金額として、正しいものはどれか。

＜資料＞

・譲渡価額（合計）：６,０００万円 ・取得費（合計）：不明 ・譲渡費用（合計）：２００万円 ※居住用財産を譲渡した場合の３,０００万円特別控除の特例の適用を受けるものとする。 ※所得控除は考慮しないものとする。

1．　２,２００万円
2．　２,５００万円
3．　２,８００万円

問14

相続開始後の各種手続きにおいて、下記<資料>の空欄（ア）、（イ）にあてはまる語句の組み合わせとして、正しいものはどれか。なお、記載のない事項については一切考慮しないこととする。

<資料>

手続きの種類	手続きの期限
相続の放棄または限定承認	相続の開始を知った時から（　ア　）以内に家庭裁判所に申述書を提出
相続税の申告と納付	相続の開始を知った日の翌日から（　イ　）以内に被相続人の死亡時の住所地の所轄税務署長に提出

1．（ア）1ヵ月　（イ）　4ヵ月
2．（ア）3ヵ月　（イ）　4ヵ月
3．（ア）3ヵ月　（イ）10ヵ月

問15

本年10月24日に相続が開始された高山大介さん（被相続人）の<親族関係図>が下記のとおりである場合、民法上の相続人および法定相続分の組み合わせとして、正しいものはどれか。なお、記載のない条件については一切考慮しないこととする。

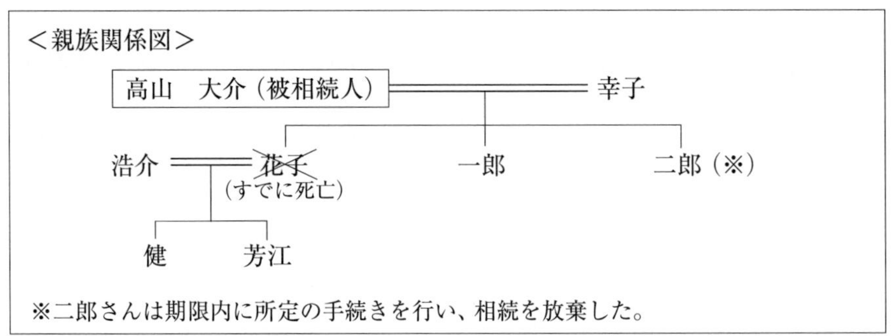

1．幸子　1／2　　一郎　1／2

2．幸子　1／2　　一郎　1／4　　健　1／8　　芳江　1／8

3．幸子　1／2　　一郎　1／6　　健　1／6　　芳江　1／6

問16

香川新太郎さん（５５歳）は、夫婦間で居住用不動産の贈与、父（８０歳）からは相続時精算課税制度による贈与を考えている。居住用不動産の贈与については贈与税の配偶者控除、父からの贈与については相続時精算課税制度の活用について、ＦＰで税理士でもある徳島さんの回答の空欄（ア）～（オ）に当てはまる数値に関する記述として、最も不適切なものはどれか。

＜贈与税の配偶者控除に関する徳島さんの回答＞

「配偶者との婚姻期間が（　ア　）年以上あること等の所定の要件を満たす場合、基礎控除（　イ　）万円とは別に最高（　ウ　）万円の控除を受けることができます。」

＜相続時精算課税制度に関する徳島さんの回答＞

「原則として、贈与をした年の１月１日において、贈与者である親や祖父母が６０歳以上、受贈者である子や孫が１８歳以上である場合、最大（　エ　）万円の特別控除の適用を受けることができ、２０２４年以降は、特別控除前に、受贈者ごとに年間（　イ　）万円を控除できます。なお、（　イ　）万円と（　エ　）万円の特別控除を差し引いた後の金額に対して（　オ　）%の税率により贈与税が課税されます。」

1．（ア）と（オ）は「２０」が入る。
2．（ウ）と（エ）は「2，０００」が入る。
3．（イ）は「１１０」が入る。

第3回目 実技試験

日本FP協会 資産設計提案業務

問17

＜設例＞

福井大介さんは株式会社ＭＮに勤める会社員である。２０ＸＸ年７月に第一子が生まれたこともあり、今後の生活設計についてＦＰで税理士でもある中村さんに相談をした。なお、下記のデータはいずれも本年９月１日現在のものである。

[保有財産（時価）]　　　　　　　　　（単位：万円）

金融資産	
普通預金	２００
定期預金	２５０
財形住宅貯蓄	３００
生命保険（解約返戻金相当額）	５０

[負債残高]

なし

[マイホーム：資金計画]

大介さんは、5,０００万円のマンションの購入を検討しており、民間金融機関で4,４００万円の住宅ローンを組む予定である。マンション購入の頭金は６００万円とし、その内訳は、財形住宅貯蓄３００万円、定期預金２５０万円、親から受ける贈与５０万円である。

[その他]

上記以外については、各設問において特に指定のない限り一切考慮しないこととする。

ＦＰの中村さんは、資金計画のとおりマンションを購入した後の福井家のバランスシートを試算してみた。下表の空欄（ア）にあてはまる金額として、正しいものはどれか。なお、＜設例＞に記載のあるデータに基づいて解答することとする。

＜福井家の（マンション購入後の）バランスシート＞　　　　（単位：万円）

[資産]		[負債]	
金融資産		住宅ローン	×××
普通預金	×××		
定期預金	×××	負債合計	×××
財形住宅貯蓄	×××		
生命保険（解約返戻金相当額）	×××	[純資産]	（　ア　）
不動産（自宅マンション）	×××		
資産合計	×××	負債・純資産合計	×××

1.　８００（万円）
2.　８５０（万円）
3.　９００（万円）

問18

福井さんは、今後１５年間で積立貯蓄をして、長女の教育資金として５００万円を準備したいと考えている。積立期間中に年利２.０％で複利運用できるものとした場合、５００万円を準備するために必要な毎年の積立金額として、正しいものはどれか。なお、下記<資料>の３つの係数の中から最も適切な係数を選択して計算し、解答に当たっては、千円未満を切り上げること。また、税金や記載のない事項については一切考慮しないこととする。

<資料：係数早見表（年利２.０％）>

	現価係数	減債基金係数	資本回収係数
１５年	０.７４３０１	０.０５７８３	０.０７７８３

※記載されている数値は正しいものとする。

1. ２８９,０００円
2. ２９０,０００円
3. ３９０,０００円

問19

福井さんは、病気やケガで働けなくなった場合を考え、健康保険の傷病手当金についてＦＰの中村さんに質問をした。健康保険（全国健康保険協会管掌健康保険）の傷病手当金に関する中村さんの次の説明のうち、最も不適切なものはどれか。

1. 「傷病手当金は、休業１日につき『直近の継続した被保険者期間１２カ月の標準報酬月額の平均額÷３０』の６０％相当額を受け取ることができます。」
2. 「傷病手当金は、療養のため労務に服することができないことが支給の要件とされ、入院に限らず自宅療養であっても受け取ることができます。」
3. 「傷病手当金は、療養のため連続して３日間休業した場合に、４日目以降の休業した日について受け取ることができます。」

問20

福井大介さんの公的年金加入歴は下記のとおりである。万一、大介さんが現時点（３６歳）で死亡した場合、大介さんの死亡時点において妻の千秋さんに支給される公的年金の遺族給付に関する次の記述のうち、最も適切なものはどれか。なお、大介さんは、入社時（２３歳）から死亡時まで厚生年金保険に加入しているものとし、遺族給付における生計維持要件は満たされているものとする。

［家族構成（同居家族）］

氏名	続柄	生年月日	年齢	職業
福井　大介	本人	１９XX年　6月１０日	３６歳	会社員
千秋	妻	１９XX年　8月２６日	３３歳	専業主婦
歩美	長女	２０XX年　7月　8日	1歳	

＜公的年金加入歴＞

国民年金（学生納付特例による保険料免除）	国民年金（保険料納付済）	厚生年金保険
▲２０歳	▲２２歳	▲２３歳　…　▲３６歳（死亡）

1．遺族厚生年金と寡婦年金が支給される。
2．遺族基礎年金と死亡一時金が支給される。
3．遺族基礎年金と遺族厚生年金が支給される。

●重要度のＡＢＣは、以下の分析結果からランキングしています

2021年１月～2024年１月までの10回の試験

Ａ：６回以上

Ｂ：３～５回

Ｃ：２回以下

FP3級 予想模試

第1回目 力試し編

学科試験 …… 202
実技試験 金財　個人資産相談業務 …… 218
実技試験 金財　保険顧客資産相談業務 …… 226
実技試験 日本FP協会　資産設計提案業務 …… 236

第2回目 確認編

学科試験 …… 246
実技試験 金財　個人資産相談業務 …… 260
実技試験 金財　保険顧客資産相談業務 …… 270
実技試験 日本FP協会　資産設計提案業務 …… 280

第3回目 仕上げ編

学科試験 …… 288
実技試験 金財　個人資産相談業務 …… 302
実技試験 金財　保険顧客資産相談業務 …… 310
実技試験 日本FP協会　資産設計提案業務 …… 318

※各試験解答解説の後ろに「解答・論点一覧」があります。苦手克服に役立てましょう！

第1回目 学科試験

【正誤式問題】

問1 正解：✕
重要度 A

税理士でない者は、税務代理、税務書類の作成、個別具体的な税務相談は、**無償でもできません**。

問2 正解：✕
重要度 C

遺族基礎年金を受給することができる遺族は、所定の要件を満たす「**子のある配偶者**」または「**子**」です。

問3 正解：◯
重要度 B

雇用保険の被保険者となる者は、原則として１週間の所定労働時間が**20時間以上かつ31日以上雇用見込み**であることが要件となっています。

問4 正解：◯
重要度 A

おまけ！ 最も遅くて75歳時に受給開始しなければなりません。

問5 正解：◯
重要度 B

フラット35は民間金融機関が提供する住宅ローンであるため、**利率は各金融機関が定めています**。

問6 **正解：◯** 重要度 C

失火責任法の規定により、**軽過失**の**失火**により隣家を焼失した場合、隣家に対して**損害賠償責任を負いません**。なお、「**故意・重過失**」「**ガス爆発**」の場合や「**借家の家主**」に対しては**損害賠償責任**を負います。

問7 **正解：✕** 重要度 A

純保険料は予定利率と予定**死亡率**、**付加保険料**は予定**事業費率**に基づいて計算されます。

問8 **正解：✕** 重要度 B

死亡保険金を**年金**で受け取る場合、一時金で受け取るべき保険金を**先送り**する分、**受取額は多く**なります。

問9 **正解：◯** 重要度 C

被保険者が受け取る入院給付金、手術給付金、通院給付金、特定疾病保険金、リビング・ニーズ特約保険金、高度障害保険金等は**非課税**となります。

問10 **正解：✕** 重要度 B

自賠責保険の支払限度額は、被害者1名当たり、死亡3,000万円、後遺障害4,000万円、傷害は死亡・後遺障害と別枠で**120万円**となります。

問11 **正解：✕** 重要度 C

外国通貨の金利が上昇し、日本の金利が低くなることは、**外国通貨の魅力**が高まるので、一般に**外貨高・円安**の要因と考えられます。

問12 **正解：◯** 重要度 **C**

おまけ！ 分配金、売却益の税制も上場株式と同様です。

問13 **正解：✕** 重要度 **A**

格付けが引き下げられる（信用度が下がる）と**債券価格は下落**します。債券価格が下落した分、安く購入できるため、**利回りは上昇**します。

問14 **正解：◯** 重要度 **A**

配当利回り（%）は「**1株当たり年間配当金÷株価×100**」で求めます。
12円÷1,200円×100＝1%。

問15 **正解：◯** 重要度 **B**

おまけ！ 円建ての普通預金や定期預金は1預金者あたり元本1,000万円と利子まで保護されます。ただし、**外貨預金は保護対象外**です。

問16 **正解：✕** 重要度 **B**

贈与税は原則、**個人から個人への贈与**に対して課税されます。
なお、**法人から個人**への贈与は、**所得税**の対象となります。

問17 **正解：✕** 重要度 **B**

通勤手当は月額**15万円**を限度に非課税とされます。

問18 正解：○

重要度 B

不動産の貸付は**事業規模にかかわらず不動産所得**です。なお、不動産の売却に係る所得は譲渡所得です。

問19 正解：×

重要度 B

納税者本人の合計所得金額が2,400万円以下であれば、基礎控除額は**48万円**となりますが、2,450万円以下の場合は32万円、2,500万円以下の場合は16万円と段階的に少なくなり、2,500万円を超えると適用できません。

問20 正解：○

重要度 B

社会保険料控除は、納税者本人、生計を一にする配偶者、親族にかかる社会保険料を支払った場合、支払った人の所得金額からその**全額**を控除できます。

問21 正解：×

重要度 A

・宅地建物の売買・交換
・宅地建物の売買・交換・貸借の媒介
・宅地建物の売買・交換・貸借の代理
を業として行う場合、宅地建物取引業の免許が必要となりますが、**宅地建物の賃貸は宅地建物取引業ではない**ため、宅地建物取引業の**免許は不要**です。

問22 正解：×

重要度 B

相手方が契約の履行に着手するまで、**買主は手付放棄**により、**売主は手付金の倍額**を現実に提供することで解除できます。

問23 正解：×

重要度 B

開発許可は**原則、都道府県知事の許可が必要**ですが、**市街化区域**内における原則**1,000㎡未満**の開発行為は、**許可不要**です。

問24 **正解：×** 重要度 **B**

相続による取得の場合は**非課税**となりますが、売買、交換、**贈与**、新築、増改築等により所有権を取得すると、不動産取得税が**課税**されます。

問25 **正解：×** 重要度 **B**

不動産の場合、譲渡する年の**1月1日時点**の所有期間が**5年超**であれば**長期譲渡**、**5年以下**であれば**短期譲渡**となります。

おまけ！ ゴルフ会員権等、総合課税の譲渡所得の所有期間は「譲渡年の1月1日」ではなく「**譲渡日**」時点で判定します。

問26 **正解：×** 重要度 **C**

相続の**限定承認・放棄**をするための手続きは相続の開始があったことを知ったときから**3カ月**以内に家庭裁判所に対して行います。

問27 **正解：○** 重要度 **B**

おまけ！ 家庭裁判所による**審判分割は法定相続分に従います**。

問28 正解：✕ 重要度 C

現在の暦年課税方式による生前贈与加算は、相続または遺贈により財産を取得した者が相続開始前**3年**以内に受けた贈与が対象となります。
なお、2027年以降の相続から徐々に長くなり（3年超）、2031年以降に発生する相続からは相続開始前7年以内が対象となります。なお、2027年以降、相続税の課税価格に加算される財産は以下のとおりとなります。

相続開始前3年以内の贈与財産：**贈与時**の価額
相続開始前3年より前の贈与財産：贈与時の価額の合計額－100万円

問29 正解：✕ 重要度 B

「直系尊属から教育資金の一括贈与を受けた場合の贈与税の非課税」は、贈与を受ける年の**前年**の受贈者の**合計所得金額が1,000万円以下**であることが要件です。

おまけ！「結婚・子育て資金の一括贈与を受けた場合の贈与税の非課税」も同様です。

問30 正解：✕ 重要度 C

契約者の地位を引き継いだ人が解約すると受け取ることができる金額「解約返戻金相当額」で評価します。

【三答択一式問題】

問31 正解：2 重要度 A

借入額に対する毎年の返済額は「**借入額×資本回収係数**」により求めます。
2,000万円×0.0721=1,442,000円。
借入額「1」を15年で分割して返済すると元本の返済は**「1÷15年＝0.066」**、**利息を加えて返済するのだから、0.066よりも少し多い**「0.0721」ということが分かります。

問32 正解：2　重要度 B

傷病手当金のポイント

支給額：$\left[\text{支給開始日の属する月以前}\mathbf{12}\text{カ月間の各月の標準報酬月額の平均額}\right] \div 30\text{日} \times \frac{2}{3}$

支給期間：**連続した3日間**の休業の後**4日目**から通算**1年6カ月**を限度

問33 正解：3　重要度 A

自己都合退職、定年退職の場合は、原則として離職日以前**2年間**に**12カ月以上**の被保険者期間があること、倒産、解雇、雇止めなどの場合は、原則として離職日以前1年間に6カ月以上の被保険者期間があることが要件となっています。

問34 正解：2　重要度 B

①10年は老齢基礎年金の受給資格期間、25年は遺族基礎（厚生）年金の受給要件の１つです。

②配偶者加給年金は、原則、配偶者の老齢基礎年金の受給開始年齢である65歳に達するまで支給されます。

問35 正解：1　重要度 B

元金均等返済は一定のペースで元金が減りますが、元利均等返済は返済開始当初の元本の減少ペースが遅いため、**元利均等返済**のほうが**利子の支払いが多く**なります。

問36 正解：1　重要度 B

国内で事業を行う生命保険会社が破綻した場合、生命保険契約者保護機構による補償の対象となる保険契約は、高予定利率契約を除き、**責任準備金等**の**90%**まで補償されます。

問37 正解：3

重要度 C

定期保険特約の更新後の保険料は**更新時点**の年齢・保険料率で再計算されますので、保険料は通常、**高く**なります。

問38 正解：1

重要度 C

契約者貸付制度では**解約返戻金**の一定範囲内で貸付けを受けられます。なお、自動振替貸付は**解約返戻金**の範囲内で保険料を立て替えて契約を継続させる制度です。

問39 正解：3

重要度 B

1)の**傷害特約**の保険料は、新制度では生命保険料控除の**対象外**（旧制度では一般生命保険料控除の対象）、2)の定期保険特約の保険料は、一般の生命保険料控除の対象となります。

問40 正解：1

重要度 C

1）**同居親族に対する賠償事故**は、個人賠償責任補償特約では**補償されません。**
2）被保険者は本人、配偶者、生計を一にする同居親族、別居の未婚の子です。業務外の**自転車運転中**の賠償事故は**補償されます。**なお、自動車、原動機付き自転車による賠償事故は自動車保険で補償されます。
3）飼い犬が通行人に噛みついてケガをさせた場合は補償されます。

問41 正解：3

重要度 B

国内総生産（ＧＤＰ）は、国内で生産された財やサービスの付加価値の合計額、国民総生産（ＧＮＰ）は、日本国民が生み出した財やサービスの付加価値の合計額です。**国内経済規模を表すのはＧＤＰ**で、**内閣府**が四半期ごとに発表しています。

問42　正解：3

重要度 A

普通分配金とは**収益部分からの**分配金で、**元本払戻金**（特別分配金）とは**収益部分ではない分配金**をいいます。
13,000円で購入した投資信託から400円の分配金を受け取り、その後の基準価額が12,800円になったということは、200円（13,000円－12,800円）が元本の払戻しであることが分かります。
以上より、普通分配金が200円（400円－200円）、元本払戻金が200円となります。

問43　正解：2

重要度 A

所有期間利回りは、**途中で売却する場合の利回り**です。

$$\frac{\text{表面利率}+(\text{売却価格}-\text{購入価格})\div\text{所有期間}}{\text{購入価格}}\times 100=\frac{2.0+(103-104)\div 2\text{年}}{104}\times 100$$

≒1.44％（小数点以下第3位四捨五入）

問44　正解：3

重要度 C

ポートフォリオ全体の期待収益率は、**加重平均（投資割合×収益率を合計）**で求めます。
60％×2.0％＋40％×4.0％＝2.8％

問45　正解：1

重要度 B

満期時の為替レートが預入時の為替レートに比べて**円安**になれば、円換算の**利回りが高く**なり、**円高**になれば、円換算の**利回りは低く**なります。

問46　正解：3

重要度 B

預貯金の利子の税率は、**所得税・復興特別所得税15.315％、住民税5％**となります。
国内預金のほか、特定公社債の利子の税率も同じですが、国内預金の利子は**源泉分離**課税、**特定公社債**の利子は**申告分離**課税です。

問47 正解：3

重要度 A

勤続年数**20年以下**の部分は1年につき**40万円**、**20年超**の部分は1年につき**70万円**となりますので、勤続年数30年の場合は、800万円（40万円×20年）＋70万円×（30年－20年）＝1,500万円となります。

問48 正解：2

重要度 A

不動産所得、**事業**所得、**山林**所得、**譲渡**所得の損失は**損益通算できますが**、**雑所得**の損失は**損益通算**できません。
総所得金額とは**総合課税**の対象となる所得金額の合計額をいい、設問の場合、不動産所得、雑所得、事業所得はいずれも総合課税の対象となります。
不動産所得850万円－事業所得200万円＝650万円となります。

問49 正解：2

重要度 C

申告期限は、それぞれ所得税は**2月16日**から**3月15日**まで、贈与税は**2月1日**から**3月15日**まで、個人事業者の消費税は3月31日までです。

問50 正解：3

重要度 B

雑損控除、**医療費**控除、**寄附金**控除（ワンストップ特例制度を除く）については、**確定申告**をしなければ適用を受けられません。

問51 正解：3

重要度 A

①基準地標準価格は**毎年7月1日**時点の価格、公示価格は**毎年1月1日**時点の価格です。
②基準地標準価格は**9月下旬**に公表され、公示価格は**3月下旬**、相続税評価額は7月に公表されます。

おまけ! 公示価格と基準地標準価格はいずれも売買の目安とされる価格です。

問52 正解：2

重要度 A

①道路の幅は**4m**以上、②間口は**2m**以上接することが必要です（接道義務）。

問53 正解：2

重要度 B

①建物が**防火制限**が異なる地域にわたる場合、原則として**厳しい方**の制限が適用されます。

②敷地が異なる**用途地域**にわたる場合は、**過半**の属する地域の制限が敷地全体に適用されます。

おまけ！ **建蔽率・容積率**が異なる地域にわたる場合、建築面積、延べ面積の上限は**加重平均**（別々に敷地面積×建蔽率・容積率を計算する）で計算します。

問54 正解：3

重要度 A

建替え決議は各**5分の4**以上の賛成、規約の設定・変更・廃止は各**4分の3**以上の賛成ガ必要です。

問55 正解：1

重要度 C

おまけ！ 居住用財産の長期譲渡所得の課税の特例（軽減税率の特例）における、所有期間要件は譲渡した年の１月１日時点の所有期間が**10年超**であること、軽減税率の対象は課税長期譲渡所得金額**6,000万円以下**の部分となっています。

問56 正解：3

重要度 A

おまけ！ 1）は**貸付事業用**宅地等の限度面積、減額割合です。

2）は**特定事業用**宅地等、特定同族会社事業用宅地等の限度面積、減額割合です。

問57 正解：2

重要度 A

配偶者は必ず相続人になります。血族相続人は第1順位は子、第2順位は直系尊属、第3順位は兄弟姉妹で、**先順位の相続人がいる場合は次順位の者は相続人になりません**。設問の場合、弟は相続人になりません。配偶者と直系尊属が相続人である場合、**配偶者**の法定相続分は**2／3**、**直系尊属**の法定相続分**1／3**を父と母で2等分しますので、各1／6となります。

問58 正解：1

重要度 B

契約者（保険料負担者）かつ被保険者が被相続人、死亡保険金受取人が相続人である場合は、死亡保険金は相続税の対象となり、**500万円×法定相続人の数**が非課税となります。
非課税金額の計算においては、**相続の放棄があってもなかったもの**（相続放棄者を含む）とした人数となります。

問59 正解：3

重要度 B

贈与税額は
「（贈与税の課税価格－年間**110万円**－特別控除累計**2,500万円**の残額）×**20%**」により求めます。

問60 正解：3

重要度 

貸家建付地とは、自分の土地に建物を建てて、他人に貸している宅地のことです。

貸家建付地の相続税評価額は

「**自用地評価額×（1－借地権割合×借家権割合×賃貸割合）**」により求めます。

6,000万円×（1－60％×30％×100％）＝4,920万円

〈宅地の利用状況別の評価額〉

1）貸宅地：貸している人の土地の評価額
　＝**自用地評価額×（1－借地権割合）**
　＝6,000万円×（1－60％）＝2,400万円

2）普通借地権：借りている人の土地の評価額
　＝**自用地評価額×借地権割合**
　＝6,000万円×60％＝3,600万円

MEMO

第 1 回目 学科試験

解答・論点一覧

問題	分野	論点	正解	重要度	check!
1	ライフ	関連法規とコンプライアンス	×	A	
2		遺族基礎年金	×	C	
3		労災保険、雇用保険の被保険者	○	B	
4		確定拠出年金	○	A	
5		フラット35	○	B	
6	リスク	失火責任法	○	C	
7		生命保険料の仕組み	×	A	
8		収入保障保険	×	B	
9		給付金と税金	○	C	
10		自動車損害賠償責任保険	×	B	
11	金融	為替相場の変動要因	×	C	
12		上場投資信託（ETF）	○	C	
13		債券のリスク	×	A	
14		株式の投資指標の計算	○	A	
15		預金保険制度	○	B	
16	タックス	贈与財産の課税	×	B	
17		非課税所得	×	B	
18		不動産所得	○	B	
19		基礎控除	×	B	
20		社会保険料控除	○	B	
21	不動産	宅地建物取引業法	×	A	
22		手付金	×	B	
23		開発許可	×	B	
24		不動産取得税	×	B	
25		不動産の譲渡と所有期間	×	B	
26	相続	相続の放棄	×	C	
27		遺産分割協議	○	B	
28		生前贈与加算	×	C	
29		贈与税非課税（教育資金）	×	B	
30		生命保険契約に関する権利	×	C	
31	ライフ	係数計算	2	A	
32		傷病手当金	2	B	
33		雇用保険の基本手当	3	A	
34		加給年金	2	B	
35		元利均等と元金均等	1	B	

問題	分野	論 点	正解	重要度	check!
36	リスク	保険契約者保護	1	B	
37		定期保険の更新	3	C	
38		契約者貸付	1	C	
39		生命保険料控除	3	B	
40		家族傷害保険	1	C	
41	金融	国内総生産（GDP）	3	B	
42		投資信託の分配金の計算	3	A	
43		債券の利回りの計算	2	A	
44		期待収益率の計算	3	C	
45		外貨預金	1	B	
46	タックス	利子所得	3	B	
47		退職所得の計算	3	A	
48		総所得金額の計算	2	A	
49		所得税の確定申告の期限	2	C	
50		年末調整	3	B	
51	不動産	土地の価格	3	A	
52		接道義務	2	A	
53		防火地域、用途地域	2	B	
54		区分所有法	3	A	
55		特定居住用財産の買換えの特例	1	C	
56	相続	小規模宅地等の特例	3	A	
57		法定相続分	2	A	
58		死亡保険金の非課税限度額	1	B	
59		相続時精算課税制度	3	B	
60		貸家建付地の計算	3	A	

※配点は各 1 点となります

分野別得点表

ライフ	リスク	金融	タックス	不動産	相続
／10	／10	／10	／10	／10	／10

合格基準点数

36 ／60

あなたの合計得点

／60

第1回目 実技試験 解答解説
金財　個人資産相談業務

【第1問】

《問1》 正解：1 重要度 A

前提条件として、老齢基礎年金は何らかの公的年金に**10年**以上加入している場合に支給されます。
設例の場合、20歳以上60歳未満のうち、30月の**未加入期間**は年金額に**反映されません**。また、国民年金第2号被保険者期間のうち、**20歳未満および60歳以降の期間**（設例の場合、60歳以降65歳に達するまでの60カ月）も年金額に**反映されません**。
したがって、180月＋330月－60月＝450月分が年金額に反映され、老齢基礎年金の年金額は「816,000円×450月／480月」によって求められます。

《問2》 正解：3 重要度 B

1）不適切　第１号厚生年金被保険者（会社員）の場合、**1966年４月２日以降生まれの女性**は65歳に達するまでの**特別支給の老齢厚生年金は支給されません**。Ａさん（女性）は1965年生まれであるため、64歳から特別支給の老齢厚生年金を受け取ることができます。

おまけ！ 男性のうち、1961年４月２日以降生まれの場合、特別支給の老齢厚生年金は支給されません。

2）不適切　**厚生年金被保険者期間が20年以上**である者に、要件を満たす**65歳未満**の配偶者、18歳到達年度末まで（障害等級１級または２級の場合は20歳未満）の子がいる場合、定額部分の支給開始または**65歳から、配偶者が65歳に達するまで**、子が18歳到達年度末まで（障害等級１級または２級の場合は20歳に到達するまで）加給年金が支給されます。設例では、Ａさんは独身であり、Ｂさん（長男）は19歳（障害なし）であるため、加給年金は支給されません。

3）適切　**繰下げ１月につき0.7％増額**されますので、70歳０カ月で繰下げ支給をする場合は0.7％×60カ月＝**42％増加**します（**最長で75歳**、120カ月×0.7％＝**84％**）

おまけ！ 2022年４月１日以降に60歳に到達する者が繰上げ支給の申出をする場合、１カ月につき**0.4％**の減額（最も早くて60歳０カ月で0.4％×60カ月＝**24％**の減額）となります。

《問3》 正解：2　　重要度 **B**

1）適切　国民年金加入者であれば、個人型年金に**65歳**に達するまで加入できます。

2）不適切　Ａさんは会社員であるため、国民年金基金には加入できません。**保険料を全額納付する国民年金第１号被保険者または任意加入被保険者**であれば**国民年金基金と個人型年金の両方に加入**することができ、掛金は合わせて月額**68,000円**が限度となります。

3）適切　**通算加入者等期間は60歳に達するまでの加入期間で判定**し、加入期間に応じて受給開始時期が定められています。Ａさんが現時点で加入した場合、加入期間は２年未満となり、65歳から受給できます。

【第2問】

《問4》 正解：2

重要度 C

1）不適切　年利3.0%、預入期間３カ月ですので、受け取ることができる利息額は10,000米ドル×3.0%×**３カ月／12カ月**＝75米ドル（税引前）となります（月割計算の場合）。

2）適切　顧客が円を外貨に換える際のレートは**ＴＴＳ**、顧客が外貨を円に換える際のレートは**ＴＴＢ**です。

3）不適切　為替手数料（ＴＴＭとＴＴＳ（ＴＴＢ）との差額）は**金融機関や通貨によって異なります。**

《問5》 正解：2

重要度 C

運用後の外貨建金額

＝10,000米ドル＋75米ドル＝10,075米ドル（前問の解説を参照）

円建ての金額

＝外貨建金額×満期時の**ＴＴＢ**＝10,075米ドル×153円＝1,541,475円

《問6》 正解：2

重要度 C

1）適切　設例に「為替予約なし」とあるため、外貨預金の為替差益は、**雑所得**として所得税・住民税の課税対象となります。

おまけ！　**預入時に為替予約**をしている場合は、利子と同様に**20.315%源泉分離課税**の対象となります。

2）不適切　為替差損（雑所得の損失）は他の所得と**損益通算できません。**

3）適切

【第3問】

《問7》 **正解：1** 重要度 A

総所得金額とは**総合課税**の対象となる所得金額の合計額であり、設例の給与所得と一時所得は総合課税です。

給与所得＝**収入金額－給与所得控除額**＝600万円－（600万円×20％＋44万円）＝436万円

一時所得（満期保険金）＝**収入金額－収入を得るために支出した金額－特別控除（最高50万円）**＝350万円－300万円－50万円＝ゼロ

以上より、総所得金額は436万円となります。

《問8》 **正解：3** 重要度 A

①

おまけ！ 社会保険料控除の対象となるのは、国民年金（基金）、厚生年金（基金）、健康保険、国民健康保険、後期高齢者医療制度、介護保険、雇用保険の保険料等です。

②設例の場合、納税者本人の合計所得金額が**900万円以下**（前の問題の解説のとおり436万円）、生計を一にする**70歳未満**の配偶者の合計所得金額が**48万円以下**であるため、配偶者控除の控除額は**38万円**となります。

③長男Cさん（16歳）は生計を一にする**16歳以上**である親族等（配偶者以外）かつ合計所得金額が**48万円以下**であるため、扶養控除の適用を受けることができ、一般の控除対象扶養親族に該当するため、扶養控除の額は**38万円**となります。

《問9》 正解：1 重要度 A

1）適切　ふるさと納税の**寄附先の自治体が５以下**であり、年末調整により申告・納税を完了できる給与所得者等は、ワンストップ特例制度を利用すると、確定申告をしなくても、所得税で軽減されるべき税額を翌年度の住民税額から控除を受けることができます。設例では、７つの自治体に寄附を行っているため、寄附金控除について確定申告が必要です。

2）不適切　設例の一時払養老保険の満期保険金は15年満期ですので、一時所得として**総合課税**の対象となります。ただし、設例の場合、一時所得はゼロ（《問７》解説より）ですので、確定申告は不要です。

源泉分離課税となるのは、

・一時払等

・契約者が受け取る5年以内の満期金、解約金

・養老保険・確定年金等に該当する一定の場合（終身年金、終身保険でない）

の全部に該当する場合です。

3）不適切　確定申告は「**納税地（一般に住所地）**」を管轄する所轄税務署長に、所得が生じた年の翌年「**2月16日から3月15日まで**」に提出します。

【第４問】

《問10》 正解：2 重要度 A

①建築面積の最高限度は「敷地面積×建蔽率」により求めます。

設例では、

・**準防火地域内に準耐火建築物を建築するため10％加算**

・**特定行政庁が指定する角地**であるため**10％加算**

となるため、建蔽率は80％＋10％＋10％＝100％となり、建築面積の最高限度は300㎡×100％＝300㎡となります。

②最大延べ面積は「敷地面積×容積率」によって求めます。

前面道路（2つ以上ある場合は幅の広い方）の幅員が12m未満である場合、指定容積率と前面道路の幅員に応じて求めた容積率の**低い方**が適用されます。

設例の場合、指定容積率400％＞6×6／10＝36／10 → 360％を適用するため、最大延べ面積は300㎡×360％＝1,080㎡となります。

《問11》 正解：1　　重要度 A

1）不適切　自ら宅地・建物を賃貸することは**宅地建物取引業ではない**ため、宅地建物取引業の**免許**は**不要**です。

2）適切

おまけ！ 賃貸借終了後も建物はそのまま残り、**テナントが撤退した場合のリスク**もあります。

3）適切

おまけ！ 事業用定期借地契約は、**公正証書**で締結しなければなりません。

《問12》 正解：3　　重要度 A

①賃貸マンションの敷地は**貸家建付地**です。貸宅地は借地権が設定されている宅地の所有者の権利をいいます。

②**貸付事業用**宅地等は**50％**の減額、特定**事業用**宅地等、特定**居住用**宅地等は**80％**の減額となります。

③**200㎡**までの住宅用地は、自己居住用に限らず、賃貸住宅の敷地の課税標準も、固定資産税では**6分の1**、都市計画税では3分の1となります。

【第5問】

《問13》 正解：1　　重要度 C

おまけ！ 2024年以降の相続時精算課税制度の贈与においては、**特別控除前に、暦年課税方式とは別に年間110万円**を差し引くことができ、特別控除後の金額に対して**20%**の税率により贈与税が課税されます。
贈与税額＝（贈与税の課税価格－年間110万円ー特別控除2,500万円の残額）×20％

おまけ！ 直系尊属から結婚・子育て資金の一括贈与を受けた場合の非課税制度の非課税限度額は**1,000万円**です。

《問14》 正解：3　　重要度 A

1）適切　**配偶者、子、父母、代襲相続人である孫以外の者が２割加算の対象**です。Ｅさん、Ｆさん、Ｇさん、Ｈさんはいずれも代襲相続人でない孫であるため、相続税額の２割加算の対象となります。

2）適切　配偶者が相続または遺贈により取得した財産が、配偶者の**法定相続分相当額と1億6,000万円とのいずれか多い金額まで**であれば、**相続税はかかりません。**

3）不適切　選択肢の場合、Ａさんの相続税の課税価格は5億円以下であり、贈与者が死亡した時点で、贈与を受けた者が**23歳未満**であるため、非課税拠出額から教育資金支出額を控除した残額があっても、残額は相続税の**課税価格に加算されません。**

《問15》 正解：1　　重要度 C

原則、長男Cさん（42歳）がAさん（父）から贈与を受ける場合は**特例贈与**に該当します。
基礎控除額を差し引いてから、贈与税率を乗じて、控除額を控除します。
（700万円－**110万円**）×20％－30万円＝88万円となります。

苦手な論点を攻略しよう！

第1回目　金財実技試験　個人資産相談業務

解答・論点一覧

check!

大問	問題	分野	論点	正解	重要度	配点	
第1問	1	ライフ	老齢基礎年金	1	A	4	
	2		老齢厚生年金	3	B	3	
	3		確定拠出年金	2	B	3	
第2問	4	金融	外貨預金の概要	2	C	3	
	5		外貨預金の計算	2	C	4	
	6		外貨預金と税金	2	C	3	
第3問	7	タックス	総所得金額の計算	1	A	4	
	8		所得控除	3	A	3	
	9		確定申告	1	A	3	
第4問	10	不動産	建蔽率と容積率の計算	2	A	4	
	11		土地の有効活用の事業方式	1	A	3	
	12		土地の有効活用と税金	3	A	3	
第5問	13	相続	生前贈与	1	C	3	
	14		相続税（2割加算、配偶者の税額軽減等）	3	A	3	
	15		贈与税の計算	1	C	4	

得点表

第1問	第2問	第3問	第4問	第5問
ライフ	金融	タックス	不動産	相続
／10	／10	／10	／10	／10

合格基準点数
30／50

あなたの合計得点
／50

第1回目 実技試験 ≪ 解答解説
金財 保険顧客資産相談業務

【第1問】

《問1》 正解：2 重要度 A

前提条件として老齢基礎年金は何らかの公的年金に**10年**以上加入している場合に支給されます。

Aさん：20歳以上60歳未満のうち30月の**未加入期間**、および60歳以降の厚生年金被保険者期間（60月）は年金額に**反映されません**。その後の60歳に達するまでの厚生年金被保険者期間（510月－60月＝450月）が年金額に反映され、老齢基礎年金の年金額は「816,000円×450月／480月」により求めます。

Bさん：**厚生年金保険の被保険者期間**（国民年金第2号被保険者期間）のうち、**20歳未満、60歳以降**の期間は**老齢基礎年金に反映されません**。設例の場合、20歳以上60歳未満の期間は全て厚生年金保険、国民年金第3号被保険者期間で、国民年金の保険料納付済期間であるため、老齢基礎年金の年金額は「816,000円×480月／480月」によって求めます。

《問2》 正解：2

重要度 B

①2022年４月１日以降に60歳に到達する者が繰上げ支給した場合、**１カ月につき0.4%減額**されます。**最も早くて60歳０カ月**から（５年＝60カ月の繰上げ）の支給となるため、0.4%×60カ月＝**24%の減額**となります。

②老齢基礎年金、老齢厚生年金について、**繰上げ支給は同時の支給開始**としなければなりません。なお、**繰下げ支給は一方のみを繰り下げたり、異なる時期からの繰下げとすることもできます。**

③2022年４月１日以降に70歳に到達する者が繰下げ支給した場合、**１カ月につき0.7%増額**されます。**最も遅くて75歳０カ月**から（10年＝120カ月の繰下げ）の支給となるため、0.7%×120カ月＝**84%**の増額となります。

《問3》 正解：1

重要度 

1）不適切 配偶者加給年金は原則として、**厚生年金保険の被保険者期間が20年以上**ある者に定額部分または**65歳時点で65歳未満の配偶者がいる場合**に支給されます。設例の場合、20年以上の厚生年金保険の被保険者期間がありますが、**Aさんが65歳時点で妻Bさんはすでに65歳に達している**ため、加給年金は支給されません。

2）適切

おまけ！ 65歳以降の厚生年金保険の被保険者期間記録は、**毎年度、老齢厚生年金**に反映されます。

3）適切 会社員の場合、**男性は1961年４月２日以降生まれ、女性は1966年４月２日以降生まれ**の場合、**特別支給の老齢厚生年金は支給されません。**

【第2問】

《問4》 正解：3

重要度 B

遺族に必要な生活資金等

生活費	35万円×0.5×12カ月×30年＝6,300万円
死亡整理資金	200万円
緊急予備資金	300万円
合計	6,300万円＋200万円＋300万円＝6,800万円

団体信用生命保険付の住宅ローンの残高1,000万円は被保険者が死亡すると保険金で返済されるため、遺族の支出として**考慮しません**。

遺族の収入見込金額

金融資産（2,000万円）＋公的年金等の総額(6,000万円）＝8,000万円

必要保障額＝6,800万円－8,000万円＝▲1,200万円

《問5》 正解：3

重要度 

1）**不適切** 国民健康保険に**被扶養者制度**はなく、**全員が被保険者**となります。

2）**不適切** 国民健康保険、健康保険ともに**高額療養費制度**があります。

おまけ！ 都道府県・市（区）町村が保険者となる**国民健康保険**においては、**傷病手当金**、**出産手当金**は原則として支給されません。

3）**適切**

おまけ！ 任意継続被保険者となるためには、**資格喪失日から20日以内**に手続きが必要です。

《問6》 正解：2

重要度 A

1）不適切　入院日数は年々、短くなる傾向があります。

2）適切

3）不適切　払済保険に変更した場合、リビング・ニーズ特約等を除き、特約は消滅します。

【第3問】

《問7》 正解：2

重要度 A

役員在任期間が5年超である場合の退職所得は「(収入金額−退職所得控除額) ×1／2」により求めます。

勤続20年超の場合の退職所得控除額は「800万円＋70万円×（勤続年数−20年）」により求めます。設問では勤続年数が40年ですので、800万円＋70万円×（40年−20年）＝2,200万円となります。

以上より、退職所得は、(5,000万円−2,200万円) ×1／2＝1,400万円となります。

《問8》 正解：2

重要度 A

1）適切

おまけ！ 解約返戻金相当額が退職所得として扱われます。

2）不適切　借入時および返済時ともに所定の経理処理が必要です。

（例）：100万円を借り入れた場合の経理処理

［借方］現金・預金　100万円／［貸方］借入金　100万円

（資産の増加）　（負債の増加）

3）適切

おまけ！ 低解約返戻金型終身保険の解約返戻金は、保険料払込期間が終了した後は、低解約返戻金型ではない終身保険と同じになります。

《問9》 正解：1

重要度 C

①総合福祉団体定期保険は福利厚生を目的とする１年更新の定期保険で、従業員全員、または役員・従業員の全員を被保険者として加入します。

②原則、支払った**全額**を損金に算入することができます。

③ヒューマン・ヴァリュー特約は死亡した従業員に代わる人員確保を目的としますので、受取人は必ず契約者である**法人**となります。

おまけ！ 死亡保険金受取人は通常、被保険者の遺族となりますが、被保険者の同意があれば法人とすることもできます。

【第４問】

《問10》 正解：3

重要度 B

1）不適切 社会保険料控除は、納税者本人だけでなく、**生計を一にする配偶者、親族**に係る社会保険料が対象となります。

2）不適切 医療費控除を受けるには**確定申告が必要**です。

3）適切

おまけ！ 通常の医療費控除額は「（医療費－保険金等で補てんされる金額）－10万円（総所得金額等が200万円未満の場合は総所得金額等×5%）」により求めます。

《問11》 正解：1

重要度 A

総所得金額とは**総合課税**の対象となる所得金額の合計額であり、設例の給与所得、一時所得、雑所得は総合課税の対象です。

給与所得＝**収入金額－給与所得控除額**

＝850万円－（850万円×10％＋110万円）＝655万円

一時所得＝**収入金額－収入を得るために支出した金額－特別控除**（**最高50万円**）

＝490万円－400万円－50万円＝40万円

雑所得＝**収入金額－必要経費**＝100万円－80万円＝20万円

なお、一時所得は**損益通算後に残った一時所得の2分の1を総所得金額に算入**しますので、655万円＋40万円×１／２＋20万円＝695万円となります。

《問12》 正解：2

重要度 A

①設例の場合、納税者本人の合計所得金額が**900万円以下**（前問解説より695万円）、生計を一にする**70歳未満の配偶者の収入はない**ため、配偶者控除の控除額は**38万円**となります。

②特定扶養親族（19歳以上23歳未満）の扶養控除の控除額は**63万円**です。

③同居老親等（70歳以上の同居の親等）の扶養控除の控除額は**58万円**です。

【第5問】

《問13》 正解：2

重要度 A

①設例の場合、配偶者（1／2）と子（1／2）が相続人となります。なお、**既に死亡している長男Dさんについては孫Fさん、孫Gさんが代襲相続**します。子の法定相続分は、長女Cさん、長男Dさん、二男Eさんで三等分するため、各1／6となり、長男Dさんの相続分は、孫Fさん、孫Gさんで等分するため、各1／12となります。

②相続税の計算における遺産に係る基礎控除額は「**3,000万円＋600万円×法定相続人の数**」により求めます。設例の場合、法定相続人の数は、妻Bさん、長女Cさん、二男Eさん、孫Fさん、孫Gさんの５人ですので、3,000万円＋600万円×５人＝6,000万円となります。

③相続税の申告期限は、相続の開始があったことを知った日の翌日から**10カ月以内**です。「4カ月」は所得税の準確定申告の期限です。

《問14》 正解：1

重要度 A

1）適切

2）不適切 相続税の対象となる死亡保険金を**相続人**が受け取る場合は「**500万円×法定相続人の数**」の金額が非課税となります。設例の法定相続人の数は前問解説のとおり５人ですので、500万円×５人＝2,500万円が非課税となり、死亡保険金6,000万円のうち、課税価格に算入される金額は6,000万円－2,500万円＝3,500万円となります。

3）不適切 **２割加算**の対象となるのは、「**配偶者、子、父母、代襲相続人である孫」以外**の者です。孫Fさん、孫Gさんは代襲相続人であるため、２割加算の対象となりませんが、孫Hさんは、２割加算の対象となります。

《問15》 正解：2

重要度 A

相続税の総額は課税遺産総額を**法定相続人が法定相続分どおり**に財産を取得したものとして求めた金額に相続税率を乗じて求めます。

法定相続分：妻Bさん　1／2
長女Cさん、二男Eさん　各1／6
孫Fさん、孫Gさん　各1／12

配偶者の相続税　：8,400万円×1／2＝4,200万円
4,200万円×20％－200万円＝640万円

長女Cさん、二男Eさんの相続税：8,400万円×1／6＝1,400万円
1,400万円×15％－50万円＝160万円
160万円×2人＝320万円

孫Fさん、孫Gさんの相続税　：8,400万円×1／12＝700万円
700万円×10％＝70万円
70万円×2人＝140万円

相続税の総額＝640万円＋320万円＋140万円＝1,100万円となります。

苦手な論点を攻略しよう！

第1回目 金財実技試験 保険顧客資産相談業務

解答・論点一覧

check!

大問	問題	分野	論点	正解	重要度	配点	
第1問	1	ライフ	老齢基礎年金	2	A	4	
	2		繰上げ支給と繰下げ支給	2	B	3	
	3		老齢給付	1	A	3	
第2問	4	リスク	必要保障額の計算	3	B	4	
	5		公的医療保険	3	A	3	
	6		生命保険の見直し	2	A	3	
第3問	7		退職所得の計算	2	A	3	
	8		終身保険の概要	2	A	4	
	9		総合福祉団体定期保険	1	C	3	
第4問	10	タックス	所得控除	3	B	3	
	11		総所得金額の計算	1	A	4	
	12		所得控除	2	A	3	
第5問	13	相続	相続総合	2	A	3	
	14		相続税総合	1	A	4	
	15		相続税の計算	2	A	3	

得点表

第1問	第2問	第3問	第4問	第5問
ライフ	リスク	リスク	タックス	相続
／10	／10	／10	／10	／10

合格基準点数

30／50

あなたの合計得点

／50

MEMO

第1回目 実技試験 

日本FP協会　資産設計提案業務

問1　正解：1　重要度 A

1．不適切　税理士資格を有しない者は、無償であっても個別具体的な事例に基づき、税額計算をすることはできません。なお、税理士業務はできませんが、税理士を紹介することは問題ありません。

2．適切　生命保険募集人・生命保険仲立人、金融サービス仲介業の登録がなくても、必要保障額を試算したり、保険商品の一般的な説明をすることはできます。

3．適切　投資助言・代理業の登録を受けていない者は客観的事実を伝えることはできますが、お客様と投資顧問契約を締結することはできず、特定銘柄について、投資判断を提供することはできません。

問2　正解：3　重要度 A

1．適切　将来の金額＝現在の金額×（1＋変動率）^{経過年数}
＝580万円×（1＋0.02）^{4}＝627.8…万円→628万円。
（万円未満四捨五入）

2．適切　年間収支＝収入合計－支出合計＝642万円－494万円＝148万円。

3．不適切　金融資産残高＝前年の金融資産残高×（1＋変動率）±今年の年間収支
＝921万円×（1＋0.01）＋206万円
＝1,136.21万円→1,136万円。
（万円未満四捨五入）

問3　正解：2　　重要度 A

1．適切　ＰＥＲ（株価収益率）＝**株価÷１株当たり純利益**
＝2,400円÷200円＝12（倍）。
ＰＥＲは数値が**低いほど割安**であると判断され、日経平均採用銘柄12.5倍よりも数値が小さく、**割安**と判断されます。

2．不適切　ＰＢＲ（株価純資産倍率）＝**株価÷1株当たり純資産**
＝2,400円÷2,000円＝1.2（倍）。
ＰＢＲは数値が**低いほど割安**であると判断され、ＪＰＸ日経400採用銘柄1.3倍よりも数値が小さく、**割安**と判断されます。

3．適切　配当利回り＝**1株当たり年間配当金÷株価×100**（%）
＝60円÷2,400円×100＝2.5%。
東証プライム全銘柄の単純平均2.4%よりも高くなっています。

問4　正解：3　　重要度 B

1．適切

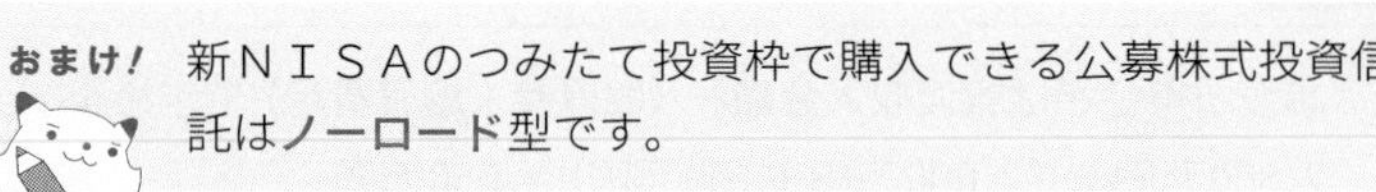

おまけ！ 新ＮＩＳＡのつみたて投資枠で購入できる公募株式投資信託は**ノーロード型**です。

2．適切　購入時手数料は購入時のみですが、信託報酬は**日々**差し引かれます。

3．不適切　主に投資信託の売却時にかかるコストで「**信託財産留保額**」と呼ばれます。売却時の金額に一定の割合を乗じて求めます。

問5　正解：1

重要度 C

外貨定期預金に10,000米ドル預け入れ、６カ月にわたり年利1.0%で運用した場合に得られる外貨建ての利息は10,000米ドル×**1.0%×６／12**＝50米ドルです。よって、満期時の米ドルベースの金額は10,050米ドルになります。

10,050米ドルを**円に戻すときのレートはＴＴＢ**ですので、

円転した金額は10,050米ドル×138円／米ドル＝1,386,900円です。

問6　正解：2

重要度 C

都市計画区域内の建築物の敷地は、原則として幅員**4m**以上の道路に**2m**（ウ）以上接していなければなりません。また、幅員4m（ア）未満の道路は、原則として、道路中心線から水平距離**2m**（イ）後退した線が道路境界線となります。

問7　正解：3

重要度 B

（ア）譲渡所得金額は**譲渡収入金額－（取得費＋譲渡費用）**で求めます。
　　2,800万円－（2,000万円＋150万円）＝650万円

（イ）譲渡した年の１月１日時点の所有期間が**５年超**である場合は**長期譲渡所得**、**５年以下**である場合は**短期譲渡所得**です。設問の場合、所有期間は６年ですので、長期譲渡所得として扱います。

問8　正解：3　　重要度 A

診断給付金：初めてガンと診断されたため、100万円
入院給付金：30日間入院したため、1万円×30日＝30万円
手術給付金：給付倍率20倍の手術を受けたため、1万円×20倍＝20万円
合計150万円が支払われます。

問9　正解：2　　重要度 B

1．適切　地震保険は単独で申し込むことはできず、**火災保険に付帯して申し込み**ます。

2．不適切　地震保険では1個または1組の価額が**30万円を超える骨とう品では補償対象とすることができません。**

3．適切　地震保険は、地震・噴火・津波により補償対象である建物、家財が全損（100％）、大半損（60％）、小半損（30％）、一部損（５％）に該当した場合に補償します。

問10　正解：2　　重要度 

1．補償の対象となる　選択肢の場合、対人賠償保険から保険金が支払われます。

2．補償の対象とならない　対人賠償保険、対物賠償保険は、**本人、配偶者、子、父母に対する損害は補償しません。**

3．補償の対象となる　車両保険では、**単独事故の損害は一般条件では補償されますが、車対車（エコノミー）では補償されません。**

問11　正解：1

重要度 

退職所得は原則として「**（収入金額－退職所得控除額）×１／２**」により求めます。勤続年数37年９カ月の場合、**１年未満の端数を１年に切り上げて**38年として計算します。

退職所得控除額＝800万円＋70万円×（38年－20年）＝2,060万円

退職所得＝（3,000万円－2,060万円）×１／２＝470万円

問12　正解：3

重要度 B

アルバイト収入（**給与所得**）、老齢基礎年金・老齢厚生年金（**雑所得**）はいずれも**総合課税**の対象であり、総所得金額に含めます。

給与所得：**給与の収入金額－給与所得控除額**により求めます。

200万円－（200万円×30％＋８万円）＝132万円

公的年金等に係る雑所得：公的年金等の雑所得に該当し、「**公的年金等の収入金額－公的年金等控除額**」により求めます。

240万円－110万円＝130万円

設問のように、給与所得（10万円以上）＋公的年金等の雑所得（10万円以上）の場合、総所得金額の計算の際、給与所得からさらに所得金額調整控除10万円を控除できます。

以上より、総所得金額は（132万円－10万円）＋130万円＝252万円です。

問13 正解：3

重要度 A

相続の放棄がなければ、夫（和則さん）と長女（真美さん）が相続人となりますが、長女（真美さん）が**相続放棄をした場合、代襲相続はない**ため、次順位の相続人である父（一男さん）と母（洋子さん）が相続人となります。配偶者と直系尊属が相続人である場合、法定相続分は**配偶者２／３、直系尊属１／３**であり、直系尊属である父と母で等分するため、各１／６となります。

問14 正解：3

重要度 B

１．不適切 自宅に保管されている自筆証書遺言は、相続発生後、家庭裁判所の検認が必要です。

おまけ！ 公正証書遺言や、遺言書保管所（法務局）に保管されている自筆証書遺言は、**家庭裁判所の検認は不要**です。

２．不適切 自筆証書遺言は、**証人は不要**です。

おまけ！ 公正証書遺言では**２人以上の証人が必要**です。

３．適切 遺言はどの方式でも変更や撤回をすることができます。
複数の遺言がある場合、最新の日付の遺言が優先されます。

問15　正解：2

重要度 A

純資産＝資産－負債により求めます。

マイホーム購入後の資産＝普通預金100＋定期預金100＋投資信託200＋生命保険50
＋不動産2,400＝2,850（万円）

負債＝2,000（万円）

純資産＝2,850万円－2,000万円＝850（万円）となります。

問16　正解：2

重要度 A

複利運用しながら一定金額を積み立てる場合の将来の金額は「**積立額×年金終価係数**」により求めます。

30万円×17.293＝5,187,900円≒5,188,000円（千円未満四捨五入）となります。

使用する係数で迷っても、**積立金額を１とすると15年で積立元本は15、利息を加えると15より少し多くなるため**、乗ずる係数は15より少し大きい17.293とわかります。

問17　正解：1

重要度 

１日当たりの支給額 （賃金が支払われない場合）	休業開始時賃金日額の**67%**（ア）
同一対象家族についての支給日数	通算**93日**（イ）（**3回**（ウ）まで分割可能）

問18　正解：1　　重要度 B

1．**不適切**　加入者本人が拠出した確定拠出年金の掛金は全額が**所得控除**（小規模企業共済等掛金控除）の対象となります。

2．**適切**　国民年金第３号被保険者もｉＤｅＣｏに加入できます。

3．**適切**　通算加入者等期間が**10年以上**あれば、**60歳**以降払い出すことができます。

問19　正解：3　　重要度 

健太さん（35歳）の医療費の自己負担割合は**3割**ですので、設問の自己負担額は80万円×0.3＝24万円となりますが、自己負担限度額を超える部分は高額療養費として支給されます。

標準報酬月額34万円である者の1カ月間の自己負担限度額は、

80,100円＋（800,000円－267,000円）×1％＝85,430円です。

高額療養費として支給される金額は、

240,000円－85,430円＝154,570円となります。

問20　正解：2　　重要度 

育児休業期間中は、最長子が**３歳に達するまで**、申出により、**事業主および被保険者**の健康保険および厚生年金保険の保険料の負担が**免除**されます。

苦手な論点を攻略しよう！

第1回目 日本FP協会実技試験 資産設計提案業務

解答・論点一覧

問題	分野	論点	正解	重要度	check!
1	ライフ	関連法規とコンプライアンス	1	A	
2		キャッシュフロー表の計算	3	A	
3	金融	株式投資指標の計算	2	A	
4		投資信託のコスト	3	B	
5		外貨預金の計算	1	C	
6	不動産	建築基準法上の道路	2	C	
7		譲渡所得の計算等	3	B	
8	リスク	生命保険の証券分析	3	A	
9		地震保険	2	B	
10		自動車保険	2	C	
11	タックス	退職所得の計算	1	C	
12		総所得金額の計算	3	B	
13	相続	相続人と法定相続分	3	A	
14		遺言の種類と特徴	3	B	
15	ライフ	バランスシートの計算	2	A	
16		係数計算	2	A	
17		介護休業給付	1	C	
18		個人型確定拠出年金（iDeCo）	1	B	
19		高額療養費の計算	3	C	
20		健康保険および厚生年金保険の保険料免除	2	C	

※配点は各5点となります

分野別得点表

ライフ	リスク	金融	タックス	不動産	相続
／40	／15	／15	／10	／10	／10

合格基準点数

60／100

あなたの合計得点

／100

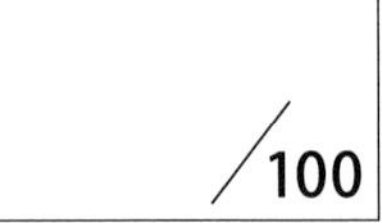

MEMO

第2回目 学科試験 解答解説

【正誤式問題】

問1 正解：× 重要度 A

未成年者、推定相続人・受遺者またはその配偶者、直系血族等、欠格事由に該当しない限り、証人となることができます。

問2 正解：× 重要度 B

後期高齢者医療広域連合の区域内に住所を有する75歳以上の者または65歳以上の者で一定の障害認定を受けた者は、後期高齢者医療制度の被保険者となります。

問3 正解：× 重要度 B

老齢基礎年金と老齢厚生年金の繰上げ支給の申出は、同時に行う必要がありますが、繰下げ支給の申出は異なる時期からでもよく、一方のみの繰下げも選択できます。

問4 正解：× 重要度 A

確定拠出年金の老齢給付金を一時金で受け取ると退職所得、年金形式で受け取ると雑所得となります。

問5 正解：○ 重要度 C

おまけ！ 期間短縮型のほうが返済額軽減型よりも利息軽減効果は大きくなります。

問6 **正解：○** 重要度 **B**

保険契約者保護機構は**外資系**も含めて国内で事業を行う**保険会社**が**加入**しますが、**少額短期保険業者、共済**は保険契約者保護機構に**加入しません**。

問7 **正解：×** 重要度 **B**

保険期間中に契約者が死亡すると、保険料を支払わなくても、契約で定められた時期に祝金、保険期間満了時に満期保険金が支払われます。

問8 **正解：○** 重要度 **C**

おまけ! 被保険者が受け取るリビング・ニーズ特約保険金は非課税です。

問9 **正解：×** 重要度 **C**

逆です。逓減定期保険や逓増定期保険において、保険期間の経過に伴い所定の割合で**減少・増加**するのは**保険金額**であり、**保険料**は保険期間を通じて**一定**です。

問10 **正解：○** 重要度 **A**

おまけ! 車両保険では、特約を付保しない限り、**地震・噴火・津波による損害は補償されません**。

問11 **正解：○** 重要度 **B**

景気動向指数は**内閣府**が**毎月**、調査・公表しており、先行系列、一致系列、遅行系列に分けられています。

問12 正解：×

重要度 A

ＢＢＢ格以上は投資適格、ＢＢ格以下は投機的格付となり**投資不適格**とされます。
信用度が高くなると、債券価格は上昇し、利回りは低くなり、信用度が低くなると、債券価格は下落し、利回りは上昇します。

問13 正解：×

重要度 B

約定日の２営業日後（約定日当日を含めて３営業日目）に決済が行われます。

問14 正解：×

重要度 B

ＴＴＳは金融機関が外貨を「売る＝Sell」レート＝顧客が外貨を買うレート、ＴＴＢは金融機関が外貨を「買う＝Buy」レート＝顧客が外貨を売るレートです。**表記は金融機関目線の表現**となっています。

問15 正解：×

重要度 B

外貨預金は保護の対象となりません。

おまけ！ 決済用預金は全額保護され、円建ての普通預金や定期預金は1金融機関につき1預金者当たり**元本1,000万円と利息まで保護**されます。

問16 正解：○

重要度 B

おまけ！ **扶養控除は納税者本人の所得要件はありません**が、扶養親族（**16歳以上**）には配偶者控除と同じ所得金額要件（**48万円以下**）があります。

問17 正解：×

重要度 B

所得税において、老齢基礎年金や老齢厚生年金は公的年金等の雑所得となります。

おまけ！ 非課税所得となるのは障害年金、遺族年金です。

問18 正解：○

重要度 B

土地は期間の経過に応じて価値が減少しないため、減価償却できません。

おまけ！ 建物は減価償却でき、定額法が適用されます。

問19 正解：×

重要度 B

医療費控除額は「（医療費－保険金等で補てんされる金額）－10万円（総所得金額等が200万円未満の場合は総所得金額等×5%）」により求めます（控除限度額は200万円）。

おまけ！ セルフメディケーション税制による医療費控除額は「（特定一般医薬品等購入費－保険金等で補てんされる金額）－1.2万円」により求めます（控除限度額は8.8万円）。

問20 正解：×

重要度 B

小規模企業共済等掛金控除は、納税者本人に係る掛金のみが対象です。

おまけ！ 社会保険料控除は納税者本人、生計を一にする配偶者、親族に係る社会保険料等が対象です。

問21 **正解：○** 重要度 

不動産登記の内容を信じて取引してトラブルにあっても、原則として法的に保護されません。

問22 **正解：×** 重要度 B

定期借家契約は更新がありません。

おまけ！ 普通借家契約では、貸主に正当事由がなければ、貸主は借主からの更新請求を拒むことはできません。

問23 **正解：×** 重要度 B

市街化調整区域は市街化を抑制すべき区域です。おおむね10年以内に計画的に市街化を図るべき区域は市街化区域です。

問24 **正解：×** 重要度 B

新築住宅の不動産取得税の課税標準の算定において、要件を満たすと、固定資産税評価額から1,200万円（認定長期優良住宅は1,300万円）を控除できます。

問25 **正解：○** 重要度 B

マイホームの譲渡の特例の共通要件に

・居住しなくなった日から3年後の年の12月31日までに譲渡すること
・配偶者、直系血族、生計一親族に対する譲渡でないこと

等があります。

問26 **正解：○** 重要度 C

普通養子縁組では、実親と養親の両方との親族関係が継続しますが、特別養子縁組では、実親との親族関係は終了し、養親との親族関係のみとなります。

問27　正解：×　重要度 B

香典は通常、贈与税非課税であり、香典返戻費用も債務控除できません。

問28　正解：×　重要度 B

配偶者の税額軽減や**小規模宅地等**についての相続税の課税価格の計算の特例を適用する場合、相続税の有無にかかわらず、**相続税の申告は必要**です。

問29　正解：×　重要度 B

配偶者、子、父母、代襲相続人である孫以外は2割加算が適用されます。**兄弟姉妹、祖父母、代襲相続人でない孫**（孫養子を含む）等は**2割加算の対象**となります。

問30　正解：○　重要度 C

なお、**書面によらない**贈与契約であっても、原則として**履行後は解除**できません。

【三答択一式問題】

問31　正解：2　重要度 A

将来の貯蓄目標額から毎年必要となる積立額は「**貯蓄目標額×減債基金係数**」により求めます。500万円×0.1884=942,000円。
５年後の「1」を貯めるために、５年間、無利子で積み立てる場合、**毎回の積立額**は「**1÷5年＝0.2**」となり、利率３％で運用するため、**0.2よりも少ない**「0.1884」を積み立てることが分かります。

問32 正解：2

重要度 B

任意継続被保険者は

・被保険者期間２カ月以上
・20日以内に手続き
・最長2年間加入
・保険料は全額自己負担（在職中の最高２倍）

など、「2」がポイントです。

問33 正解：3

重要度 C

おまけ！ 雇用保険は数字をしっかり覚えよう！

問34 正解：2

重要度 B

おまけ！ 現在は特例として前々月までの1年間に保険料の滞納がなければ、保険料納付要件を満たしたものとされます。
遺族年金の被保険者期間要件、保険料納付要件は「初診日」を「死亡日」に読み替えます。

問35 正解：2

重要度 C

第一種奨学金は**無利子**、第二種奨学金は**有利子**（**在学中は無利子**）となります。

問36 正解：3

重要度 C

ソルベンシー・マージン比率が**200%**を下回ると**早期是正措置**の対象、0%を下回ると業務停止命令となります。

問37 正解：1　　重要度 C

転換後の保険料は**転換時**の年齢・保険料率で計算され、転換は特約途中付加・増額と同じように**告知または診査が必要**となります。

問38 正解：3　　重要度 B

公的医療保険の対象外（全額自己負担）である治療費用を確保するための特約ですので、**療養を受ける時点**で全額自己負担となる先進医療を保障対象とします。

問39 正解：2　　重要度 B

相続税の対象となるのは、**契約者（＝保険料負担者）と被保険者が同じ**である場合ですので、2）となります。
1）は**所得税**の課税対象、3）は**贈与税**の課税対象となります。

問40 正解：1　　重要度 A

おまけ！ 家財は1,000万円が上限です。

問41 正解：3　　重要度 C

消費者物価指数は総務省が公表しており、年金額の改定にも影響します。
1）景気動向指数、2）消費者態度指数は内閣府が公表しています。

問42 正解：1　　重要度 A

グロース運用（**成長性**に着目）と対になるのが、**バリュー**運用（**割安性**に着目）です。
なお、**パッシブ**運用（**受け身的**）と対になるのが、**アクティブ**運用（**積極的**）です。

問43 **正解：1** 重要度 A

①ＰＥＲ（株価収益率）は、**株価÷１株当たり純利益**で求めます。

1,800円÷120円＝15倍

②ＰＢＲ（株価純資産倍率）は、**株価÷１株当たり純資産**で求めます。

1,800円÷1,200円＝1.5倍

両方とも、同業他社や過去の数値と比較して**数値が低いほど割安**と判断されます。

問44 **正解：2** 重要度 A

①新ＮＩＳＡ口座で利益が出ても課税されませんが、損失が発生しても**損益通算で**きません。

②新ＮＩＳＡ口座において譲渡益が発生している場合、確定申告をしなくても非課税となります。

問45 **正解：1** 重要度 C

日本投資者保護基金は、国内で営業する**全ての証券会社**が加入します。

なお、証券会社に預けている有価証券や金銭は分別管理されていますので、証券会社が破綻しても、通常、影響はありませんが、分別管理義務違反等により返還できない場合、一般顧客1人あたり**1,000万円**を上限に補償されます。

問46 **正解：2** 重要度 C

①15.315％は所得税のみの税率です。20.42％は非上場株式、大口の上場株式の株主に対する配当金の源泉徴収税率（所得税のみ20.42％）です。

②**申告分離課税**を選択した配当所得は上場株式等の譲渡損失と**損益通算**できますが、**配当控除は**適用できません。

おまけ！

総合課税で確定申告した上場株式等の配当所得は一定要件のもと、配当控除を適用できます。申告不要を選択すると、損益通算も配当控除も適用できません。

問47 **正解：1** 重要度 B

新たに取得した建物、構築物、建物附属設備は**定額法**のみです。

おまけ！ その他の減価償却資産について、**個人**の法定償却方法は**定額法**です。

問48 **正解：2** 重要度 C

速算表は「**課税総所得金額×税率－控除額**」のように使いますので、300万円×10%－9.75万円＝20.25万円となります。

問49 **正解：2** 重要度 C

被相続人の**所得税**の申告期限は相続開始があったことを知った日の翌日から**4カ月**以内です。

おまけ！ **相続税**の申告期限は相続開始があったことを知った日の翌日から**10カ月**以内です。

問50 **正解：1** 重要度 B

所得税における純損失の繰越控除だけでなく、上場株式等の譲渡損失の繰越控除、居住用財産の譲渡損失の繰越控除等の繰越期間も最長**3年**です。

問51 **正解：2** 重要度 A

おまけ！ 公示価格、基準地価格、相続税路線価は**毎年**評価替えされます。

問52　正解：3　　重要度 B

1）事業受託方式は、事業主体は土地所有者が事業主体となって、デベロッパーがパートナーとして調査・企画、設計・施工、建物完成後の管理・運営を行う事業方式です。

2）建設協力金方式は、土地所有者が入居予定の事業会社から建設資金を借り受けて、事業会社の要望に沿った店舗等を建設し、その店舗等を事業会社に賃貸する事業方式です。

問53　正解：3　　重要度 B

農地を転用する場合には、原則、**都道府県知事等の許可**が必要ですが、**市街化区域**にある農地は、許可は不要となり、あらかじめ**農業委員会への届出**をすればよいことになっています。

問54　正解：1　　重要度 B

取得費が5%より低い場合も、譲渡収入金額の**5%**を取得費とすることができます。

問55　正解：2　　重要度 B

ＮＯＩ利回りは「**純収益（年間収入－年間費用）÷投資金額×100**」により求めます。
（1,000万円－400万円）÷1億円×100＝6.0%。

問56　正解：2　　重要度 B

死因贈与は、死亡を前提とする贈与ですので、相続、遺贈と同様に**相続税**の課税対象となります。

問57　正解：1　　重要度 C

①贈与税の申告期間は**2月1日**から**3月15日**までとなっています。

おまけ！ 所得税：2月16日から3月15日まで
個人事業者の消費税：3月31日まで

②贈与税の申告先は、原則、**受贈者**の住所地の所轄税務署長、相続税の申告先は、原則、**被相続人**の住所地の所轄税務署長です。

問58 正解：3

重要度 A

配偶者は必ず相続人になります。一方、血族相続人は第1順位は子、第2順位は直系尊属、第3順位は兄弟姉妹です。
設問では、**子も直系尊属もいませんので、弟Cさんが相続人**になります。配偶者と兄弟姉妹が相続人である場合、**配偶者**の法定相続分は**3／4**、**兄弟姉妹**の法定相続分は**1／4**となります。

問59 正解：2

重要度 

①現在、**暦年**課税方式による生前贈与加算は、相続または遺贈により財産を取得した者が**相続開始前３年以内**に贈与を受けた財産が対象となります。
なお、2027年以降の相続から徐々に長くなり（３年超）、2031年以降に発生する相続からは相続開始前7年以内が対象となります。
②暦年課税方式、相続時精算課税制度ともに、原則、**贈与時**の価額で加算されます。
なお、2027年以降、暦年課税方式の場合、相続税の課税価格に加算される財産は以下のとおりとなります。
相続開始前３年以内：**贈与時**の価額
相続開始前３年より前：贈与時の価額の合計額－100万円

問60 正解：1

重要度 A

貸付事業用宅地等：**200㎡**を限度に**50%**の減額となります。

おまけ！ 特定**居住用**宅地等は**330㎡**を限度に**80%**の減額
特定**事業用**宅地等は**400㎡**を限度に**80%**の減額

苦手な論点を攻略しよう!

第2回目 学科試験

解答・論点一覧

問題	分野	論点	正解	重要度	check!
1	ライフ	関連法規とコンプライアンス	×	A	
2		後期高齢者医療制度	×	B	
3		老齢厚生年金の繰下げ支給	×	B	
4		確定拠出年金	×	A	
5		住宅ローンの繰上げ返済	○	C	
6	リスク	保険契約者保護	○	B	
7		学資(こども)保険	×	B	
8		リビング・ニーズ特約	○	C	
9		逓減定期保険、逓増定期保険	×	C	
10		任意の自動車保険(車両保険)	○	A	
11	金融	景気動向指数	○	B	
12		債券のリスク	×	A	
13		株式の売買	×	B	
14		外貨預金	×	B	
15		預金保険制度	×	B	
16	タックス	配偶者控除	○	B	
17		所得の分類	×	B	
18		減価償却資産	○	B	
19		医療費控除	×	B	
20		小規模企業共済等掛金控除	×	B	
21	不動産	不動産登記	○	A	
22		借家契約の更新	×	B	
23		都市計画区域	×	B	
24		不動産取得税	×	B	
25		居住用財産の譲渡の特例(3,000万円特別控除)	○	B	
26	相続	養子縁組	○	C	
27		債務控除	×	B	
28		配偶者の相続税額の軽減	×	B	
29		相続税額の2割加算	×	B	
30		贈与契約	○	C	
31	ライフ	係数計算	2	A	
32		任意継続被保険者	2	B	
33		教育訓練給付	3	C	
34		障害基礎年金	2	B	
35		日本学生支援機構の奨学金	2	C	

check!

問題	分野	論 点	正解	重要度	
36	リスク	ソルベンシー・マージン	3	C	
37		契約転換	1	C	
38		先進医療特約	3	B	
39		生命保険金の課税	2	B	
40		地震保険	1	A	
41	金融	消費者物価指数	3	C	
42		投資信託のタイプ	1	A	
43		株式の投資指標の計算	1	A	
44		新NISA	2	A	
45		日本投資者保護基金	1	C	
46	タックス	配当所得	2	C	
47		減価償却方法	1	B	
48		所得税の計算	2	C	
49		準確定申告	2	C	
50		青色申告	1	B	
51	不動産	固定資産税評価額	2	A	
52		土地の有効活用方式	3	B	
53		農地法	3	B	
54		概算取得費	1	B	
55		NOI利回りの計算	2	B	
56	相続	死因贈与	2	B	
57		贈与税の申告	1	C	
58		法定相続分	3	A	
59		生前贈与加算	2	C	
60		小規模宅地等の特例	1	A	

※配点は各１点となります

分野別得点表

ライフ	リスク	金融	タックス	不動産	相続
／10	／10	／10	／10	／10	／10

合格基準点数

36 ／60

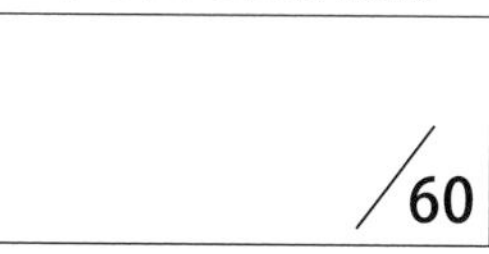

第2回目 # 実技試験 解答解説
金財 個人資産相談業務

【第1問】

《問1》 正解：2

重要度 B

遺族基礎年金は**18歳到達年度末**までの未婚の子または20歳未満の1級・2級の障害等級の未婚の**子がいる配偶者**または**子**に支給されます。
設例の配偶者に支給される遺族基礎年金の金額は、基本額816,000円に**子2人目までは234,800円**、3人目以降は78,300円を加えた額となります。
Aさんには、18歳到達年度末までの子が2人いますので、基本額に234,800円＋234,800円を加えた額が遺族基礎年金として支給されます。

《問2》 正解：2

重要度 B

①遺族厚生年金は、死亡した者に支給されるはずであった老齢厚生年金の報酬比例部分の額の**4分の3**に相当する額が支給されます。
②遺族厚生年金は、在職中に死亡し、被保険者期間が**300月未満**である場合、**300月分が最低保障**されます。
③中高齢寡婦加算は、遺族厚生年金を受給できる**40歳以上65歳未満**の妻に支給されますが、**遺族基礎年金を受給している期間は支給停止**です。

《問3》 正解：3

重要度 B

1）適切

2）適切　第1号被保険者は原因を問いませんが、第2号被保険者は特定疾病によって要介護・要支援となった場合に限り、介護保険の給付を受けられます。

3）不適切　第2号被保険者の自己負担割合（支給限度額の範囲内）は一律1割です。

おまけ！　第1号被保険者は原則1割ですが、一定の高所得者は2割または3割です。

【第2問】

《問4》 正解：2

重要度 B

1）適切　特定口座（源泉徴収あり）では譲渡益に対して所得税15.315％、住民税5％が源泉徴収等されます。

2）不適切　権利確定日の2営業日前（権利確定日当日を含めると3営業日前）までに購入すると配当を受け取ることができます。選択肢の場合、2025年2月26日（水）までに、X社株式を購入する必要があります。この場合の2月26日を権利付き最終日といいます。

3）適切

おまけ！　指値注文では、買い注文は値段が高い注文が優先され、売り注文では値段が安い注文が優先されます。

《問5》 正解：1

重要度 B

1）適切　なお、ＢＢ格以下は**投資不適格債**とされます。

2）不適切　最終利回りは、発行後に購入し、償還期限まで保有する場合の利回りです。

$$\frac{\text{表面利率}+(\text{額面金額}-\text{買付価格})\div\text{残存期間}}{\text{買付価格}}\times 100=\frac{2.0+(100-102)\div 4\text{年}}{102}\times 100$$

≒1.47％

（別解）利回りは**購入金額に対する１年間の利益の割合**です（配当利回りも同様）。

４年間の利益＝利子２円×４年－償還差損２円（額面100円－購入価格102円）＝６円

１年あたりの利益＝６円÷４年＝1.5円

利回り＝1.5円÷102円×100≒1.47％

3）不適切　特定公社債の利子は**所得税15.315％、住民税5％**が源泉徴収等されます。

《問6》 正解：1

重要度 C

1）適切

2）不適切　上場不動産投資信託（J-REIT）の分配金は、**配当所得**として課税されます。

おまけ！　配当控除の適用はありません。

3）不適切　上場不動産投資信託（J-REIT）は、投資家から集めた資金を不動産に投資し、不動産の賃貸収入や売買益を投資家に分配します。**不動産会社の株式には投資しません。**

【第3問】

《問7》 **正解：2** 重要度 C

①55万円の特別控除の要件を満たし、**e-Tax**等を行うと**65万円**の青色申告特別控除を受けられます。

②55万円の特別控除の要件を1つでも満たさない場合（例：貸借対照表を添付しない、確定申告期限後に提出する、事業的規模に満たない不動産の貸付けである等）の青色申告特別控除は**10万円**です。

③**純損失**の繰越控除は**青色**申告者のみ適用できます。

おまけ！ 雑損失の繰越控除は青色申告、白色申告を問わず適用できます。

《問8》 **正解：1** 重要度 A

1）適切 Aさん（65歳以上）の収入の場合の公的年金等控除額は、**最低110万円**認められます。

おまけ！ 原則、65歳未満の公的年金等控除額は**最低60万円**です。

2）不適切 **青色事業専従者給与**の支払いを受けている人は、所得・収入を問わず、**配偶者（特別）控除、扶養控除の対象となりません。**

3）不適切 源泉分離課税となるのは、

・**一時払等**

・契約者が受け取る**5年以内の満期金、解約金**

・養老保険・確定年金等に該当する一定の場合（**終身年金、終身保険でない**）

の全部に該当する場合です。

設例の一時払養老保険の満期保険金は20年満期ですので、一時所得として総合課税の対象となります。

《問9》 正解：1

重要度 A

総所得金額とは**総合課税**の対象となる所得金額の合計額であり、設例の事業所得、一時所得、雑所得は総合課税です。

事業所得＝500万円

一時所得（満期保険金）＝**収入金額－収入を得るために支出した金額－特別控除（最高50万円）**＝300万円－200万円－50万円＝50万円

雑所得＝ゼロ（公的年金等控除額**110万円以下**であるため）

なお、一時所得のうち、**総所得金額に算入される金額は1／2**となるため、

総所得金額は500万円＋50万円×１／２＝525万円となります。

【第4問】

《問10》 正解：2

重要度 A

①建築面積の最高限度は「**敷地面積×建蔽率**」により求めます。

設例では、**建蔽率80%**である**防火**地域内に**耐火**建築物を建築するため、建蔽率は**100%**となり、

建築面積の最高限度は500㎡×100%＝500㎡となります。

②最大延べ面積は「**敷地面積×容積率**」によって求めます。

前面道路（２つ以上ある場合は幅の広い方）の幅員が12m未満である場合、指定容積率と前面道路の幅員に応じて求めた容積率の**低い方**が適用されます。

設例の場合、指定容積率300%＜6×6／10＝36／10　→　300%を適用するため、最大延べ面積は500㎡×300%＝1,500㎡となります。

《問11》 正解：1 重要度 B

①譲渡益が発生する場合の特例、譲渡損失が発生する特例のいずれも、居住の用に供さなくなった日から**３年後の12月31日まで**に譲渡することが要件の１つとされます。

②所有期間**10年超**であり、居住用財産の長期譲渡所得の課税の特例の適用を受けた場合、3,000万円特別控除後の部分のうち、**6,000万円以下**の部分は**所得税（復興特別所得税を含む）は10.21%、住民税は4%**となります。

③特定居住用財産の買換え特例および居住用財産の長期譲渡所得の課税の特例は、いずれも譲渡年の１月１日時点の**所有期間が10年超**であることが要件の1つとなっています。

おまけ！ 3,000万円特別控除には所有期間要件がありません。

《問12》 正解：2 重要度 A

1）適切 路線価の数値はその路線に面する宅地の１㎡あたりの価額（千円単位）、英字部分は借地権割合を示します。

（参考）借地権割合

A：90%、B：80%、**C：70%**、**D：60%**、E：50%、F：40%、G：30%

2）不適切 賃貸マンションの敷地は**貸家建付地**として評価され、**自用地評価額×（１－借地権割合×借家権割合×賃貸割合）**により計算されます。

おまけ！ 建物は貸家として評価され、**固定資産税評価額×（１－借家権割合×賃貸割合）**により計算されます。

3）適切

第2回目 実技試験 解答解説 ≫ 金財 個人資産相談業務

【第5問】

《問13》 **正解：1**　　重要度 **A**

1）不適切　法定相続分は、妻Bさん1／2、長女Cさん、長男Dさんは各1／4となります。配偶者と子が相続人である場合の**遺留分**は相続財産の**1／2**となります。

したがって、妻Bさんの遺留分は1／4、長女Cさん、長男Dさんの遺留分は、各1／8となります。

長男Dさんの遺留分は、2億4,000万円×1／8＝3,000万円となります。

2）適切

おまけ！ **遺言者の推定相続人、受遺者、その配偶者や直系血族等は証人となることはできません。**

3）適切

おまけ！ **法務局に保管**している**自筆証書遺言**は、遺言者の死亡後、**検認は不要**です。

《問14》 **正解：2**　　重要度 **A**

相続税の総額は、課税遺産総額を**法定相続人が法定相続分どおり**に財産を取得するものとして、取得金額を求め、その取得金額に税率を乗じて税額を求めます。
法定相続分：妻Bさん1／2、長女Cさん、長男Dさん各1／4（1／2×1／2）

妻Bさんの相続税　：1億8,000万円×1／2＝9,000万円
9,000万円×30％－700万円＝2,000万円
長女Cさん、長男Dさんの相続税　：1億8,000万円×1／4＝4,500万円
4,500万円×20％－200万円＝700万円
700万円×2人＝1,400万円
相続税の総額＝2,000万円＋1,400万円＝3,400万円

《問15》 **正解：3** 重要度 **A**

1）不適切　「特定居住用宅地等」と「特定事業用等宅地等」について適用を受ける場合には、面積調整は必要なく、それぞれ限度面積（330㎡＋400㎡＝730㎡）まで適用できますが、「特定居住用宅地等（特定事業用等宅地等）」と「**貸付事業用宅地等**」について適用を受ける場合は、**適用面積について面積調整**を行います。

2）不適切　**特定居住用宅地**等に該当する自宅の敷地を**配偶者**が**相続**により取得した場合は、**所有継続要件**、**居住継続要件**なく、330㎡までの部分について評価額が80％減額されます。

3）適切　2）解説参照

苦手な論点を攻略しよう！

第2回目 金財実技試験 個人資産相談業務

解答・論点一覧

check!

大問	問題	分野	論点	正解	重要度	配点	
第1問	1	ライフ	遺族基礎年金	2	B	4	
	2		遺族厚生年金	2	B	3	
	3		介護保険	3	B	3	
第2問	4	金融	株式の売買等	2	B	4	
	5		債券	1	B	3	
	6		J-REIT	1	C	3	
第3問	7	タックス	青色申告	2	C	3	
	8		所得税総合	1	A	3	
	9		総所得金額の計算	1	A	4	
第4問	10	不動産	建蔽率と容積率の計算	2	A	4	
	11		居住用財産の譲渡の特例	1	B	3	
	12		宅地の評価	2	A	3	
第5問	13	相続	遺言と遺留分	1	A	3	
	14		相続税の計算	2	A	4	
	15		小規模宅地等の評価減の特例	3	A	3	

得点表

第1問	第2問	第3問	第4問	第5問
ライフ	金融	タックス	不動産	相続
／10	／10	／10	／10	／10

合格基準点数 30／50

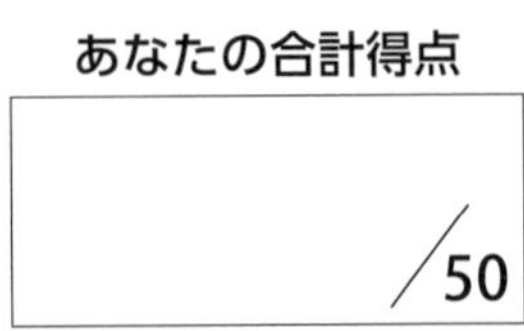

あなたの合計得点

／50

MEMO

第2回目 実技試験 

金財　保険顧客資産相談業務

【第1問】

《問1》 正解：3

重要度 B

遺族基礎年金は18歳到達年度末までの未婚の子または20歳未満の1級・2級の障害等級の未婚の子がいる配偶者または子に支給されます。

設例の配偶者に支給される遺族基礎年金の金額は基本額816,000円に、子2人目までは234,800円、3人目以降は78,300円が加算されます。Aさんには、18歳到達年度末までの子が3人いますので、

816,000円＋234,800円＋234,800円＋78,300円が支給されます。

《問2》 正解：2

重要度 B

1）不適切　遺族厚生年金は、死亡した者に支給されるはずであった老齢厚生年金の報酬比例部分の額の４分の３に相当する額が支給されます。

2）適切

おまけ！  中高齢寡婦加算は、遺族厚生年金を受給できる40歳以上65歳未満の妻に支給されますが、遺族基礎年金を受給している期間は支給停止です。

3）不適切　在職中に死亡した場合で、厚生年金保険の被保険者期間が300月未満である場合は、300月分が最低保障されます。

《問3》 正解：1

重要度 B

1）不適切　介護保険の要介護認定の申請は保険者である、**市町村**（特別区である東京23区を含む）に対して行います。

2）適切　介護保険の第1号被保険者は**65歳以上**、第2号被保険者は**40歳以上65歳未満の医療保険加入者**です。

3）適切

第1号被保険者は**原因を問わず**要介護・要支援となると介護保険の給付を受けられますが、第2号被保険者は**特定疾病**によって要介護・要支援となった場合に限り、介護保険の給付を受けられます。

【第2問】

《問4》 正解：1

重要度 A

1）適切　**告知のみを済ませた段階**であれば、**クーリング・オフできる可能性はありますが、医師の診査を受けた場合はクーリング・オフできません。**

2）不適切　クーリング・オフは**書面（電磁的記録を含む）**によって行います。口頭ではできません。

3）不適切　**生命保険募集人は告知受領権を有していません**（告知受領権は保険会社にあります）。

《問5》 正解：2

重要度 A

1）不適切　先進医療特約は、**療養時点**において先進医療として定められているものが給付対象です。

2）適切　保険料が高い方から並べると、

　①**無選択型保険**→健康状態の告知や医師の診査不要

　②**引受基準緩和型保険**（限定告知型）→告知項目が少ない

　③**通常の保険**

となります。

3）不適切　被保険者が受け取る三大疾病一時金は**非課税**です。

《問6》 正解：3

重要度 

1）適切

2）適切

3）不適切　傷病手当金は、支給開始日から起算して通算**1年6カ月**を限度に支給されます。

傷病手当金の1日あたりの支給額＝支給開始日の属する月以前の直近**12カ月**間の各月の標準報酬月額の平均額÷30日×2／3

【第3問】

《問7》 正解：2

重要度 

①中退共の掛金は**事業主**が負担し、支払った掛金は**全額損金**に算入できます。

②加入後4カ月目から**1年間**、国の助成を受けられます。

③従業員が退職した場合、退職金は**従業員に直接支給**されます。

《問8》 正解：2

重要度 A

2019年７月７日までに締結した長期平準定期保険[※1]の保険料は、**前半６割期間は２分の１を前払保険料**として資産に計上し、**２分の１を損金に算入**します。

現時点は保険期間50年（45歳[※2]から95歳）のうち、20年経過時点になります。保険期間50年[※3]の前半6割期間（50年×6割＝30年）に該当するため、払込保険料6,000万円（300万円×20年）の２分の１である3,000万円が前払保険料として資産に計上されています。

解約返戻金が5,500万円ですので、前払保険料との差額2,500万円を雑収入として益金に算入します。

※１

長期平準定期保険の定義

保険期間満了時の被保険者の年齢＝70歳超（設例は95歳）

契約時の被保険者の年齢＋保険期間×２＝105超（設例は45＋50×２＝145）

※２

払込保険料累計額　6,000万円÷年払保険料300万円＝20年

契約時点年齢　65歳－20年＝45歳

※３

保険期間＝95歳－45歳＝50年

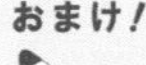

１）は保険料を全額損金算入できる定期保険等を解約した場合の経理処理

３）は保険料を全額資産に計上する生命保険（保険金受取人が法人である終身保険等）を解約した場合の経理処理です。

《問9》 正解：2

重要度 A

1）不適切 契約者貸付制度を利用すると、**解約返戻金の一定範囲内**で資金を調達できます。

おまけ！ **借入時、返済時ともに経理処理が必要**となります。

借入時

借　方		貸　方	
現金・預金	○○円	借入金	○○円

返済時

借　方		貸　方	
借入金	○○円	現金・預金	○○円
支払利息	○○円		

2）適切 保険金、解約返戻金等の**使い途は自由**です。

3）不適切 保険料の払込を中止して、解約返戻金をもとに終身保険に変更する（払済終身保険に変更する）場合、**経理処理は必要**となります。前問の**現金・預金の部分が保険料積立金**となります。

現時点で払済終身保険に変更する場合の経理処理

借　方		貸　方	
保険料積立金	5,500万円	前払保険料	3,000万円
		雑収入	2,500万円

【第4問】

《問10》 正解：2

重要度 C

①青色申告の対象となるのは、**不動産**所得、事業所得、**山林**所得を生ずる業務を行う者です。

②55万円の特別控除の要件を満たし、**e-Tax**等を行うと**65万円**の青色申告特別控除を受けられます。

ただし、55万円の特別控除の要件を1つでも満たさない場合（例：貸借対照表を添付しない、確定申告期限後に提出する、事業的規模に満たない不動産の貸付けである等）の青色申告特別控除は最高**10万円**です。

③純損失の繰越控除は翌年以後**3年間**認められます。

《問11》 正解：1

重要度 A

1）適切　扶養控除は、生計を一にする**16歳以上**である親族等（配偶者以外）の合計所得金額が**48万円以下**（給与収入のみの場合は103万円以下）である場合に適用を受けることができます。

長男Cさんは20歳で、合計所得金額は48万円以下（給与収入80万円−給与所得控除額55万円）であるため、**特定扶養親族**に該当し、扶養控除の額は**63万円**となります。

2）不適切　長女Dさんは**16歳未満**であるため、**扶養控除の適用はありません。**

3）不適切　**青色事業専従者給与**の支払いを受けている人は、所得・収入を問わず、**配偶者（特別）控除、扶養控除の対象となりません。**

《問12》 正解：3 重要度 

①2022年以降入居の場合の控除率は**0.7%**です。

②一定以上の省エネ基準要件を満たす**新築等住宅の控除期間は13年**、個人間売買の**中古住宅等の控除期間は10年**です。

③入居**１年目は確定申告が必要**ですが、**２年目以降**は年末調整で申告・納税を完了する給与所得者は**年末調整**で控除できます。

【第５問】

《問13》 正解：2 重要度 A

1）適切

2）不適切　**推定相続人、受遺者、その配偶者や直系血族等は証人となることはできません。**なお、公正証書遺言の作成は２人以上の証人が必要という記述は適切です。

3）適切

おまけ！

自宅保管の自筆証書遺言は、遺言者の死亡後、遺言の発見後は遅滞なく**家庭裁判所の検認**を受けなければなりません。

《問14》 正解：1

重要度 A

①法定相続分は、妻Ｂさん１／2、長女Ｃさん、二女Ｄさんは各１／４となります。
また、配偶者と子が相続人である場合の**遺留分**は相続財産の**１／２**となります。
以上より、妻Ｂさんの遺留分は１／４、長女Ｃさん、二女Ｄさんの遺留分は各１／８となります。
したがって、二女Ｄさんの遺留分は2億4,000万円×１／８＝3,000万円となります。

②相続税の対象となる死亡保険金を**相続人**が受け取る場合は「**500万円×法定相続人の数**」の金額が非課税となります。設例の法定相続人の数は3人ですので、500万円×3人＝1,500万円が非課税となり、死亡保険金6,000万円のうち、課税価格に算入される金額は6,000万円－1,500万円＝4,500万円となります。

③**特定居住用宅地等**に該当する自宅の敷地を**配偶者が相続により取得**した場合は、**330㎡**までの部分について評価額が**80％減額**されます。設例の場合、自宅敷地は200㎡であり、敷地全体が80％減額となるため、5,000万円×（1－0.8）＝1,000万円となります。

《問15》 正解：2

重要度 A

相続税の総額は、課税遺産総額を**法定相続人が法定相続分どおり**に財産を取得するものとして、取得金額を求め、その取得金額に税率を乗じて税額を求めます。
法定相続分：妻Ｂさん１／２、長女Ｃさん、二女Ｄさん各１／４（１／２×１／２）

配偶者の相続税：2億4,000万円×１／２＝１億2,000万円
1億2,000万円×40％－1,700万円＝3,100万円

長女Ｃさん、二女Ｄさんの相続税：2億4,000万円×１／４＝6,000万円
6,000万円×30％－700万円＝1,100万円
1,100万円×２人＝2,200万円

相続税の総額＝3,100万円＋2,200万円＝5,300万円となります。

第2回目 金財実技試験 保険顧客資産相談業務

解答・論点一覧

大問	問題	分野	論点	正解	重要度	配点	check!
第1問	1	ライフ	遺族基礎年金	3	B	4	
	2		遺族厚生年金	2	B	3	
	3		介護保険	1	B	3	
第2問	4	リスク	生命保険の加入	1	A	4	
	5		生命保険の保障内容等	2	A	3	
	6		健康保険の給付	3	A	3	
第3問	7		中小企業退職金共済	2	C	3	
	8		生命保険解約時の経理処理	2	A	4	
	9		生命保険の活用（契約者貸付、保険金の使途）	2	A	3	
第4問	10	タックス	青色申告	2	C	3	
	11		所得控除	1	A	4	
	12		住宅借入金等特別控除	3	C	3	
第5問	13	相続	遺言	2	A	3	
	14		相続の計算	1	A	4	
	15		相続税の計算	2	A	3	

得点表

第1問	第2問	第3問	第4問	第5問
ライフ	リスク	リスク	タックス	相続
／10	／10	／10	／10	／10

合格基準点数
30 ／50

あなたの合計得点

／50

MEMO

第2回目 実技試験 解答解説
日本FP協会　資産設計提案業務

問1　正解：1　　重要度 A

1．適切　生命保険募集人・生命保険仲立人、金融サービス仲介業の登録がなくても、有償で**必要保障額を計算**することはできます。

2．不適切　弁護士資格を有しない者が報酬を得る目的で**法律事務を取り扱うと弁護士法に抵触**します。法律の一般的な説明であれば問題ありません。

3．不適切　税理士資格を有しない者は**無償であっても**、個別具体的な税務相談はできません。

問2　正解：3　　重要度 A

（ア）将来の基本生活費＝**現在の金額×（1＋変動率）^{経過年数}**＝330万円×（1＋0.02）^{4}≒357万円（万円未満四捨五入）。

（イ）年間収支＝**収入合計－支出合計**＝664万円－707万円＝▲43万円。

（ウ）金融資産残高＝**前年の金融資産残高×（1＋変動率）±今年の年間収支**＝860万円×（1＋0.01）＋23万円≒892万円（万円未満四捨五入）。

問3　正解：1

重要度 B

普通預金、定期預金は１金融機関につき預金者１人あたり元本1,000万円までとその利子について預金保険制度の保護の対象となりますが、**外貨預金、投資信託は預金保険の保護の対象外**です。

したがって、300万円＋200万円＝500万円が預金保険制度によって保護されます。

問4　正解：2

重要度 B

1．不適切　<資料>に「**毎月分配型**」とあるため、新ＮＩＳＡで購入できません。

2．適切　<資料>に「**内外**」とあるため、国内および海外の資産を投資対象とすることが分かります。

3．不適切　投資家が購入する際に支払う代金は、投資対象の価額（基準価額（１万口当たり）÷１万口×購入口数）と手数料（購入時手数料（税込））です。**運用管理費用**は保有期間中に信託財産から**日々差し引かれる**手数料です。

問5　正解：2

重要度 A

（ア）購入時手数料＝5,000,000円×1.1％＝55,000円

（イ）設問の場合、**収益分配前の個別元本9,600円と収益分配前の基準価額10,000円の差額400円が利益**ですので、収益分配金のうち、400円が**課税対象となる普通分配金**、700円－400円＝**300円**が非課税となる**元本払戻金（特別分配金）**です。

問6　正解：2

重要度 

（ア）表題部は土地・建物の**物理的概要**が記録されます。

（イ）権利部（甲区）は**所有権**に関する事項が記録されます。

（ウ）権利部（乙区）は所有権以外の権利に関する事項（**抵当権等**）が記録されます。

問7　正解：2

重要度 

延べ面積の最高限度は「**敷地面積×容積率**」により求めます。前面道路の幅員が12m未満である場合、都市計画で定める容積率または前面道路幅員により求める容積率の**低い方**が適用されます。

指定容積率400％＞6×6/10＝360％であるため、360％が適用され、延べ面積の最高限度は700㎡×360％＝2,520㎡となります。

問8　正解：2

重要度 

特定疾病保険金：初めて**がんと診断**されたため、1,000万円

入院給付金：がんによる入院は、**疾病**入院特約および**生活習慣病**入院特約から支払われます。入院日数20日、入院５日目から（**当初４日分は支払われない**）支払われるため、支払日数は16日となり、２万円×16日＝32万円が支払われます。

交通事故による入院は**災害**入院特約から支払われます。入院日数10日、入院５日目から（**当初４日分は支払われない**）支払われるため、支払日数は６日となり、１万円×６日＝６万円が支払われます。

手術給付金：給付倍率40倍であるため、１万円×40倍＝40万円が支払われます。

合計で1,000万円＋32万円＋６万円＋40万円＝1,078万円が支払われます。

問9 正解：3　　重要度 B

生命保険料控除は、2011年までに締結した契約と2012年以降に締結した契約で、控除の種類や控除額が異なります。
設問の生命保険契約は、いずれも2012年以降の契約であり、**定期保険は新生命保険料控除**、**がん保険は介護医療保険料控除**の対象となります。
定期保険：60,000円×１／４＋20,000円＝35,000円
がん保険：40,000円×１／２＋10,000円＝30,000円
よって、本年分の控除額は35,000円＋30,000円＝65,000円となります。

問10 正解：1　　重要度 C

1．不適切　選択肢は時価の説明です。**再調達価額**とは「使用による損耗分」を差し引く前の金額のことをいいます。

2．適切

おまけ！　保険金額が保険価額よりも低く設定されている保険を「**一部保険**」、保険金額と保険価額が同じである保険を「**全部保険**」といいます。

3．適切

おまけ！　契約者が保険会社に支払う金銭のことを**保険料**といいます。

問11 正解：1　　重要度 B

総所得金額とは**総合課税**の対象となる所得金額のことであり、設問の場合、**事業所得、給与所得は総合課税**ですが、**退職所得、上場株式等の譲渡所得は分離課税**です。
以上より、総所得金額は400万円＋300万円＝700万円です。

問12　正解：2

重要度 

新規で取得する建物の減価償却費は「**取得価額×定額法償却率×業務供用月数÷12**」で求めます（**定率法は選択できません**）。業務供用月数は6月から12月までの7カ月です。

60,000,000円×0.022×7／12＝770,000円

問13　正解：1

重要度 C

課税所得金額＝**所得金額－所得控除**＝800万円－200万円＝600万円

所得税額＝**課税所得金額×税率－控除額**＝600万円×20％－42.75万円＝772,500円

問14　正解：3

重要度 A

相続の放棄がなければ、配偶者（幸子さん）と母（芳江さん）が相続人となりますが、**母**（芳江さん）が**相続放棄**をしたため、**兄弟姉妹**である花子さん、一郎さんが**相続人**となります。配偶者と兄弟姉妹が相続人である場合、法定相続分は、**配偶者3／4**、**兄弟姉妹1／4**となり、兄弟姉妹で等分するため、花子さん、一郎さんの法定相続分は各8分の1となります。

問15　正解：2

重要度 B

暦年課税方式による贈与税は（課税価格－**基礎控除110万円**）×税率－控除額により求めます。

清高さんは32歳、清高さんの母、祖父は直系尊属であり、設問の場合は、**（イ）の贈与**（特例贈与財産）に該当します。

（600万円＋110万円－110万円）×20％－30万円＝90万円となります。

問16　正解：2

重要度 C

普通借地権の評価額は「**自用地評価額×借地権割合**」により求めます。

自用地評価額＝**路線価×奥行価格補正率×面積**＝240千円×1.0×300㎡＝72,000千円（選択肢３）。

普通借地権の評価額＝72,000千円×70％＝50,400千円

選択肢１

貸宅地の評価額＝**自用地評価額×（1－借地権割合）**＝72,000千円×（1－70％）＝21,600千円

問17　正解：2

重要度 A

純資産＝**資産－負債**により求めます。

資産＝普通預金650＋定期預金500＋財形年金貯蓄320＋上場株式240＋生命保険80＋不動産3,000＝4,790（万円）

負債＝3,000（万円）

純資産＝4,790（万円）－3,000（万円）＝1,790（万円）となります。

問18　正解：3

重要度 A

一定期間にわたり複利運用しながら一定金額を取り崩すことができる金額は「**元本×資本回収係数**」により求めます。

600万円×0.21216＝1,272,960円。

元本１を５年間にわたり一定金額を均等に取り崩す場合、元本部分の取り崩し額は１÷５＝0.2、利息を加えると0.2より少し多くなるため、乗ずる係数は0.2より少し大きい0.21216とわかります。

問19 **正解：2** 重要度 

1．不適切 介護保険は、65歳以上の者を第１号被保険者、40歳以上65歳未満の公的医療保険加入者を第２号被保険者とします。

2．適切

3．不適切 介護保険の給付を受けるためには、**市町村または特別区**の認定を受ける必要があります。その他の記述は適切です。

問20 **正解：1** 重要度 B

1．適切

おまけ！ 繰下げ受給した場合の増額も**一生涯続きます。**

2．不適切 老齢基礎年金と老齢厚生年金は**同時に繰上げ受給**しなければなりません。

おまけ！ **繰下げ受給は一方のみ**を繰り下げたり、**異なる時期から**の繰下げ受給を選択できます。

3．不適切 加藤さんの場合、老齢基礎年金および老齢厚生年金の繰上げ受給した場合の年金額は、繰上げ月数１月当たり0.4％減額されます。

苦手な論点を攻略しよう！

第2回目　日本FP協会実技試験　資産設計提案業務

解答・論点一覧

問題	分野	論点	正解	重要度	check!
1	ライフ	関連法規とコンプライアンス	1	A	
2		キャッシュフロー表の計算	3	A	
3	金融	預金保険の計算	1	B	
4		投資信託の資料読み取り	2	B	
5		投資信託の手数料と分配金の計算	2	A	
6	不動産	不動産登記	2	C	
7		建築物の延べ面積の計算	2	A	
8	リスク	生命保険の証券分析	2	A	
9		生命保険料控除の計算	3	B	
10		損害保険の用語	1	C	
11	タックス	総所得金額の計算	1	B	
12		減価償却費の計算	2	C	
13		所得税額の計算	1	C	
14	相続	相続人と法定相続分	3	A	
15		贈与税の計算	2	B	
16		借地権の計算	2	C	
17	ライフ	バランスシートの計算	2	A	
18		係数計算	3	A	
19		介護保険	2	C	
20		繰上げ支給	1	B	

※配点は各５点となります

分野別得点表

ライフ	リスク	金融	タックス	不動産	相続
／30	／15	／15	／15	／10	／15

合格基準点数
60／100

あなたの合計得点

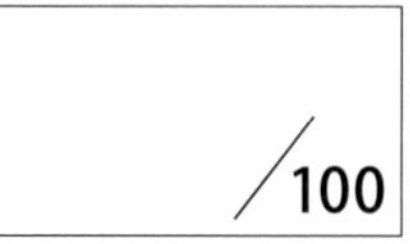

／100

第3回目 学科試験

【正誤式問題】

問1 正解：✕ 重要度 C

生命保険募集人・生命保険保険仲立人、金融サービス仲介業の登録を受けていない者は、生命保険の募集・勧誘はできませんが、**必要保障額を試算**したり、**生命保険商品の一般的な商品性**を説明することは**問題ありません。**

問2 正解：◯ 重要度 B

免除、猶予を受けている保険料は**10年**前の分まで遡って納付できます。

おまけ！ 滞納分は**2年**前の分までです。

問3 正解：◯ 重要度 B

障害厚生年金も同様、1級の年金額は2級の年金額の**1.25**倍となります。

問4 正解：◯ 重要度 C

おまけ！ 国民年金の保険料は性別や年齢にかかわらず一律です。

問5 正解：◯

重要度 A

おまけ！ 所定の海外留学資金、自宅外通学、大学院等の場合の融資限度額は450万円となります。

問6 正解：◯

重要度 A

おまけ！ 被保険者自身の傷害は、**自動車損害賠償責任保険**や**対人賠償保険**では補償されません。

問7 正解：◯

重要度 B

おまけ！ 変額個人年金保険は**特別勘定**で運用されます。

問8 正解：✕

重要度 B

がん保険の免責期間は一般に契約後**3カ月**または**90日**です。免責期間内にがんと診断されると契約は無効となります。

問9 正解：✕

重要度 

販売・製造したものが原因で顧客に損害を与えた場合に補償する損害保険は、**生産物賠償責任保険**です。

おまけ！ 施設所有（管理）者賠償責任保険は、施設の所有・使用・管理、その施設における仕事の遂行に伴って生じた偶然な事故により、他人の身体、財産に損害を与えた場合の損害賠償責任に備える保険です。

問10 **正解：×** 重要度 **B**

自宅建物および家財を対象として支払った地震保険料のうち、所得税では**支払った全額**（5万円を限度）、住民税では支払った金額の2分の1（2万5千円を限度）が所得控除の対象となります。

問11 **正解：○** 重要度 **C**

複利は利息にも利息がつく仕組みであり、１年複利では１年ごとに利息がつきます。
1,000,000円×1.01^4＝1,000,000円×1.01×1.01×1.01×1.01＝1,040,604円となります。

問12 **正解：×** 重要度 **B**

指値注文は**不利な注文から優先的に成立**します。つまり、買い注文は高い注文、売り注文は安い注文が優先されます。

おまけ！ **成行注文**は「いくらでもよい」という注文なので、**指値注文より優先**されます。

問13 **正解：×** 重要度 **C**

マネーストックには、**国や金融機関が保有する通貨量は含まず**、一般法人、個人、地方公共団体などが保有する通貨量の残高を集計したものです。

問14 **正解：○** 重要度 **A**

相関係数は－１～１の間の数値で表示されます。
相関係数「－１」は全く逆の値動きであることを表しますので、分散投資による**リスク低減効果は最大**となります。
相関係数「１」は全く同じ値動きであることを表しますので、分散投資による**リスク低減効果はありません**。

問15 **正解：×** 重要度 B

日経平均株価は、東京証券取引所プライム市場に上場する代表的な225銘柄を対象として算出される株価指標です。

問16 **正解：○** 重要度 A

おまけ！ 申告分離課税により確定申告をした場合、配当控除は適用できませんが、上場株式等の譲渡損失と損益通算できます。

問17 **正解：×** 重要度 B

一時所得は「総収入金額－支出金額－特別控除額（最高50万円）」で求め、総所得金額に算入されるのは、損益通算後に残った一時所得の2分の1となります。総所得金額に算入される一時所得は、（600万円－400万円－50万円）×１／２＝75万円となります。

問18 **正解：×** 重要度 C

セルフメディケーション税制（医療費控除の特例）の医療費控除額は「（特定一般用医薬品等購入費等－保険金等で補てんされる金額）－1.2万円」により求め、限度額は8.8万円となります。

問19 **正解：×** 重要度 B

納税者が自分の確定拠出年金の掛金を支払った場合、全額が小規模企業共済等掛金控除の対象となります。

問20 **正解：×** 重要度 C

ふるさと納税の寄付先の地方公共団体が５以下であることが適用要件の１つとなっています。

問21 **正解：×** 重要度 C

「居住用財産を譲渡した場合の長期譲渡所得の課税の特例」により、**所得税10.21%**、**住民税４%**の軽減税率の対象となるのは、課税長期譲渡所得金額のうち**6,000万円以下**の部分です。

問22 **正解：○** 重要度 B

事業用定期借地権等は居住用以外の建物を目的とした借地権ですので、**マイホーム、賃貸アパート、社宅・寮等は対象外**です。

問23 **正解：×** 重要度 C

絶対高さ制限は、第一種・第二種低層住居専用地域、田園住居地域に適用され、原則**10m**または**12m**が限度とされます。

問24 **正解：×** 重要度 B

住宅用地の住宅1戸当たり200㎡までの部分の課税標準は、固定資産税評価額の**6分の1**、200㎡超の部分は3分の1となります。

問25 **正解：×** 重要度 C

被相続人の居住用財産（空き家）に係る譲渡所得の特別控除は、譲渡対価が**1億円以下**であることが要件とされます。

問26 **正解：×** 重要度 C

相続税、贈与税を一括で納付できない場合は、分割払い（**延納**）が認められます。なお、**物納**は**相続税のみ**で認められており、贈与税では認められません。

問27　正解：○　　重要度 A

自筆証書遺言の全文、署名は自書で作成することを原則としますが、**財産目録はコピーやパソコンで作成できます。**

問28　正解：×　　重要度 B

通夜・本葬費用は債務控除の対象となりますが、初七日、四十九日の法会費用は債務控除の対象外です。

問29　正解：○　　重要度 C

例えば、時価（通常の取引価額）が1,000万円、支払った対価が200万円である場合、800万円が贈与税の課税対象となります。

問30　正解：×　　重要度 C

設問は、類似業種比準方式についての説明です。純資産価額は、相続税評価額による時価純資産を基にして算出します。

【三答択一式問題】

問31　正解：3　　重要度 C

可処分所得は、「**収入－（所得税＋住民税＋社会保険料）**」により求めます。
800万円 －（60万円＋120万円）＝ 620万円。

問32　正解：2　　重要度 C

公的介護保険の**第1号**被保険者は**65歳以上**、**第2号**被保険者は**40歳以上65歳未満**の公的医療保険加入者です。

問33 正解：3

重要度 B

付加保険料が400円、付加年金は「200円×付加保険料納付月数」となります。付加年金を２年もらうと、支払った保険料と同じ額「200円×付加保険料納付月数×２年」となります。

問34 正解：2

重要度 B

中高齢寡婦加算の年齢要件は介護保険第２号被保険者と同じです。
夫の死亡当時、40歳未満の場合、子がいなければ支給されず、子がいる場合は遺族基礎年金支給終了までは中高齢寡婦加算は支給されず、要件を満たせば、遺族基礎年金支給終了後、65歳に達するまで、遺族厚生年金に加算して支給されます。

問35 正解：1

重要度 C

貸金業者による個人向け貸付（クレジットカードのキャッシングを含む。住宅ローンや自動車ローン等は除く）は年収の**3分の1**が限度とされています。

問36 正解：1

重要度 C

おまけ！ 保険期間１年以下の保険、自賠責保険等の法令上の加入義務がある保険、法人契約や事業のための契約、医師による診査が終了したときは、申込みの撤回（クーリング・オフ）はできません。

問37 正解：2

重要度 B

おまけ！ 保険料の払込みを中止して、解約返戻金をもとに、元の保険や養老保険、終身保険として継続する方法は払済保険といいます。

問38 正解：3

重要度 B

1）2）は、急激・偶然・外来によるケガであるため、補償されます。

3）細菌性食中毒は普通傷害保険では補償されませんが、国内・海外旅行傷害保険では補償されます。

問39 正解：1

重要度 A

2）施設所有（管理）者賠償責任保険は、施設の所有・使用・管理、施設における仕事の遂行に伴って生じた偶然な事故により、他人の身体、生命、財産に損害を与え、法律上の損害賠償責任を負うことによって被る損害に対して保険金が支払われます。

3）生産物賠償責任保険は製造、販売した商品の欠陥や仕事の結果に伴って生じた偶然な事故により、他人の身体、生命、財産に損害を与え、法律上の損害賠償責任を負うことによって被る損害に対して保険金が支払われます。

問40 正解：3

重要度 B

対人賠償保険金は損害賠償金としての性格を有するため、非課税となります。

問41 正解：3

重要度 B

日本銀行が債券を売る＝日本銀行が債券を売った代金として市場からお金を受け取る＝市場に流通する資金量が減る、という関係となります。資金量が減ると、相対的に資金に対するニーズが高まるため、金利は上昇しやすくなります。
買いオペはこの反対となります。

問42 正解：2

重要度 C

個人向け国債（10年もの、5年もの、3年もの）の3タイプには、最低保証利率0.05％、1万円単位での購入、毎月発行、半年ごとの利払、原則1年経過後から中途換金できる、という共通点があります。

問43 正解：1

重要度 A

①配当性向は「(1株当たり) 配当金÷（1株当たり）純利益×100（%）」で求めます。30円÷50円×100＝60%。

②自己資本利益率は「(1株当たり) 純利益÷（1株当たり）自己資本×100（%）」で求めます。50円÷400円×100＝12.5%。

問44 正解：3

重要度 B

①買う権利を「コール」、売る権利を「プット」といいます。

②「満期までの残存期間が長い＝チャンスが多い」と捉えられますので、オプション料（取引価値）は高くなります。

問45 正解：2

重要度 B

おまけ！ 外貨預金の為替差損は損益通算できません。

問46 正解：3

重要度 B

おまけ！ 国内預貯金の利子は、源泉分離課税の対象です。

問47 正解：2

重要度 A

不動産所得の損失のうち、土地等の取得に係る負債利子の部分は損益通算できません。設問の場合、不動産所得は300万円－350万円＝▲50万円となりますが、土地等の取得に係る負債利子20万円分は損益通算できませんので、30万円の損失が損益通算の対象となります。

問48 正解：3

重要度 A

所得税の扶養控除
16歳未満：**ゼロ**
16歳以上19歳未満：**38万円**
19歳以上23歳未満：**63万円**（設問）
23歳以上70歳未満：38万円
70歳以上の同居老親等：**58万円**
70歳以上のその他の老人扶養親族：48万円

問49 正解：2

重要度 B

一定の要件を満たす床面積40㎡以上50㎡未満の新築住宅等の場合、控除を受けようとする年の合計所得金額が1,000万円を超える年は、住宅借入金等特別控除の適用を受けることができません。

問50 正解：1

重要度 B

1）所得控除のうち、**医療費**控除、**雑損**控除、**寄附金**控除（ふるさと納税のワンストップ特例制度の適用を受ける場合を除く）は**確定申告が必要**です。
2）給与所得者のうち、給与所得、退職所得以外の所得金額の合計額（源泉分離課税、源泉徴収で課税を終了するものを除く）が**20万円超**の者は確定申告が必要です。
3）**給与収入**が**2,000万円を超**える者は確定申告が必要です。

問51 正解：3

重要度 A

不動産の物理的概要は表題部、**所有権**に関する事項は権利部**甲区**、**所有権以外**の権利に関する事項（抵当権、賃借権等）は権利部**乙区**に記録されます。

問52 正解：2

重要度 A

普通決議事項は過半数の賛成、**建替え**決議は**5分の4以上**の賛成が必要です。

第3回目 学科試験 解答解説

問53 正解：1

重要度 A

おまけ！ 専任媒介契約は自己発見取引できますが、専属専任媒介契約は自己発見取引できない点で異なります。

問54 正解：3

重要度 B

マイホームの譲渡の特例の共通要件に
・居住しなくなった日から３年後の年の年末までに譲渡すること
・配偶者、直系血族、生計一親族に対する譲渡でないこと
等があります。

問55 正解：3

重要度 B

おまけ！ 等価交換方式では土地所有者の資金調達は不要です。

問56 正解：2

重要度 B

遺留分は相続人が取得できる最低保証割合で、原則として**相続財産の1／2が遺留分**となります（直系尊属のみが相続人である場合は相続財産の1／3）。
相続人が妻、長女、二女、三女であるため、法定相続分は妻1／2、長女、二女、三女は各1／６となり、遺留分はその1／2ですので、妻の遺留分は1／4、長女、二女、三女の遺留分は各1／12となります。
妻の遺留分は、1億8,000万円×１／４＝4,500万円となります。

問57 正解：2

重要度 B

①**贈与税の配偶者控除**には20年以上の婚姻期間要件があります。なお、相続税の配偶者の税額軽減には婚姻期間要件はありません。どちらも法律婚であることが要件です。

②贈与税の配偶者控除は**基礎控除110万円とは別に適用**できるため、最高で2,110万円まで贈与税がかかりません。

問58 正解：3

重要度 B

相続税の計算における遺産に係る基礎控除額は「**3,000万円＋600万円×法定相続人の数**」により求めます。

設問の場合、法定相続人の数は3人（妻Bさん、姉Cさん、妹Dさん）ですので、基礎控除は3,000万円＋600万円×3人＝4,800万円となります。

問59 正解：2

重要度 C

貸家の相続税評価額は、「**自用家屋としての評価額×（1－借家権割合×賃貸割合）**」により求めます。

おまけ！ 土地を所有する者が貸家を建築した場合の敷地（貸家建付地）は「自用地評価額×（1－借地権割合×借家権割合×賃貸割合）」により求めます。

問60 正解：1

重要度 B

株価変動により不利にならないように配慮されています。

具体的には「課税時期の終値」「課税時期の属する月の平均」「課税時期の属する月の前月の平均」「課税時期の属する月の前々月の平均」の4つのうち、**最も低い価額**となります。

苦手な論点を攻略しよう！

第 3 回目 学科試験

解答・論点一覧

check!

問題	分野	論点	正解	重要度	
1	ライフ	関連法規とコンプライアンス	×	C	
2		国民年金保険料の追納	○	B	
3		障害基礎年金	○	B	
4		国民年金基金	○	C	
5		国の教育ローン	○	A	
6	リスク	人身傷害補償保険	○	A	
7		変額個人年金保険	○	B	
8		がん保険	×	B	
9		生産物賠償責任保険	×	C	
10		地震保険料控除	×	B	
11	金融	複利計算	○	C	
12		株式の売買	×	B	
13		マネーストック	×	C	
14		相関係数	○	A	
15		日経平均株価	×	B	
16	タックス	配当控除	○	A	
17		一時所得	×	B	
18		セルフメディケーション税制	×	C	
19		小規模企業共済等掛金控除	×	B	
20		ふるさと納税（ワンストップ特例制度）	×	C	
21	不動産	居住用財産の譲渡の特例（軽減税率）	×	C	
22		定期借地権	○	B	
23		建築物の高さ制限	×	C	
24		固定資産税	×	B	
25		空き家の譲渡	×	C	
26	相続	贈与税の納付	×	C	
27		自筆証書遺言	○	A	
28		債務控除	×	B	
29		低額譲渡	○	C	
30		取引相場のない株式の評価	×	C	
31	ライフ	可処分所得の計算	3	C	
32		介護保険	2	C	
33		付加年金	3	B	
34		中高齢寡婦加算	2	B	
35		貸金業法の総量規制	1	C	

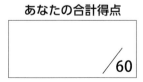

問題	分野	論 点	正解	重要度	check!
36	リスク	クーリング・オフ	1	C	
37		延長保険	2	B	
38		普通傷害保険	3	B	
39		法人の損害保険	1	A	
40		損害保険金の課税	3	B	
41	金融	金融政策	3	B	
42		個人向け国債	2	C	
43		株式の投資指標の計算	1	A	
44		オプション取引	3	B	
45		為替差益の税金	2	B	
46	タックス	利子所得	3	B	
47		総所得金額の計算	2	A	
48		扶養控除	3	A	
49		住宅借入金等特別控除	2	B	
50		確定申告が必要なケース	1	B	
51	不動産	不動産登記	3	A	
52		区分所有法	2	A	
53		宅地建物取引業法	1	A	
54		居住用財産の譲渡の特例(3,000万円特別控除)	3	B	
55		土地の有効活用	3	B	
56	相続	遺留分の計算	2	B	
57		贈与税の配偶者控除	2	B	
58		遺産に係る基礎控除の計算	3	B	
59		家屋の評価	2	C	
60		上場株式の評価	1	B	

※配点は各１点となります

分野別得点表

ライフ	リスク	金融	タックス	不動産	相続
／10	／10	／10	／10	／10	／10

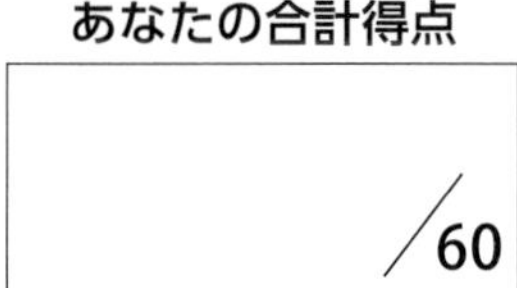

第3回目 実技試験 

金財 個人資産相談業務

【第1問】

《問1》 **正解：2** 重要度 

①任意継続被保険者となるための手続きは退職日の翌日から20日以内に行います。
②任意継続被保険者となることができる期間は最長2年間です。
③在職中は原則労使折半となる健康保険の保険料は、任意継続被保険者となると全額自己負担となります。

《問2》 **正解：2** 重要度 A

1）適切

おまけ！ 国民年金基金の掛金は、確定拠出年金の掛金と合わせて月額68,000円が限度となっています。

2）不適切 65歳から受給する付加年金は200円×付加保険料納付月数で計算します。選択肢の場合、付加年金は200円×240月＝48,000円です。

3）適切

おまけ！ 国民年金基金に加入する場合、付加年金の保険料を納付することはできません。

《問3》 正解：2 重要度 B

1）不適切　老齢基礎年金を受給するためには、原則として、受給資格期間が10年以上必要です。

2）適切

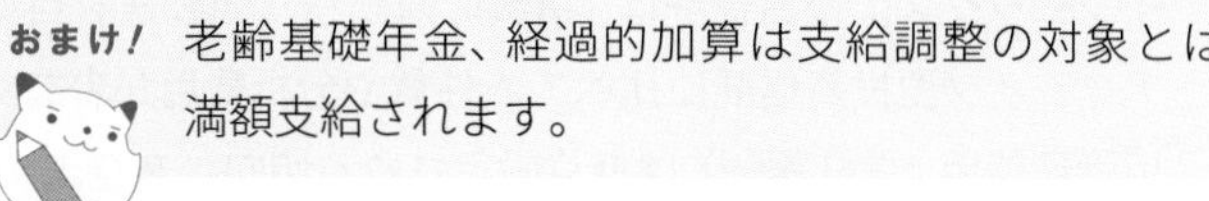

おまけ！　老齢基礎年金、経過的加算は支給調整の対象とはならず、満額支給されます。

3）不適切　繰下げ支給では、老齢基礎年金と老齢厚生年金は同時に受給しなくてもよく、一方のみ繰り下げたり、異なる時期から受給することもできます。

おまけ！　老齢基礎年金と老齢厚生年金の繰上げ支給は、同時に申出を行わなければなりません。

【第2問】

《問4》 正解： 1 重要度 A

1）適切　ＰＥＲ（株価収益率）＝株価÷１株当たり当期純利益
6,000円÷（600億円÷0.8億株）＝８倍
一般に、数値が低いほど割安と判断できます。

2）不適切　配当利回り＝１株当たり年間配当金÷株価×100
（120億円÷0.8億株）÷6,000円×100＝2.5％
選択肢の記述は配当性向（(１株当たり）年間配当金÷（１株当たり）当期純利益×100）についての説明です。

3）不適切　ＰＢＲ（株価純資産倍率）＝株価÷１株当たり純資産
6,000円÷（3,000億円÷0.8億株）＝1.6倍
一般に、数値が低いほど割安と判断できます。

《問5》 正解：3　重要度 B

1）適切
2）適切
3）不適切　インデックス型投資信託は、指数に連動した値動きを目標とし、一般にアクティブ型投資信託に比べて人件費や分析費用が少なく済むため、運用管理費用（信託報酬）は**低く**設定される傾向があります。

《問6》 正解：2　重要度 B

1）適切
2）不適切　新ＮＩＳＡで発生した譲渡損失はなかったものとされ、**損益通算できません**。
3）適切

おまけ！　**毎月分配型**の投資信託は新ＮＩＳＡの**対象外**です。

【第3問】

《問7》 正解：2　重要度 A

総所得金額とは**総合課税**の対象となる所得金額の合計額であり、設例の給与所得、雑所得、不動産所得は総合課税です。
給与所得＝**給与収入－給与所得控除額**＝1,000万円－195万円＝805万円
雑所得＝ゼロ（公的年金等控除額**110万円以下**であるため）
不動産所得の損失100万円のうち、土地等の取得に係る借入金の利子**20万円は損益通算の対象外**となりますので、80万円が損益通算の対象となります。
以上より、総所得金額は、805万円－80万円＝725万円となります。

《問8》 正解：1 重要度 A

①納税者本人の合計所得金額が**900万円以下**（前問解説のとおり、725万円）、生計を一にする**70歳未満**の配偶者（一般の控除対象配偶者）の給与収入が103万円以下（給与所得控除の55万円を差し引いて合計所得金額**48万円以下**）ですので、配偶者控除の控除額は**38万円**となります。

②①の解説参照。

③長男Cさん（24歳）は、生計を一にする16歳以上である親族等（配偶者以外）かつ合計所得金額が**48万円以下**ですので、扶養控除の適用を受けることができ、**一般の控除対象扶養親族**に該当するため扶養控除の額は**38万円**となります。

《問9》 正解：3 重要度 B

1）不適切 医療費控除額は「**（医療費－保険金等で補てんされる金額）－10万円**（総所得金額等が200万円未満の場合は総所得金額等×5%）」により求めます。Aさんの総所得金額等の金額は200万円以上（725万円）であるため、10万円を超える部分の医療費を支払う場合に医療費控除額が算出されます。

2）不適切 医療費控除を受けるためには**確定申告が必要**です。

3）適切

おまけ！

傷病手当金や出産手当金などは「保険金等で補てんされる金額」には該当しません。

【第4問】

《問10》 正解：3

重要度 A

①建築面積の最高限度は「**敷地面積×建蔽率**」により求めます。

設例では、

・**防火地域内に耐火建築物**を建築するため**10％加算**

・**特定行政庁が指定する角地**であるため**10％加算**

となり、建蔽率は60％＋10％＋10％＝80％、建築面積の最高限度は1,600㎡×80％＝1,280㎡となります。

②最大延べ面積は「**敷地面積×容積率**」によって求めます。

前面道路（2つ以上ある場合は幅の広い方）の幅員が12m未満である場合、指定容積率と前面道路の幅員に応じて求めた容積率の**低い方**が適用されます。

設例の場合、指定容積率300％＞6×4／10＝24／10　→　240％が適用され、

最大延べ面積は1,600㎡×240％＝3,840㎡となります。

《問11》 正解：2

重要度 B

①被相続人の居住用財産（空き家）に係る譲渡所得の特別控除は最高で**3,000万円**です（３人以上の相続人が取得する場合は最高2,000万円）。

②**1981（昭和56）年5月31日以前**はいわゆる**旧耐震基準**です。

③譲渡対価**1億円以下**は全員分を合計して判定します。

《問12》 正解：1 重要度 A

1）不適切　選択肢後半は定期借地権方式（一般定期借地権方式、事業用定期借地権方式等）の説明です。建設協力金方式は、テナントから建設協力金を拠出してもらい、**土地所有者が建物を建築**する有効活用手法です。建物は土地所有者の所有物であるため、契約期間満了後、テナントが建物を撤去する必要はありません。

2）適切　定期借地権方式は、一定期間土地を賃貸する手法であり、**資金調達は不要**です。

3）適切　等価交換方式では、土地所有者は土地を出資するため、**資金調達は不要**です。

【第5問】

《問13》 正解：2 重要度 B

1）適切

2）不適切　自宅保管されている自筆証書遺言は、遺言者の死亡後、遺言の発見後、遅滞なく家庭裁判所の**検認**を受けなければなりません。

法務局に保管している自筆証書遺言は、遺言者の死亡後、検認は不要です。

3）適切

《問14》 正解：2

重要度 A

①相続税の計算における遺産に係る基礎控除額＝**3,000万円＋600万円×法定相続人の数**

設例の場合、法定相続人の数は３人（妻Ｂさん、長男Ｃさん、長女Ｄさん）ですので、3,000万円＋600万円×３人＝4,800万円となります。

②相続税の対象となる死亡退職金を**相続人**が受け取る場合は「**500万円×法定相続人の数**」の金額が非課税となります。

設例の法定相続人の数は３人ですので、500万円×3人＝1,500万円が非課税となり、死亡退職金5,000万円のうち、課税価格に算入される金額は5,000万円－1,500万円＝3,500万円となります。

③**特定居住用宅地等**に該当する自宅の敷地を**配偶者が相続**により取得した場合は、**330㎡**までの部分について評価額が**80％**減額されます。

設例の場合、自宅敷地は300㎡であり、敷地全体が80％減額となるため、6,000万円×（1－0.8）＝1,200万円となります。

《問15》 正解：2

重要度 A

相続税の総額は、課税遺産総額を**法定相続人が法定相続分どおり**に財産を取得するものとして、取得金額を求め、その取得金額に税率を乗じて税額を求めます。

法定相続分：妻Ｂさん１／２、長男Ｃさん、長女Ｄさん各１／４（１／２×１／２）

妻Ｂさんの相続税　　　　　　　：2億4,000万円×１／２＝1億2,000万円
1億2,000万円×40％－1,700万円＝3,100万円

長男Ｃさん、長女Ｄさんの相続税：2億4,000万円×１／４＝6,000万円
6,000万円×30％－700万円＝1,100万円
1,100万円×２人＝2,200万円

相続税の総額＝3,100万円＋2,200万円＝5,300万円

苦手な論点を攻略しよう！

第3回目　金財実技試験　個人資産相談業務

解答・論点一覧

大問	問題	分野	論点	正解	重要度	配点	check!
第1問	1	ライフ	公的医療保険(任意継続被保険者)	2	C	3	
	2		老後の収入を増やす方法	2	A	3	
	3		公的年金の老齢給付	2	B	4	
第2問	4	金融	株式の投資指標	1	A	4	
	5		投資信託の手数料	3	B	3	
	6		新NISA	2	B	3	
第3問	7	タックス	総所得金額の計算	2	A	4	
	8		配偶者控除と扶養控除	1	A	3	
	9		医療費控除	3	B	3	
第4問	10	不動産	建蔽率と容積率の計算	3	A	4	
	11		空き家に係る譲渡所得の特例	2	B	3	
	12		土地の有効活用	1	A	3	
第5問	13	相続	相続発生後の手続き	2	B	3	
	14		相続税総合	2	A	3	
	15		相続税の計算	2	A	4	

得点表

第1問	第2問	第3問	第4問	第5問
ライフ	金融	タックス	不動産	相続
／10	／10	／10	／10	／10

合格基準点数
30／50

あなたの合計得点

／50

第3回目 実技試験

金財　保険顧客資産相談業務

【第1問】

《問1》 正解：2　　重要度 B

①学生納付特例は学生の所得を基準に判定します。

おまけ！ 申請免除は世帯主、本人、配偶者の所得で判定し、50歳未満の納付猶予は本人および配偶者の所得で判定します

②追納がない場合、50歳未満の納付猶予や学生納付特例の期間は年金額に反映されません。

おまけ！ 追納がない場合、法定免除や申請免除の期間は一定割合が年金額に反映され、産前産後保険料免除期間は保険料納付済期間として満額反映されます。

③免除、猶予を受けた期間の保険料は10年以内であれば追納できます。

おまけ！ 滞納している保険料は２年以内であれば納付できます。

《問2》 正解：3

重要度 B

①**国民年金基金**の掛金の限度額は月額**68,000円**、**小規模企業共済**の掛金の限度額は月額**70,000円**です。

②付加年金＝**200円×付加保険料納付月数**＝200円×120月＝24,000円。

③小規模企業共済の共済金（死亡事由以外）を一括で受け取ると**退職所得**、**年金形式**で受け取ると**雑所得**となります。

《問3》 正解：3

重要度 C

1）**不適切** 確定拠出年金の個人型年金の掛金は、**小規模企業共済等掛金控除**として所得控除の対象となります。

2）**不適切** 国民年金第１号被保険者は**年額816,000円（月額換算68,000円）**まで掛金を支払うことができます。ただし、付加保険料、国民年金基金の掛金と合算で判定します。

3）**適切**

【第2問】

《問4》 正解：1

重要度 C

1）**不適切** 団体信用生命保険に加入している債務者が死亡した場合、**借入金は保険金で弁済**されるため、必要保障額の計算上、**遺族に必要な生活資金等の支出に含める必要はありません。**

2）**適切** 会社員は通常、国民年金および厚生年金保険に加入しているため、国民年金のみに加入する個人事業主よりも、他の条件が同じである場合、一般に、**遺族年金の総額は会社員のほうが多く、個人事業主のほうが少なくなります。**

3）**適切** **必要保障額の逓減に合わせて**死亡保障を準備する場合、**収入保障保険**のほか、保険期間の経過に伴って保険金額が減少していく**逓減定期保険**も選択肢の１つです。

《問5》 正解：2

重要度 

1）不適切　終身払込よりも有期払込のほうが短期間で終身分の保険料を支払うため、**毎月の保険料の負担は増加**します。

2）適切　転換とは現在加入中の生命保険を下取りに出して、新たな生命保険に切り替えることをいい、下取りの分、保険料の負担は少なくなります。転換後の保険料は、**転換時**の年齢・保険料率で計算されます。

3）不適切　転換時は、新規加入時や増額時と同様、**告知や医師の診査等が必要**となります。

《問6》 正解：1

重要度 A

1）適切　**死亡保険金の支払がない終身介護保障保険**の保険料は、**介護医療保険料控除**の対象となります。年間正味払込保険料が８万円以上であるため、所得税で**40,000円**、住民税で**28,000円**の生命保険料控除を受けられます。

2）不適切　指定代理請求人が受け取る介護一時金も被保険者が受け取る場合と同様に**非課税**です。

おまけ！ 一時所得として総合課税の対象となるのは、契約者（保険料負担者）が受け取る満期保険金や解約返戻金（一時払で５年以内に受け取る一定のものを除く）等です。

3）不適切　被保険者が受け取る介護年金は**非課税**となります。

【第3問】

《問7》 正解：2

重要度 A

役員在任期間が５年超である場合の退職所得は「(収入金額－退職所得控除額) × １／２」により求めます。

勤続20年超の場合の退職所得控除額は「800万円＋70万円×（勤続年数－20年）」により求めます。設問では勤続年数が36年ですので、800万円＋70万円×（36年－20年）＝1,920万円となります。

以上より、退職所得は、(4,000万円－1,920万円) ×１／２＝1,040万円となります。

《問8》 正解：3

重要度 

1）適切　最高解約返戻率**50%超70%以下**、被保険者１人あたりの年換算保険料が**30万円超**の定期保険であるため、保険期間前半４割期間は、払込保険料の**40%を前払保険料として資産に計上**し、残りの**60%を損金**に算入することができます。

2）適切

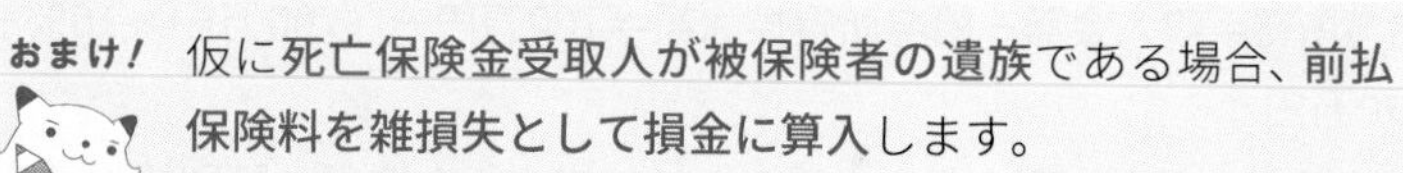

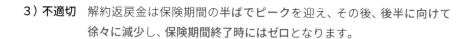

おまけ！ 仮に**死亡保険金受取人が被保険者の遺族**である場合、**前払保険料を雑損失として損金に算入**します。

3）不適切　解約返戻金は保険期間の**半ばでピーク**を迎え、その後、**後半に向けて徐々に減少**し、**保険期間終了時にはゼロ**となります。

《問9》 正解：1 重要度 A

1）不適切　選択肢3）の解説のとおり、**支払保険料は全額損金に算入**されますので、X社が受け取った入院給付金は、その**全額を雑収入**として益金の額に算入します。

2）適切　入院中に公的医療保険制度の手術料の算定対象となる所定の手術を受けた場合には1万円×20＝20万円、所定の外来手術を受けた場合には1万円×5＝5万円の手術給付金が支払われます。

3）適切　**解約返戻金がない医療保険**であるため、**支払保険料は全額を損金に算入**することができます。

【第4問】

《問10》 正解：1 重要度 A

総所得金額とは**総合課税**の対象となる所得金額の合計額であり、設例の給与所得と一時所得は総合課税の対象です。

給与所得＝**収入金額－給与所得控除額**＝700万円－（700万円×10％＋110万円）＝520万円

一時所得＝**収入金額－収入を得るために支出した金額－特別控除（最高50万円）**＝510万円－400万円－50万円＝60万円

なお、一時所得は損益通算後に残った**一時所得の2分の1を総所得金額に算入**しますので、総所得金額は520万円＋60万円×1／2＝550万円となります。

《問11》 正解：3

重要度 A

①納税者本人の合計所得金額が900万円以下（前問解説のとおり550万円)、生計を一にする70歳未満の配偶者（一般の控除対象配偶者）の給与収入が103万円以下（合計所得金額48万円以下）であるため、配偶者控除の控除額は38万円となります。

②一般扶養控除は、生計を一にする16歳以上である親族等（配偶者以外）の合計所得金額が48万円以下である場合に適用を受けることができます。長女Cさんは17歳（16歳以上19歳未満）であるため、一般の控除対象扶養親族となり、控除額は38万円となります。

③合計所得金額が2,400万円以下である者の基礎控除額は48万円となります。

《問12》 正解：1

重要度 A

1）適切　給与所得者で、給与所得・退職所得以外の所得金額（源泉分離課税、源泉徴収で課税を終了する所得を除く、一時所得等は２分の１後の金額で判定）の合計額が20万円を超える場合は確定申告が必要です。

2）不適切　寄附金控除（所得控除）の対象となるのは、2,000円を超える部分です。設例の場合は11万8,000円（12万円－2,000円）を（所得税額ではなく）所得金額から控除できます。

おまけ！ 給与所得者等の場合、ふるさと納税の寄附先の地方自治体が５以下である等の要件を満たせば、ワンストップ特例制度により、所得税の確定申告をしなくても、翌年度の住民税から所得税分も含めて控除を受けることができます。

3）不適切　2012年以降に契約する終身医療保険の保険料は、介護医療保険料控除の対象となり、年間正味払込保険料が８万円以上である場合、所得税では４万円を所得金額から控除できます。

【第5問】

《問13》 正解：2

重要度 C

1）不適切　贈与税は、**受贈者**が申告を行います。

2）適切

3）不適切　相続時精算課税制度を選択した場合、受贈者ごと年間110万円のほか、特定贈与者ごとに累計で**2,500万円**までは贈与税がかからず、2,500万円を超える部分は**一律20%**の贈与税が課税されます。
贈与税額＝{(課税価格－年間110万円) －特別控除2,500万円の残額}×20%

《問14》 正解：2

重要度 A

1）不適切　Aさんに相続が発生し、Aさんの自宅（実家、1981年5月31日までに建築された戸建て住宅）を相続により取得した長女Cさん、長男Dさんが、『被相続人の居住用財産（空き家）に係る譲渡所得の特別控除の特例』の適用を受けてその財産を譲渡した場合、最高**3,000万円**の特別控除の適用を受けることができます。

2）適切

3）不適切　自筆証書遺言は原則として全文、日付、氏名を自書し、押印して作成しますが、**財産目録はパソコン等で作成**できます。

《問15》 正解：1

重要度 C

原則、その年の1月1日において18歳以上の者が**直系尊属から贈与を受けた場合**は**特例贈与**に該当します。贈与税の**基礎控除110万円を差し引いてから**速算表で計算します。

基礎控除後の課税価格＝500万円－110万円＝390万円

贈与税額＝390万円×15%－10万円＝48.5万円

苦手な論点を攻略しよう！

第3回目 金財実技試験 保険顧客資産相談業務

解答・論点一覧

check!

大問	問題	分野	論点	正解	重要度	配点	
第1問	1	ライフ	学生納付特例制度	2	B	3	
	2		老後の収入を増やす方法	3	B	4	
	3		確定拠出年金	3	C	3	
第2問	4	リスク	必要保障額の考え方	1	C	3	
	5		生命保険の見直し	2	A	4	
	6		生命保険の課税関係	1	A	3	
第3問	7		退職所得の計算	2	A	3	
	8		経理処理と商品の特徴	3	A	4	
	9		経理処理と商品の特徴	1	A	3	
第4問	10	タックス	総所得金額の計算	1	A	4	
	11		所得控除	3	A	3	
	12		所得税総合	1	A	3	
第5問	13	相続	生前贈与	2	C	3	
	14		相続総合	2	A	4	
	15		贈与税の計算	1	C	3	

得点表

第1問	第2問	第3問	第4問	第5問
ライフ	リスク	リスク	タックス	相続
／10	／10	／10	／10	／10

合格基準点数
30／50

あなたの合計得点

／50

第3回目 実技試験 解答解説
日本FP協会　資産設計提案業務

問1　正解：3　重要度 C

1．適切　「自らが作成する部分と引用する部分を区別できないように記述する」「自らが作成する部分が「従」で、引用する部分が「主」」のように、ひっかける問題が出題されます。

2．適切

3．不適切　国、地方公共団体が公表する資料は一般に許諾がなくても転載できますが、民間企業等の著作物を複製し、配付する場合は、許諾が必要です。

問2　正解：1　重要度 A

1．適切　将来の金額＝現在の金額×（1＋変動率）^{経過年数}＝182万円×（1＋0.01）^{2}≒186万円（万円未満四捨五入）。

2．不適切　年間収支＝収入合計－支出合計＝460万円－383万円＝77万円。

3．不適切　金融資産残高＝前年の金融資産残高×（1＋変動率）±今年の年間収支＝335万円×（1＋0.01）＋54万円≒392万円（万円未満四捨五入）。

問3　正解：2　　重要度 A

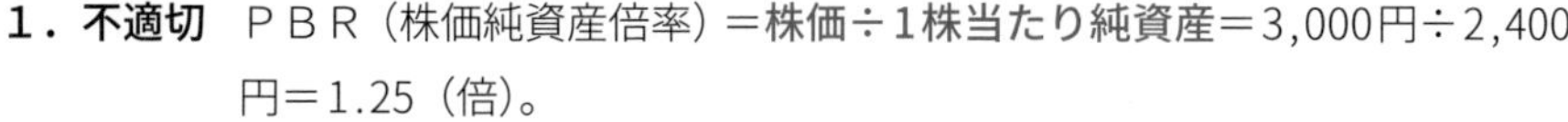

1．**不適切**　ＰＢＲ（株価純資産倍率）＝**株価÷1株当たり純資産**＝3,000円÷2,400円＝1.25（倍）。

2．**適切**　配当性向＝**（1株当たり）年間配当金÷（1株当たり）純利益×100（％）**＝90円÷300円×100＝30％。

3．**不適切**　配当利回り＝**1株当たり年間配当金÷株価×100（％）**＝90円÷3,000円×100＝３％。

問4　正解：2　　重要度 

1．**不適切**　Ｊ－ＲＥＩＴは**証券会社等**で購入できます。なお、銀行では購入できません。

2．**適切**　ＥＴＦ、Ｊ－ＲＥＩＴは上場しているため、指値・成行注文により、**時価**で取引できますが、非上場の投資信託は、日ごとに定められた基準価額で取引します。

3．**不適切**　ＥＴＦ、Ｊ－ＲＥＩＴは証券会社が定める**売買委託手数料**がかかります。

問5　正解：3　　重要度 

1．**適切**

2．**適切**

おまけ！　新ＮＩＳＡのつみたて投資枠では**上場株式は対象外**です。

3．**不適切**　**債券や公社債投資信託**は新ＮＩＳＡの**対象外**です。

問6　正解：3

重要度 

（ア）課税主体は、**登録免許税**は**国**、**不動産取得税**は**都道府県**、**固定資産税**は**市町村**（**東京23区は東京都**）です。

（イ）固定資産税の納税義務者は、**1月1日**時点の所有者です。

（ウ）不動産取得税、固定資産税の課税標準は**固定資産税評価額**です。権利の登記に関する登録免許税の課税標準は原則、**固定資産税評価額**ですが、抵当権は**債権額**、根抵当権は極度額です。

問7　正解：1

重要度 

建築面積の最高限度は「**敷地面積×建蔽率**」により求めます。

500㎡×60％＝300㎡。

おまけ！ 延べ面積の最高限度は「**敷地面積×容積率**」により求めます。

問8　正解：1

重要度 

不動産の売買において消費税（10％）が課税されるのは、**建物部分のみ**です。消費税率は**10％**ですので、消費税を含む購入金額は2,500万円×1.1＋3,000万円＝5,750万円となります。

問9　正解：3

重要度 A

終身保険300万円＋定期保険特約1,000万円＋特定疾病保障定期保険特約1,000万円＋傷害特約300万円＝2,600万円となります。

特定疾病保障保険：**死亡保険金は3大疾病に限らず**、支払われます。

傷害特約　　　　：**事故**や所定の感染症で死亡すると保険金が支払われます。

問10　正解：3

重要度 B

1．補償の対象とならない　個人賠償責任保険は、**業務中は免責**となっています。選択肢が仕事（業務中）ではなく、**通学中**に誤って歩行者と接触し、ケガをさせた場合の損害賠償責任の補償であれば、**補償されます**。

おまけ！　原動機付自転車の使用による損害賠償責任は、自賠責保険で補償され、個人賠償責任保険（特約）では補償されません。

2．補償の対象とならない　**地震・噴火・津波**による自宅建物および家財の損害は、**地震保険で補償され**、火災保険では補償されません。

3．補償の対象となる　国内、業務中・業務外を問わず、**急激・偶然・外来**を原因とする**傷害**は、原則として**補償の対象**となります。

問11　正解：3

重要度 

1．不適切　被保険者が受け取る特定疾病保険金は**非課税**です。

> おまけ！　契約Aについて、夫が受け取る**死亡**保険金は**相続税**の課税対象です。

2．不適切　契約者（保険料負担者）、被保険者、死亡保険金の受取人が全て異なるため、死亡保険金は**贈与税**の課税対象です。

3．適切　契約者（保険料負担者）が受け取る年金は、**雑所得**として所得税の課税対象です。

> おまけ！　契約Cについて、妻が受け取る**死亡**保険金は**相続税**の課税対象です。

問12　正解：1

重要度 B

医療費控除は、納税者本人、生計を一にする配偶者、親族にかかる医療費を支払った場合に対象となり、医療費控除の額は「**(医療費－保険金等で補てんされる金額) －10万円**（総所得金額等が200万円未満の場合は総所得金額等×5%）」により求めます。

人間ドック代　：**重大な疾病が発見され、引き続き治療しているため対象**となります
入院費用　　　：対象となりますが、入院給付金８万円を差し引きます
ビタミン剤　　：対象外
風邪薬　　　　：対象
以上より、医療費控除の額は、5万円＋（30万円－8万円）＋3千円－10万円＝173,000円となります。

問13　正解：2

重要度 C

3,000万円特別控除後の譲渡所得＝**譲渡収入金額－（取得費＋譲渡費用）－特別控除（3,000万円を限度）**

取得費が不明である場合、**譲渡収入金額の５％**を取得費に計上しますので、6,000万円×５％＝300万円。

以上より、6,000万円－（300万円＋200万円）－3,000万円＝2,500万円となります。

問14　正解：3

重要度 C

（ア）相続の限定承認・放棄　：相続開始を知ったときから**3カ月**以内

（イ）相続税の申告と納付　　：相続の開始があったことを知った日の翌日から**10カ月**以内

おまけ！　所得税の準確定申告：相続の開始があったことを知った日の翌日から**4カ月**以内

問15　正解：2

重要度 A

配偶者と子が相続人である場合、法定相続分は**配偶者1/2、子1/2**となります。なお、**子が既に死亡**している場合、**子の子（孫）が代わりに相続人**になります。また、**相続放棄した者はいなかったもの**とみなされますので、相続人は、配偶者（幸子さん）、子（一郎さん）、孫（健さん、芳江さん）となります。

子の法定相続分1/2は一郎さんと死亡した花子さんで等分するため各１／4となり、花子さんの法定相続分を健さん、芳江さんが等分するため各１／８となります。

問16　正解：2

重要度 B

1．適切　贈与税の配偶者控除の要件の１つが、**婚姻期間20年以上**、相続時精算課税制度による贈与税の計算における税率は**20%**です。

2．不適切　配偶者控除の額は**2,000万円**、相続時精算課税制度による特別控除は累計で**2,500万円**です。

3．適切　暦年課税方式の贈与税の基礎控除額は**110万円**であり、2024年以降は、相続時精算課税制度による**特別控除前に受贈者ごとに年間110万円**を控除できます。

問17　正解：2

重要度 A

純資産＝資産－**負債**により求めます。

マイホーム購入後の資産＝普通預金200＋定期預金0＋財形住宅貯蓄0＋生命保険50＋不動産5,000＝5,250（万円）

負債＝4,400（万円）

純資産＝5,250（万円）－4,400（万円）＝850（万円）

問18　正解：2

重要度 A

将来の貯蓄目標額から毎年必要となる積立額は「**貯蓄目標額×減債基金係数**」により求めます。

500万円×0.05783=289,150円→290,000円（千円未満切り上げ）。

貯蓄目標額１を貯めるために15年間にわたり一定金額を積み立てる場合、利息がつかない場合は、１÷15≒0.066　を積み立てる必要がありますが、利息が付く分、少し少ない金額で済むため、乗じる係数は0.066よりも少し小さい0.05783とわかります。

問19　正解：1

重要度 B

1．不適切　傷病手当金は、休業1日につき「直近の継続した被保険者期間12カ月の標準報酬月額の平均額÷30×２／３」が支給されます。

2．適切　**入院、自宅療養を問いません。**

3．適切　健康保険の傷病手当金は、業務外の病気やケガにより**連続した3日間**会社を休んだ場合、**休業4日目**から報酬が支払われない（または少ない）場合に、通算で**１年６カ月を限度**として支給されます。

問20　正解：3

重要度 B

会社員である夫が死亡し、生計を維持する配偶者と18歳到達年度末までの未婚の子がいる場合、死亡時点では**遺族基礎年金と遺族厚生年金**が支給されます。

おまけ！　遺族基礎年金は原則、子の**18歳到達年度末**（一般に高校卒業の3月末）まで支給されます。

苦手な論点を攻略しよう！

第3回目 日本FP協会実技試験 資産設計提案業務

解答・論点一覧

問題	分野	論点	正解	重要度	check!
1	ライフ	著作権	3	C	
2		キャッシュフロー表の計算	1	A	
3	金融	株式投資指標の計算	2	A	
4		投資信託の比較	2	C	
5		新NISA	3	C	
6	不動産	取得と保有の税金	3	C	
7		建築面積の計算	1	A	
8		不動産の消費税の計算	1	C	
9	リスク	生命保険の証券分析	3	A	
10		損害保険	3	B	
11		個人契約の生命保険の税務	3	C	
12	タックス	医療費控除の計算	1	B	
13		居住用財産の譲渡所得の計算	2	C	
14	相続	相続手続きの期限	3	C	
15		相続人と法定相続分	2	A	
16		贈与税の配偶者控除、相続時精算課税制度	2	B	
17	ライフ	バランスシートの計算	2	A	
18		係数計算	2	A	
19		傷病手当金	1	B	
20		遺族給付	3	B	

※配点は各5点となります

分野別得点表

ライフ	リスク	金融	タックス	不動産	相続
／30	／15	／15	／10	／15	／15

合格基準点数

60／100

あなたの合計得点

／100

超頻出論点集

読者特典
「スマホ版」は
こちらから

出先での勉強や、試験直前の再チェックに！
https://sugoibook.jp/fp/ikG9JtjXLE

STAGE 1　ライフプランニングと資金計画

●係数

分かっている金額 × 係数 ＝ 答

係数	使用事例
現価係数	将来の貯蓄目標から運用益を差し引いた**現在**の必要資金を求める
終価係数	収入、支出、貯蓄が一定割合で増えた場合の**将来**金額を求める
年金終価係数	毎年一定額を積み立てた場合の**将来**金額を求める
減債基金係数	将来の貯蓄目標を達成するために必要な**積立金額**を求める
資本回収係数	貯蓄を一定期間にわたり取り崩す場合の毎回の**取崩額**を求める 借入額を元利均等方式により返済する場合の毎回の返済額を求める
年金現価係数	運用しながら貯蓄を取り崩す場合の**当初**の必要資金を求める

現在から将来（または毎回の取崩・返済）の金額を求めるときは「し」がつく係数。将来から現在・当初（または積立）の金額を求めるときは「げ」がつく係数

●住宅ローンの返済方法

元利均等返済	毎回の返済額が一定 一般的な返済方法	当初の返済額は元金均等返済の方が多い 総返済額は**元利均等返済**の方が多い
元金均等返済	毎回の元金部分の返済額が一定 （利息は徐々に減少）	

何が一定？　違いを確認しておこう！

●貸与型の日本学生支援機構の奨学金

貸与型	第一種奨学金	**無利子**
	第二種奨学金	**有利子**（在学中は**無利子**）

第一種のほうが選考基準が厳しい分、無利子！

●日本政策金融公庫の教育一般貸付

対象	高校、大学等（小学校、中学校は対象外）
融資限度額	原則350万円 所定の海外留学資金、大学院、自宅外通学等は450万円
返済期間	最長18年
金利	固定金利
使途	入学金、授業料、受験費用等のほか、通学費用、下宿費用、 国民年金保険料にも利用できる

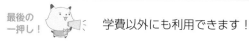

学費以外にも利用できます！

●社会保険と加入年齢（原則）

国民年金第1号・第3号被保険者	20歳以上60歳未満
厚生年金保険	70歳未満
健康保険・国民健康保険	75歳未満
後期高齢者医療制度	75歳以上
介護保険	第1号被保険者　65歳以上 第2号被保険者　40歳以上65歳未満

加入年齢は得点源！

●健康保険の任意継続被保険者

被保険者期間要件	継続して2カ月以上
手続き期限	退職日の翌日から20日以内
加入期間	最長2年（かつ75歳に達するまで）
保険料負担	全額自己負担

ポイントは「2」！

●介護保険の概要

	第1号被保険者	第2号被保険者
保険者・手続き先	市町村・特別区	
対象年齢	65歳以上	40歳以上65歳未満
給付事由	原因は問わない 要支援1～2 要介護1～5	左記のうち、 老化に伴う特定疾病が原因
自己負担割合 (原則)	原則1割。一定の高所得者は2割または3割	一律1割

第1号と第2号の違いは定番！

●国民年金保険料の免除・猶予

	追納可能期間	所得要件	老齢基礎年金額
申請免除	10年前まで	本人、世帯主、配偶者	少し増える
学生納付特例	10年前まで	学生本人	増えない
50歳未満の納付猶予	10年前まで	本人と配偶者	

所得要件と老齢基礎年金の扱いの違いがひっかけポイント！

●付加年金

対象者	国民年金第1号被保険者の保険料全額納付者、任意加入被保険者
保険料	月額400円
年金	「200円×保険料納付月数」が65歳から支給
繰上げ・繰下げ	老齢基礎年金に合わせて増減

出題される論点はシンプル！

●老齢年金と繰上げ・繰下げ

（2022年4月1日以降に60歳（繰下げは70歳）に到達する者のケース）

繰上げ	60歳0カ月〜 64歳11カ月	1月あたり**0.4%**減額（最大24%） 老齢基礎年金と老齢厚生年金は**同時**に繰上げ
繰下げ	66歳0カ月〜 75歳0カ月	1月あたり**0.7%**増額（最大84%） 老齢基礎年金と老齢厚生年金は**別々**に受給開始できる

繰上げ・繰下げの増減率、同時・別々は出題可能性大！

●遺族基礎年金

支給対象遺族	死亡した者に生計を維持されていた**子のある配偶者または子**
支給期間	子が**18歳到達年度末**（1級、2級障害の場合は20歳未満）まで
支給額 （新規裁定）	配偶者が受給する場合 基本額　　　：816,000円 子2人目まで：234,800円／人 子3人目以降：　78,300円／人

遺族基礎年金は原則、高校までの学費！

●確定拠出年金

	個人型	企業型
運用指図	**加入者**個人が行う	
掛金の税務	事業主分……損金または必要経費 加入者分……**小規模企業共済等掛金控除**	
老齢給付	通算加入者等期間が**10年以上**の場合、**60歳以降**支給 一時金………**退職所得**（退職所得控除の対象） 年金…………**雑所得**（公的年金等控除の対象）	

個人型を中心に覚えよう！

STAGE 2 リスク管理

●保険契約者保護機構

国内で営業する保険会社	外資系も含めて加入 直接契約も代理店契約も保護対象
共済、少額短期保険業者	加入対象外

預金保険、投資者保護基金も要チェック！

●定期保険特約の更新

保険料	更新時点の年齢・保険料率で計算（通常、アップする）
健康状態が悪い場合	同額・減額更新の場合、**健康状態を問わず**、**更新**できる

保険料は上がりますが、健康状態を問わず更新できます！

●特定疾病保障保険

特定疾病	がん、急性心筋梗塞、脳卒中
特定疾病保険金	受け取ると契約は**消滅**
死亡保険金 高度障害保険金	特定疾病保険金を受け取ることなく、死亡・高度障害となった場合は、**原因を問わず**、死亡・高度障害保険金が支払われる

死亡・高度障害と３大疾病を兼ねた保険なので、
保険金は一度きり！

●払済保険、延長（定期）保険

	保険期間	保険金額	保険種類	特約
払済保険	一般に変わらない	小さくなる	終身保険や 養老保険など	原則 消滅※
延長（定期）保険	同じか短くなる	変わらない	一時払定期保険	

※払済保険のリビング・ニーズ特約等は継続

払済保険は貯蓄性重視、延長保険は保障性重視！

●生命保険料控除

保険の種類・特約	旧制度	新制度
終身保険、定期保険、変額個人年金保険等	一般	
要件を満たす個人年金保険	個人年金	
災害割増特約、傷害特約、災害入院特約	一般	対象外
医療保険、がん保険、疾病入院特約、 先進医療特約、所得補償保険、就業不能保障保険	一般	介護医療

旧制度と新制度で異なるケースがひっかけポイント！

●個人契約の死亡保険金の課税（契約者＝保険料負担者）

契約者	被保険者	受取人	課税
A	A	相続人	相続税（非課税枠あり）
A	A	相続人以外	相続税（非課税枠なし）
A	B	A	所得税
A	B	C	贈与税

問題文の契約形態をよく読もう！

●地震保険

補償対象物件	住宅建物および家財
申込み	火災保険に付帯。中途付帯はできる
補償	地震・噴火・津波を原因とする火災、埋没、損壊、流失
保険金額	主契約の30％〜50％ 建物5,000万円、家財1,000万円が限度
保険料の割引	４つあり、重複適用できない
保険金	全損（100%）、大半損（60%）、小半損（30%）、一部損（５%）

出題ポイントはほぼ決まっています！

●自賠責保険

補償対象	対人賠償事故
補償限度額	被害者１名あたり 死亡3,000万円 後遺障害4,000万円 傷害120万円

出題されるポイントは毎回ほぼ同じです。

●傷害保険

普通傷害保険	細菌性食中毒、地震による傷害は対象外
家族傷害保険	本人、配偶者、生計を一にする同居親族、別居の未婚の子（傷害発生時で判定） 被保険者数にかかわらず保険料は同じ
国内旅行傷害保険	細菌性食中毒を補償 地震・噴火・津波による傷害は対象外
海外旅行保険	細菌性食中毒を補償 海外における地震・噴火・津波による傷害を補償

普通傷害保険との違いがポイント！

●個人賠償責任保険の免責事由の例

- ・**業務中**の賠償事故
- ・同居親族に対する賠償事故
- ・**自動車**（原動機付き自転車を含む）の賠償事故

最後の
一押し！

自転車事故は補償対象ですが、
自転車での配達中は業務中のため対象外！

●地震保険料控除

所得税	支払った保険料の**全額**（最高５万円）
住民税	支払った保険料の**２分の１**（最高 2.5 万円）

生命保険料控除との控除額のひっかけに注意！

●第三分野の保険

医療保険	入院給付金、手術給付金が支払われる 一般的に、入院給付金は１入院および通算の**限度日数がある**
がん保険	がんと診断されると診断給付金、がんで入院すると入院給付金、 がんで手術を受けると手術給付金が支払われる 入院給付金には**限度日数がない** 契約後、**３カ月程度の免責期間**がある
先進医療特約	**療養時**に先進医療に該当する治療を受ける場合に支払われる

最後の
一押し！

医療保険とがん保険の違いのひっかけ、
先進医療特約の対象は、療養時・契約時のひっかけに注意！

STAGE 3 金融資産運用

●買いオペ・売りオペと資金供給量、金利

買いオペ	市中の債券等を購入し、 市中に資金を供給する	市中の資金量が**増加**し、 金利は**下落**する
売りオペ	保有する債券等を**売却**し、 市中の資金を引き上げる	市中の資金量が**減少**し、 金利は**上昇**する

普通の売買と一緒だよ!

●債券の利回り

利回り(%) = 投資金額に対する1年あたりの収益

= 収益÷所有期間(年)/買付価格× 100

応募者利回り	発行から償還まで所有する場合の利回り
最終利回り	**途中で購入し、償還まで所有**する場合の利回り
所有期間利回り	**途中で売却**した場合の利回り

計算問題は確実に得点しよう!

●債券のリスク

価格変動リスク	市場金利**上昇**(**下落**)→ 債券価格**下落**(**上昇**) 債券価格**上昇**(**下落**)→ 利回り**下落**(**上昇**) 残存期間が**長い**方が、価格変動幅は**大きい** 利率が**低い**方が、価格変動幅は**大きい**
信用リスク	格付けが**高い**ほど、債券価格は**高く**、利回りは**低い** 格付けが**低い**ほど、債券価格は**低く**、利回りが**高い**

金利・利回りと債券価格は逆の関係。
格付けの高低と債券価格の高低は同じ関係

●株式の投資指標

PER（株価収益率）	株価÷１株当たり純利益	数値が小さい方が割安
PBR（株価純資産倍率）	株価÷１株当たり純資産	数値が小さい方が割安
ROE（自己資本利益率）	純利益÷自己資本×100	数値が高いほど、 収益性が高い
配当利回り	１株配当金÷株価×100	—
配当性向	配当金÷純利益×100	数値が高いほど、 配当による株主還元が多い

頭文字（P、R、配当）が分子と理解すれば、計算も大丈夫！

●新NISA

	成長投資枠	つみたて投資枠
対象者	1月1日現在、18歳以上の居住者等	
非課税期間	制限なし	
口座・投資枠	毎年、両方を利用できる（１人１口座）	
年間投資上限額	240万円	120万円
生涯非課税限度額	1,200万円	—
	1,800万円	
	非課税投資枠を再利用できる	
投資対象	上場株式、株式投資信託、 ETF、J-REIT等	長期・分散・積立に適した 公募株式投資信託、ETF
非課税となる利益	配当（分配金）、譲渡益	
譲渡損失の扱い	損益通算できない	
2023年までの （つみたて）NISA	上記非課税投資枠と別枠で利用できる	

絶対得点したい！共通点と違いを整理しておこう！

●追加型公募株式投資信託の分配金

普通分配金	個別元本を上回る基準価額から支払われる分配金	**配当所得**
元本払戻金 特別分配金	分配落ち後の基準価額＜個別元本となる場合、 下回る部分からの分配金	**非課税**

普通分配金はもうけからの分配、
元本払戻金はもうけではない部分の払戻し！

●投資信託のタイプ

パッシブ型 （インデックス型）	運用成果がベンチマークに**連動**することを目標とするタイプ
アクティブ型	運用成果がベンチマークを**上回る**ことを目標とするタイプ

バリュー運用	**割安株**で運用
グロース運用	**成長株**で運用

対になる定義でひっかけに注意！

●為替レート

TTS	銀行が外貨を売る（Sell）レート	**顧客が円を外貨に換える**レート
TTB	銀行が外貨を買う（Buy）レート	**顧客が外貨を円に換える**レート

英語表記は金融機関からみた表現。
試験は顧客からみた表現で出題！

●為替差益

預入時よりも円高（＝外貨安）	**為替差損**が発生
預入時よりも円安（＝外貨高）	**為替差益**が発生

円高で買って、円安で売れば利益発生！

●ポートフォリオ理論

期待収益率	分散投資した場合、加重平均値 それぞれ**投資割合×期待収益率**を求め、合計した数値
相関係数	複数の証券等間の値動きの関係を１から−１の数値で表したもの −１　**ポートフォリオ効果は最大**（逆相関） ＋１　リスクは加重平均値（純相関）、ポートフォリオ効果はない

相関係数が−１に近いものに分散投資すると
リスクを抑えられます！

●預金保険制度の預金保護

預金保険の対象	国内に本店がある銀行等の国内店舗に預けた預金	
決済用預金	**全額保護**	当座預金、決済用普通預金、振替貯金
その他保護対象預金	１預金者当たり 元本1,000万円までと利息を保護	普通預金、定期預金など
保護対象外		**外貨**預金など

全額保護、対象外、1,000万円＋利息まで保護、
の区分けを正確に！

●オプション取引

オプション		買い手の利益・損失	売り手の利益・損失
コール	**買う権利**	損失はオプション料に限定 利益は無限大	利益はオプション料に限定 損失は無限大
プット	**売る権利**	損失はオプション料に限定 利益は無限定	利益はオプション料に限定 損失は無限定

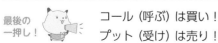

コール（呼ぶ）は買い！
プット（受け）は売り！

STAGE 4 タックスプランニング

●分離課税

申告分離課税	退職所得、土地等・建物の譲渡所得、株式等の譲渡所得 特定公社債の利子所得など
源泉分離課税	国内預金の利子所得など

総合課税でない所得は要チェック！

●非課税所得と課税所得

非課税所得	課税所得
遺族年金、障害年金、健康保険、雇用保険の給付	老齢年金（雑所得）
元本払戻金	普通分配金（配当所得）
通勤手当（月額15万円を限度）	家族手当、住宅手当等（給与所得）

似ている所得で、課税・非課税を確認しておこう！

●主な所得の計算式

給与所得	給与収入金額－給与所得控除額
退職所得（原則）	（収入金額－退職所得控除額）×１／２
雑所得（公的年金等）	公的年金等の収入金額－公的年金等控除額
一時所得	収入金額－その収入を得るために支出した金額 －特別控除（最高50万円） 総所得金額に算入されるのは損益通算後の２分の１

○○控除額、特別控除、１／２は狙われます！

●退職所得控除額

勤続年数	退職所得控除額
20年以下	40万円×勤続年数（最低80万円）
20年超	800万円＋70万円×（勤続年数－20年）

※１年未満の端数は１年に切り上げ

「○○年目」が「勤続年数」になる！

●不動産所得と譲渡所得の損失の損益通算

	できない	できる
不動産	土地等の取得に係る借入金の利子の部分等	左記以外の損失
譲渡	居住用財産以外の不動産の譲渡損失 生活に必要でない資産 （美術品、ゴルフ会員権など）の譲渡損失	一定要件を満たす居住用財産の譲渡損失 総合課税（事業用資産）の譲渡損失

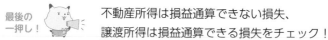

不動産所得は損益通算できない損失、
譲渡所得は損益通算できる損失をチェック！

●所得税の所得控除の所得要件

	本人の合計所得金額	配偶者（扶養親族）の合計所得金額
基礎控除	2,500万円以下 満額控除は2,400万円以下	―
配偶者控除	1,000万円以下 満額控除は900万円以下	48万円以下
扶養控除	―	48万円以下

所得要件は要チェック！
適用要件と満額控除の要件は違う点に注意！

●所得税の扶養控除の額

0～15歳	なし
16～18歳	38万円（一般の控除対象扶養親族）
19～22歳	63万円（特定扶養親族）
23～69歳	38万円（一般の控除対象扶養親族）
70歳～	同居老親　58万円（同居老親等） その他　　48万円（老人扶養親族）

年末時点の年齢と所得要件をチェック！

●医療費控除額

通常の医療費控除	（医療費－保険金等）－10万円または総所得金額等の5％ 上限200万円	一方のみ適用
セルフメディケーション税制	（特定一般用医薬品等購入費－保険金等）－1.2万円 上限8.8万円	

10万円と200万円がカギ！

●本年中に取得・居住する場合の住宅借入金等特別控除

控除期間	省エネ基準を満たす新築住宅等は13年、その他は10年
建物要件	原則、床面積50㎡以上（一定の新築住宅等は40㎡以上） 2分の1以上が居住用
所得要件	原則、控除を受ける年の合計所得金額が2,000万円以下 （床面積40㎡以上50㎡未満の一定の新築住宅等は1,000万円以下）
借入金要件	償還期間10年以上
確定申告	1年目は必ず確定申告が必要。2年目以降、年末調整で申告・納税を完了する給与所得者は年末調整で控除可能

住宅ローン控除は頻出！

●給与所得者の確定申告

確定申告が必要	確定申告をしないと適用を受けられない
・給与収入が**2,000万円超** ・給与所得者で給与・退職所得以外の所得金額が**20万円超** （一時所得等は**2分の1後で判定**）	・給与所得者が所得控除のうち**雑損控除**、**医療費控除**、**寄附金控除**（一部を除く）を受けたい場合 ・住宅借入金等特別控除 （1年目は例外なし、2年目以降は年末調整でも可）

書類が多い所得控除、住宅ローン控除（1年目）は
確定申告が必要！

●青色申告

適用対象者	不動産所得、事業所得、山林所得を生ずる業務を行っている者
手続き期限	原則、適用を受けたい年の3月15日まで 1月16日以降に開業の場合、開業から**2カ月**以内
帳簿保存	原則7年間保存
主な特典	純損失の繰越控除（翌年以降**3年**間） ～事業所得、事業的規模で不動産を貸付の場合～ 一定要件のもと、青色事業専従者給与を必要経費に算入できる 最高55万円（電子申告等の場合は**65万円**）の青色申告特別控除を適用できる（所定要件を満たさない場合は最高**10万円**）

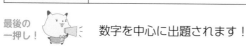

数字を中心に出題されます！

STAGE 5 不動産

●登記記録の内容

権利部（甲区）	所有権に関する事項
権利部（乙区）	所有権以外の権利に関する事項（賃借権、**抵当権**等）

権利部甲区と権利部乙区は最重要！

●4つの土地の価格

	対公示価格	基準日	評価替え
公示価格	−	1月1日	毎年
基準地標準価格	100%	7月1日	毎年
相続税路線価	80%	1月1日	毎年
固定資産税評価額	70%	1月1日	3年ごと

最後の一押し！ 

「70%、80%」、「1月1日、7月1日」、
「毎年、3年ごと」は最頻出！

●宅建業法・媒介契約の種類

	一般媒介契約	専任媒介契約	専属専任媒介契約
複数業者への依頼	できる	できない	できない
自己発見取引	できる	できる	できない
期間	定めなし	3カ月を上限	3カ月を上限

●宅建業法・重要事項説明

説明時期	契約成立前
説明者	宅地建物取引士（専任でなくてもよい）

最後の一押し！ 

専任媒介契約を中心にチェック！
重要事項説明は契約後ではなく、契約前！

●手付金

特に定めがない場合	解約手付として扱われる
手付解除の要件	相手方が契約履行に着手するまで 買主　手付金の放棄 売主　手付金の倍額を現実に提供

手付解除は相手方が履行に着手するまで！売主は倍返し！

●定期借地権

	一般定期借地権	事業用定期借地権等
契約方法	書面（電磁的記録を含む）で契約	公正証書で契約
期間	50年以上	10年以上50年未満
その他	原則、更地で返還	原則、更地で返還 居住用建物には利用できない

違う点がひっかけポイント！

●普通借家と定期借家

	普通借家	定期借家
更新	あり 貸主の拒絶には正当事由が必要	なし 再契約は可能
契約方法	口頭も有効	書面（電磁的記録を含む）で契約
期間	定める場合は１年以上 １年未満で定めると期間の定めがないものとされる	自由に定められる

「１年未満の契約は１年とみなされる」、「公正証書で契約」のひっかけに注意！

●区分所有法で定める集会の決議の定数

規約の設定・変更等	区分所有者・議決権の各４分の３以上の賛成
建替え	区分所有者・議決権の各５分の４以上の賛成

「過半数の賛成」「全員の賛成」のひっかけに注意！

●建蔽率と容積率

	定義	最高限度の計算方法
建蔽率	建築面積の敷地面積に対する割合	**敷地面積×建蔽率＝建築面積**
容積率	延べ面積の敷地面積に対する割合	**敷地面積×容積率＝延べ面積**

●建蔽率の加算

特定行政庁が指定する角地	10％加算
防火地域内にある**耐火建築物**等	原則　10％加算 建蔽率80％　100％
準防火地域内にある**耐火建築物**等または**準耐火建築物**等	10％加算

●制限の異なる地域にわたる場合

用途制限	敷地の過半の属する地域（広い方）の制限を敷地全体に適用
防火制限	原則、**厳しい方**の制限を適用
建蔽率、容積率	**加重平均**（別々に計算して合計）

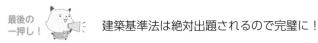

建築基準法は絶対出題されるので完璧に！

●固定資産税と都市計画税

	固定資産税	都市計画税
課税対象	土地・家屋・償却資産	原則、**市街化区域**内の土地・家屋
納税義務者	**1月1日時点の固定資産課税台帳に登録されている所有者**	
税率	1.4％（標準税率）	0.3％（制限税率）
200㎡以下の住宅用地の課税標準	固定資産税評価額の**6分の1**	固定資産税評価額の3分の1

固定資産税と都市計画税の共通点、違う点を確認しておこう！

●不動産の短期譲渡・長期譲渡の所有期間判定と税率

	所有期間（譲渡年１月１日時点）	税率
短期譲渡	５年以下	所得税30.63％、住民税９％
長期譲渡	５年超	所得税15.315％、住民税５％

１月１日判定、税率は最重要！

●居住用財産の譲渡の特例（譲渡益発生の場合）

特例	所有期間要件 譲渡年１月１日時点	併用
3,000万円特別控除	なし	できる
軽減税率の特例	10年超	

所有期間要件、併用のできる・できないは最頻出！

●土地の有効活用事業方式

活用方法	自己建設 事業受託	建設協力金	等価交換	定期借地権
事業資金調達	土地所有者	テナントから 建設協力金 (一部または全部)	不要	不要
土地所有者	土地所有者	土地所有者	本人、デベロッパーの共有	土地所有者
建物所有者	土地所有者	土地所有者	本人、デベロッパーの区分所有	借地人

事業方式の違いをしっかり確認しよう！

STAGE 6 相続・事業承継

●相続開始後の手続き

	手続き先	手続き期限
限定承認・放棄	家庭裁判所	相続開始を知ったときから ３カ月以内
所得税準確定申告	被相続人の納税地の税務署	相続開始を知った日の翌日から ４カ月以内
相続税の申告	被相続人の住所地の税務署	相続開始を知った日の翌日から 10カ月以内

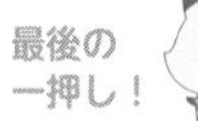

数値の入替や、「公証役場」「相続人の住所地」などのひっかけに注意！

●相続人と法定相続分

優先順位	相続人	法定相続分
第１順位	配偶者と子	配偶者１／２、子１／２
第２順位	配偶者と直系尊属	配偶者２／３、直系尊属１／３
第３順位	配偶者と兄弟姉妹	配偶者３／４、兄弟姉妹１／４

・相続を**放棄**した者がいる場合は、**相続人ではなかった**ものとする
・相続人となるべき子、兄弟姉妹が既に**死亡**している場合等は、その**子**が**代襲相続人**となる
・代襲相続人が複数いる場合は、死亡した者の法定相続分を**均等案分**する

相続放棄と代襲相続に注意！

●遺言の種類

	自筆証書遺言	公正証書遺言
作成方法	原則、全文、日付、署名は自書 **目録はパソコン作成、コピー可** （全ページ署名押印が必要）	公証人が筆記 公証役場で保管
証人・立会人	不要	作成時に2人以上必要
遺言者死亡後の 家庭裁判所の検認	原則、必要 **法務局保管の場合は不要**	不要

自筆証書遺言の財産目録、法務局保管は要注意！

●民法上の相続人・法定相続分と相続税法上の法定相続人・法定相続分

	相続放棄	普通養子
民法上	除く	全員が法定相続人
相続税法上（※）	**含む** **放棄がなかったものとする**	**実子あり……1人まで** **実子なし……2人まで**

※死亡保険金、死亡退職金の非課税、基礎控除、相続税の総額、配偶者の税額軽減等

民法上と相続税の計算のどっちを出題しているのか、
問題文をしっかり読もう！

●相続税の基礎控除や非課税限度額

遺産に係る基礎控除	**3,000万円＋600万円×法定相続人の数**
生命保険金、死亡退職金の非課税	相続人が受け取る場合、**500万円×法定相続人の数**

出題されたらサービス問題！

●相続税の２割加算

対象外	配偶者、子、父母、代襲相続人である孫
対象	兄弟姉妹、祖父母、代襲相続人でない孫（孫養子含む）

孫は、代襲相続人である孫か、代襲相続人でない孫かで判定！

●相続税・贈与税の配偶者の特例

特例	婚姻期間	特例の内容
配偶者に対する相続税額の軽減	問わない	配偶者の取得する財産の課税価格が法定相続分または１億6,000万円のいずれか多い方までは相続税がかからない
贈与税の配偶者控除	20年以上	基礎控除110万円とは別に2,000万円まで贈与税がかからない

相続税と贈与税の違いをしっかり確認しておこう！

●相続時精算課税制度の概要

贈与者	60歳以上（１月１日時点）の父母・祖父母 住宅資金の場合は年齢不問
受贈者	原則、18歳以上（１月１日時点）の子・孫
特別控除額	2,500万円
贈与税額	{(課税価格－年間110万円)－特別控除2,500万円の残額}×20%
相続税の課税価格への加算	非課税財産、2024年以降の贈与は年間110万円以下の部分を除き、相続時精算課税制度により贈与を受けた財産の全部について、原則、贈与時の価額で加算

暦年課税制度との違いを確認しておこう！

●申告期限

贈与税	翌年2月1日から3月15日まで
所得税	翌年2月16日から3月15日まで

最後の一押し！ 2月1日、16日はひっかけの定番！

●宅地の評価額（原則）

自用地	路線価方式＝路線価×各種補正率×面積
普通借地権	自用地評価額×借地権割合
貸宅地	自用地評価額×（1－借地権割合）
貸家建付地	自用地評価額×（1－借地権割合×借家権割合×賃貸割合）

最後の一押し！

貸家建付地を中心に定義と計算式は頻出！

●小規模宅地等の課税価格の計算の特例の減額割合、限度面積

特定事業用宅地等 特定同族会社事業用宅地等	400㎡まで80％減
特定居住用宅地等	330㎡まで80％減
貸付事業用宅地等	200㎡まで50％減

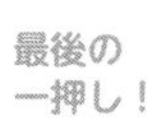

貸付事業用宅地等は限度面積も小さく、減額割合も小さい！

●建物の評価

自用建物	固定資産税評価額
貸家	固定資産税評価額×（1－借家権割合×賃貸割合）

最後の一押し！

貸家と貸家建付地はセットで！

主筆　益山真一

PROFILE ● FP歴27年目、1級FP技能士。FP会社勤務の後、2001年よりフリーのFPとして活動を開始。主に個人の家計、資産形成、老後資金準備の相談等を展開しつつ、これまでのノウハウを活用し、FP試験研修の講師のほか、FP試験対策のテキスト、問題集、模擬試験の作成、チェック、監修業務を行う。セミナー、研修は2024年春現在で延べ約3,500回。

スゴい! だけじゃない!!
FP3級 徹底分析!
予想模試 2024-25年版

2024年6月30日　初版第1刷発行

著　者　マイナビ出版FP試験対策プロジェクト
発行者　角竹輝紀
発行所　株式会社マイナビ出版
〒101-0003　東京都千代田区一ツ橋2-6-3 一ツ橋ビル2F
電話　0480-38-6872（注文専用ダイヤル）
03-3556-2731（販売部）
03-3556-2735（編集部）
URL　https://book.mynavi.jp/

カバーデザイン……大野虹太郎（ラグタイム）
本文デザイン………C.Room
編集…………………株式会社OSイースト
編集協力……………平田知巳、鈴木楓南、長尾由芳
イラスト……………東園子
校閲…………………古屋明美
DTP ………………トラストビジネス株式会社
印刷・製本…………中央精版印刷株式会社
企画制作……………株式会社SAMURAI Office

※定価はカバーに記載してあります。
※落丁本・乱丁本についてのお問い合わせは、TEL 0480-38-6872（注文専用ダイヤル）か、電子メール sas@mynavi.jp までお願いいたします。

ISBN：978-4-8399-8662-9

Printed in Japan

書籍のお問い合わせ

書籍に関するお問い合わせは、読者特典特設サイトのお問い合わせフォームまたは、郵送にてお送りください。

なお、書籍内容の解説や学習相談等はお受けしておりませんので、あらかじめご了承ください。

ご質問の内容によっては確認等に1週間前後要する場合や、お答えいたしかねる場合がございますので、あわせてご了承いただけますようお願い申し上げます。

書籍のお問い合わせは、本書企画・制作いたしました株式会社SAMURAI Officeより回答いたします。

● 法改正情報・正誤のご確認について

法改正情報・正誤情報は特設サイトに掲載いたします。
該当箇所が無い場合は、下記お問い合わせ先までお問い合わせください。

特設サイト：https://sugoibook.jp/fp

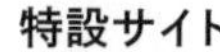

● お問い合わせ先

①「お問い合わせフォーム」から問い合わせる

お問い合わせフォーム
https://sugoibook.jp/contact

お問い合わせ

② 郵送で問い合わせる

文書に書名、発行年月日、お客様のお名前、ご住所、電話番号を明記の上、下記の宛先までご郵送ください。

郵送先　〒160-0023
東京都新宿区西新宿3-9-7-208
株式会社SAMURAI Office書籍問い合わせ係